Der gastrosexuelle Mann

CARSTEN OTTE

DER GASTRO SEXUELLE MANN

KOCHEN ALS LEIDENSCHAFT

CAMPUS VERLAG
FRANKFURT/NEW YORK

CARSTEN OTTE, Jahrgang 1972, studierte Philosophie und arbeitete lange als Journalist für zahlreiche Zeitungen. Seit 1999 ist er Radiojournalist beim SWR und außerdem erfolgreicher Roman- und Sachbuchautor. Wenn er nicht schreibt oder im Radio spricht, steht Otte am Herd. Und wenn er schreibt oder redet, geht es meistens ums Kochen.

www.carsten-otte.com

MIX
Papier aus verantwortungsvollen Quellen
FSC® C089473

ISBN 978-3-593-50043-0

Umschlaggestaltung: FAVORITBUERO, München
Umschlagmotiv: © Shutterstock
Illustrationen: conclouso, Mainz
Foto: Seite 2: © Hartmuth Schröder, Frankfurt
Satz: Fotosatz L. Huhn, Linsengericht
Gesetzt aus Minion und Myriad
Druck und Bindung: Beltz Bad Langensalza
Printed in Germany

Dieses Buch ist auch als E-Book erschienen.
www.campus.de

Dem Kombidämpfer,
der noch verdient werden muss,
sei dieses Buch gewidmet.

INHALT

DARF ES SCHON MAL EIN APERITIF SEIN?

Ich liebe diese Frage. Weil damit in aller Regel ein kulinarischer Rausch beginnt, entweder im Restaurant oder daheim, wenn Gäste eingeladen sind. In kleiner Runde ist man nicht so förmlich. Darf es schon mal ein Aperitif sein? Diese Frage stellt man weder Frau noch Freund. In trauter Zweisamkeit wird, ohne dass darüber gesprochen wird, ein Winzersekt aufgemacht; man trinkt meist zu schnell, und der besondere Genuss des Aperitifs ist vertan. Denn mit dem ersten Tropfen Alkohol, aber auch mit den Aromen eines nichtalkoholischen Getränks, können zu Beginn eines Menüs die Geschmacksareale im Mund noch ganz anders gereizt werden als später, wenn schon diverse Speisen ausprobiert und einige Gläser Wein getrunken sind.

Darf es schon mal ein Aperitif sein? Im Restaurant antworte ich grundsätzlich mit einer Gegenfrage: Was können Sie mir empfehlen? Wenn dann nur auf Prosecco, besagten Winzersekt oder auch Champagner verwiesen wird und wenn, nach Alternativen gefragt, schließlich nur den Geschmackssinn verklebende Longdrinks wie Campari Orange oder Gin Tonic angeboten werden, bin ich schrecklich enttäuscht. Denn wenn schon der Aperitif verzaubert, weil das Glas nach frischer Zitronenzeste duftet, wenn also das Riechorgan in das Geschmackserlebnis eingebunden ist, wenn Blüten und Essenzen den Perlwein kongenial ergänzen, wenn schon vor dem ersten Gruß aus der Küche kleine Happen auftauchen, die zum Aperitif die Handschrift des Kochs verraten, wenn auf einem Löffel mit krossen und weichen Konsistenzen, mit Gemüse, Fisch und Fleisch, mit Wärme und Kälte gespielt wird – dann freue ich mich ganz besonders auf die kulinarische Reise, die vor mir liegt.

Auch wenn ich daheim koche, gebe ich mir Mühe, dieses Vorspiel eines Menüs so präzise und aufwändig wie möglich zu gestalten, weil ich weder meine Gäste noch mich selbst um diese Freude bringen möchte, die auch darin besteht, ein Geschmackserlebnis weitgehend zu steuern: Mit dem Gericht, das auf einen Löffel passt, lege ich, wie es der deutsche Kulinarikkritiker Jürgen Dollase in seiner *Geschmacksschule* zutreffend beschreibt, die gustatorische Wahrnehmung fest. Bei einem Tellergericht mit unterschiedlichen Komponenten wählt jeder Gast eine eigene Reihenfolge und damit auch ein sehr subjektives Geschmackserlebnis, indem er etwa mit dem angebotenen Püree oder einem frittierten Gemüse beginnt beziehungsweise diese beiden Elemente gleichzeitig isst. Das Minigericht bietet die Möglichkeit des perfekten Genusserlebnisses. Allerdings birgt es auch die Gefahr, Quatsch mit Sauce aufzutischen, denn weil es derzeit *très chic* ist, ein Löffelgericht zu präsentieren, muss der Mode selbst dann gefolgt werden, wenn Banalitäten auf dem Miniteller mit Stiel landen oder Produkte auf kleinstem Raum kombiniert werden, die gar nicht zusammenpassen.

Ich brauche viele Stunden, um die komplizierten Löffelüberraschungen vorzubereiten. Instabile Schäume oder feine Essenzen, die nur bei einer bestimmten Temperatur wirklich gut schmecken, baue ich eher selten in spätere Gänge ein, weil Details oft nur am Anfang wahrgenommen werden und sich die Aufmerksamkeit der Gäste im Laufe eines Abends verschiebt: Die Unterhaltung wird wichtiger, das Essen tritt ein wenig in den Hintergrund, Schäume zerfallen, Warmes wird lauwarm.

Für den ambitionierten Hobbykoch können die Snacks zu Beginn deshalb zum Problem werden: Wer am Anfang alles zeigt, was kochtechnisch möglich ist, entpuppt sich rasch als kulinarischer Prahlhans. Denn wer nach der Häppchenexplosion keine Ideen mehr für das folgende Menü hat, wird die hochgeschraubten Erwartungen nicht nur der kulinarisch etwas versierteren Gäste enttäuschen. Außerdem gefällt nicht jedem die geschmackliche Diktatur des Löffelgerichts. Die Sehnsucht des Menschen nach Wahlfreiheit ist auch und vor allem beim Essen nicht zu unterschätzen.

Damit die kulinarische Spielfreude auch zu Beginn nicht zu kurz kommt, übertreibe ich es also nicht mit der Aromen- und Texturenvorgabe, und versuche, die Gäste mit kleinen Details zu überraschen. Derzeit setze ich gerne Getreidesorten ein, die man eher aus dem Reformhaus kennt, Amaranth und Quinoa zum Beispiel. Ich stelle selbstgebackenes Kamutbrot, frische Buchweizenblini und zwei Buttervarianten auf den Tisch. Vielleicht eine orangefarbene Version, die ihre leuchtende Farbe vom Karottenpulver erhält, das ich selbst hergestellt habe. Manchmal eine klassische Kräuterbutter. Oder doch einen frischen Gemüseaufstrich aus weiß-gelbem Knollenziest? Das kommt natürlich darauf an, was ich sonst noch koche. Meine Frau meint, sich schon bei Butter und Brot zu verausgaben, sei etwas übertrieben. So unrecht hat sie nicht. Aber wenn ich die Gesichter meiner Gäste sehe, dann weiß ich, warum es sich lohnt, diesen Aufwand zu betreiben.

Ein Freund, von dem ich weiß, dass er Brot und Butter liebt, wollte einmal gar nicht mehr aufhören, mein Tonkabohnenbrot zu verschlingen – sollten die schwarzen Bohnen nicht doch als Rauschmittel eingestuft werden? Ich konnte mir jedenfalls nicht vorstellen, dass er nach der vierten Scheibe Tonkabrot noch irgendetwas in seinem Bauch würde unterbringen können. Konnte er aber. Nach sieben Gängen plus Vordessert und ordentlicher Nachspeise bat er mich, auch noch die Reste von Brot und Butter essen zu dürfen. Ob er denn noch Hunger habe, fragte ich. Er schüttelte den Kopf und lächelte. »Der Geschmack des Brotes«, sagte er, »erinnert mich an den Anfang des Menüs. Am liebsten würde ich noch einmal von vorne beginnen.«

EIN GRUSS AUS DER AUTORENKÜCHE

Immer diese Missverständnisse. In Oswalt Kolles Aufklärungsfilm *Das Wunder der Liebe*, uraufgeführt im Februar 1968, gibt es eine Szene, in der sich eine junge Frau bei ihrem desinteressierten Mann beschwert: »Du hast mich nicht mal richtig in die Arme genommen!« Er versucht sich rauszureden, aber sie lässt nicht locker: »Nein, jetzt muss es raus. Ich liege im Bett und grüble: Mag er dich nicht mehr? Hat er vielleicht eine andere?« Als ich diese Szene meiner Frau vorspiele, lacht sie und meint: »Ist wie bei uns. Nur dass ich weiß, mit wem du mich betrügst. Nämlich mit deiner Eismaschine.«

Tatsächlich verbringe ich seit Monaten viel Zeit mit meinem neuen Lieblingsspielzeug. Ehrfürchtig stehe ich vor dem Gerät, andächtig lausche ich dem Höllenlärm, den es macht, wenn es mit Hilfe eines robusten Messers einen Eisblock nach und nach zu einem Pulver, einem Sorbet oder einer Mousse verarbeitet. Dass der legendäre Pacojet in meiner Hobbyküche steht, halte ich immer noch für ein kleines Wunder, denn ich weiß durchaus, dass die viel zu teure Kopffräse normalerweise nur bei den Profis zu finden ist. Aber mein schlechtes Gewissen, die Haushaltskasse geplündert zu haben, schwindet schon bald. Schalte ich nämlich die Hochleistungsmaschine ein, erlebe ich viel mehr als ein kulinarisches Freizeitvergnügen. Wenn die Kiste zum Beispiel gefrorene Petersilie in ein feines grünes Eispulver verwandelt, mit dem ich hocharomatische Emulsionen anrühren kann, dann vibriert etwas in mir, auf das meine Frau durchaus eifersüchtig sein darf. Nicht dass Sie denken, ich mache hier und auf den folgenden Seiten etwa Werbung für dieses oder jenes Küchengerät! Es geht mir ausschließlich um die Gaumenerotik, die dieses Ding ermöglicht; besagte Kopffräse ist nämlich so einzigartig, dass Köche vom Markennamen ein eigenes Verb abgeleitet haben, nämlich »pacossieren«. Ähnlich schwärmen kann ich auch von der Sous-vide-Technik, von einem guten Räucherofen oder wirklich scharfen Messern. Und das werde ich in diesem Buch auch tun. Aber alles der Reihe nach.

Geraume Zeit habe ich mich gefragt: Was ist mit mir los? Hat sich aus einem Hobby ein veritabler Hau entwickelt? Habe ich den Beruf verfehlt? Dann habe ich mich mal in meinem Bekanntenkreis umgehört und erleichtert festgestellt, dass immer mehr Männer kochen und dass sie anders kochen als Frauen. Freunde, denen ich nicht mal zugetraut hatte, dass sie wissen, was eine Mehlschwitze ist, entpuppten sich als heimliche Saucenfreaks und Fondspezialisten. Andere gaben sich als Rindfleischfanatiker zu erkennen; ich traf auf Espressophilosophen und verwegene Experimentalgourmets, die auch schon mal das Risiko eingehen, die Küche in die Luft zu sprengen, weil sie mit flüssigem Stickstoff experimentieren.

So unterschiedlich das kulinarische Spezialgebiet im Einzelfall, alle Männer, denen ich begegnete, erzählten mit einem Lächeln auf den Lippen von ihrer wachsenden Freude, die Freizeit in der Küche zu verbringen. Alle sprachen verhältnismäßig ehrlich über Stärken und Schwächen der eigenen Kochkunst, und sie schwärmten von technischen Geräten, als verspräche allein schon die Ausrüstung eine orale Befriedigung.

Da man nicht von seinem Bekanntenkreis auf ein gesellschaftliches Phänomen schließen sollte, dachte ich: Kein Wunder, dass diese Typen deine Freunde sind. Dann erschien ein Artikel in einer überregionalen deutschen Tageszeitung. »Huch, mein Mann ist gastrosexuell!«, lautete die Überschrift des informativen Textes von

Brenda Strohmaier, der mir prompt von allen Freunden gemailt wurde. Oft mit dem Zusatz: »Da scheint dich aber jemand ziemlich gut zu kennen. Hihi! Hast du eine Geliebte?« Hatte ich nicht. *Welt*-Autorin Strohmaier beschrieb lediglich Männer, die ihre Freizeit so ähnlich verbrachten wie ich, nämlich in der Küche.

Nach der Lektüre des Artikels habe ich mit einer großen Recherche begonnen, die wohl nie mehr aufhören wird: Im Auftrag der unterschiedlichsten Medien – fürs Radio, für Zeitungen und nun auch für dieses Buch – fahre ich durch Deutschland und spreche mit Hobbyköchen aus den unterschiedlichsten sozialen Milieus, die sehr ähnlich, nämlich enthusiastisch übers Kochen reden, die sich für gute Lebensmittel begeistern können, die etwa, wenn sie einen fangfrischen Fisch beschreiben, Liebeserklärungen abgeben. Ich habe Leute kennengelernt, die sehr bescheiden leben und ihr Erspartes investieren, um Spitzenrestaurants besuchen und daheim die Menüs der Sterneköche replizieren zu können; ich habe Unternehmer getroffen, die mittlerweile viel Geld verdienen mit uns Gastrosexuellen, weil sie etwa übers Internet all jene Waren anbieten, die es weder am Biobauernstand noch im gut sortierten Supermarkt gibt. Und jetzt weiß ich: Ja, wir Gastrosexuellen werden immer mehr! Wir sind ein gesellschaftliches Phänomen, jippieh!

Die Interviews, die ich führte, zeigten mir auch, dass über die Kochleidenschaft der Männer viele Klischees im Umlauf sind. Da wird psychologisiert und theoretisiert, leider aber nur selten mit den Hobbyköchen selbst gesprochen. So lässt sich schnell ein Muster- und Zerrbild des kochenden Mannes entwerfen, der in der Midlife-Crisis steckt, ziemlich viel Geld auf dem Konto hat und nach Wegen sucht, den ebenfalls nach neuen Kicks suchenden Golfkumpel zu beeindrucken. Dazu passt natürlich nicht die Geschichte des 28-jährigen Maschinenbaustudenten Mirko Mößle, der sich aus Industriestahltanks einen Fass-Smoker gebaut hat, um endlich mal gute Rippchen und das legendäre »pulled pork« zuzubereiten. Der junge Mann macht die Brötchen für die eigenen Burgerkreationen selbst, und er geht auch mal in den Wald, um Pilze zu sammeln, die in frischen Ravioli verarbeitet werden. Zwischenzeitlich wohnt Mößle wieder bei den Eltern, doch statt im Hotel Mama zu faulenzen, bekocht er die ganze Familie. Und zwar nicht nur am Wochenende, sondern mindestens jeden zweiten Abend.

Wenn Mößle im Restaurant Fleisch bestellt, ist er meistens enttäuscht. Weil das, was er aus seinem Smoker holt, meistens besser schmeckt. Kaum überraschend also, dass der Student, der sich auf Automobiltechnik spezialisiert hat, davon träumt, ein eigenes Barbecuelokal aufzumachen. »Das würde einschlagen wie eine Bombe, ich kann das besser, ganz bestimmt!« Wir führen ein Fachgespräch über »pulled pork«, die Schweineschulter, die mit einem »rub«, also einer intensiven Gewürzmischung eingerieben, dann einen Tag lang im Kühlschrank mariniert und schließlich im Smoker rund 15 Stunden bei einer Temperatur zwischen 100 und 130 Grad gegart wird. Das Fleisch ist so zart, dass es anschließend in kleine Stücke zerfällt oder dünne Fasern gezupft werden kann, daher »pulled pork«.

Räuchermeister Mößle scheint nicht zuletzt wegen seiner Kochkünste beliebt bei Familie und Freunden zu sein. Auf die Frage, ob denn auch die Damenwelt positiv reagiere, wenn er seinen Ofen anschmeißt, antwortet er prompt: »Na, aber sicher!« Dieser Mann, denke ich, ist noch jung, und ich wünsche ihm, dass ihm heftige Konflikte um sein Freizeitvergnügen erspart bleiben. Als ich Kontakt zu Brenda Strohmaier aufnahm, erzählte sie mir sofort, dass viele Frauen auf die Kochexperimente des Gatten alles andere als gelassen reagieren: Eine Kollegin hatte sich gar von ihrem Mann, einem erfolgreichen Anwalt, scheiden lassen, und zwar vor allem weil sie die Kochriten des Angetrauten nicht länger ertrug: »Das war wohl ein gestresster Typ, der sich aber entspannte, wenn er irgendwelche Tiere so lange köchelte, bis er sie in eine Karkassenpresse stopfen und ausquetschen konnte. Das Haus muss die ganze Zeit nach diesen Suppen gestunken haben. Meine Kollegin hatte wirklich genug von dem Getue und freut sich jetzt, einen Mann zu haben, der nicht kocht.«

Nach dem Gespräch mit Brenda Strohmaier hatte ich begriffen, warum ausgerechnet eine Frau uns Gastrosexuelle in die Medienöffentlichkeit bringen musste: Wenn sich Männer fürs Kochen begeistern, ergeben sich neue Chancen und Herausforderungen fürs Zusammenleben, verändern sich Ehen und Partnerschaften. Dieses Hobby findet nicht im dunklen Keller oder der Garage statt, sondern in der Mitte der Familie. Das hat viele Vorteile, die ich in diesem Buch herausstellen werde, aber müffelt die Wohnung ständig nach Fischfond oder steht das Konto im Minus, weil der Mann ein Küchengerät nach dem anderen anschafft beziehungsweise teure und seltsame Fleischstücke einkauft, kann das durchaus ein Scheidungsgrund sein.

Wobei ich jedem Paar, das mit gastrosexuellen Auswüchsen zu kämpfen hat, den guten alten Oswalt Kolle empfehle. *Dein Mann, das unbekannte Wesen* heißt ein anderer Film des Volksaufklärers, in dem Sätze verbreitet werden, die uns heutzutage amüsieren, weil Selbstverständlichkeiten auf angestrengt-seriöse Weise vorgetragen werden. Der besondere Witz aber ist, dass diese Sätze keineswegs an Aktualität verloren haben: »Wenn beide Geschlechter«, doziert Kolle, »besser über die sexuellen Vorgänge beim Mann Bescheid wüssten, würden viele Missverständnisse erst gar nicht aufkommen, die eine Partnerschaft trüben oder gar zerstören können.« Man stelle sich nur einmal vor, wie viele Scheidungen hätten verhindert werden können, wenn die Frau gewusst hätte: Mein Mann ist gastrosexuell, mein Mann zeigt gerade mit dem Versuch, auch noch den letzten Geschmackstropfen aus dem Fisch zu pressen, wie sehr er mich liebt!

In diesem Sinne möchte das vorliegende Buch Aufklärungsarbeit leisten, nämlich über die Küchenfixierung des modernen Mannes, über die geheimen Sehnsüchte und konkreten Wünsche eines Gastrosexuellen. Weibliche Leser werden erfahren, was ihre kochenden

Männer wirklich umtreibt, und gastrosexuelle Männer werden ihre Freude haben, wenn sie während der Lektüre feststellen: Klar, so geht's mir auch. Oder aber: Nee, das mache ich vollkommen anders. Oder: Daran habe ich noch gar nicht gedacht. Und all diese Männer dürfen das Buch auf den Tisch legen, wenn sie wieder mal von ihrer Frau oder einem Freund gefragt werden: Warum zum Teufel stellst du dich zehn Stunden in die Küche? Weil du ernsthaft versuchst, ein Gericht auf mittlerem Sterneniveau zuzubereiten?

Wer gar keine Ahnung vom Kochen hat oder die etwas ambitionierte Herangehensweise gastrosexueller Männer wahlweise für elitär, seltsam überdreht oder sogar zynisch hält (angesichts des Hungers in der Welt), wird mit einem durchaus seriösen Einblick in eine Szene belohnt, die, allen politischen Korrektheiten zum Trotz, zum gesellschaftlichen Leitbild avanciert: Wer sich ansieht, mit welchem Erfolg wir Männer das traditionelle Terrain der Frau erobern, nämlich die Küche, wie wir diesen Ort verwandeln, indem wir Geräte aus Labor oder Werkstatt herbeischleppen, mit welcher Leidenschaft wir Saucen und Schäume herstellen, wie kunstvoll wir Teller arrangieren, mit Dessertring und Anrichtpinzette, alles Spielzeuge unserer kulinarischen Lust, ja, wer bemerkt, wie Männer sich verändern, wenn sie stundenlang Knochen auskochen, wer all diese Vorgänge unvoreingenommen beobachtet, wird den Begriff *Gastrosexualität* weder für ein bescheuertes Modewort noch für eine Randerscheinung in unserem Freizeitbetrieb halten.

Wer allerdings eine wissenschaftliche Abhandlung erwartet, wird enttäuscht sein, denn ich möchte mich dem Thema – wie könnte es anders sein? – eher lustvoll nähern. Das Buch erinnert daher weniger an eine universitäre Arbeit als vielmehr an ein Überraschungsmenü, wobei die Überraschung auch darin bestehen kann, dass einige Aspekte der Gastrosexualität zunächst nur angedeutet und später vertieft werden, wie eben bei guten Amuse-Gueules die kulinarischen Ideen des Kochs kurz vorgestellt werden, um sie dann Gang für Gang auszuarbeiten. Ich möchte die Parallelität von Buchstruktur und Speisenfolge aber auch nicht überstrapazieren, denn bei allem, was sie hier lesen, schwingt eine große Portion (Selbst-) Ironie mit – ansonsten könnte man(n) wie frau dieses Männerthema gar nicht aushalten.

Sind Sie gastrosexuell? Diese Frage habe ich allen Gesprächspartnern gestellt, und natürlich haben viele zunächst verschämt gelacht, um dann aber zuzugeben, was sie schon lange umtreibt. In Berlin habe ich zum Beispiel Axel Herrmann interviewt, einen jungen Designer, der auch für das Internetportal *sternefresser.de* Restaurantkritiken schreibt und der nur kurz nachdenken musste, bevor er antwortete: »Ich glaube, ich habe noch nie beim Sex Tränen in den Augen gehabt, aber beim Essen schon.«

In Hamburg erzählte mir Peter Wagner, Autor einer vielgelesenen Hobbykochkolumne auf *Spiegel Online*, mit leuchtenden Augen: »Für ein befreundetes Paar habe ich mal ein sehr, sehr feines Spargelrisotto mit einer Krustentierjus und großen Garnelen oben drauf gekocht, und als sie das gegessen hatten, guckte mich Thomas, ein durch und durch in der Wolle gefärbter Heterosexueller, ganz verklärt an und sagte: Wenn du eine Frau wärst, ich würde sofort Sex mit dir haben wollen.« Ach, hätte Wagner das Spargelrisotto auch mir zubereitet! Aber wir trafen uns leider nur in seinem Büro am Jungfernstieg. Und dort gab es nicht einmal eine Kochnische …

Der Düsseldorfer Unternehmer Ralf Bos, dessen kulinarischer Versandhandel *Bos Food* fast alle Wünsche eines Gastrosexuellen befriedigen kann, berichtete mir von seiner kulinarischen Schnüffelsehnsucht, die er auch dann nicht in den Griff bekommt, wenn es peinlich zu werden droht: »Ich habe, als ich meine Frau kennenlernte, mal richtig Ärger bekommen. Denn als die Schwiegereltern beim ersten gemeinsamen Essen Brot auf den Tisch gestellt haben, habe ich in alter Gewohnheit eine Scheibe genommen und daran gerochen. Meine Schwiegereltern guckten mich an, als sei ich verrückt: Ist irgendwas mit dem Brot nicht in Ordnung?, fragten die. Nö, habe ich gesagt, ich riech nur gern an Brot.«

GASTROSEX?

Ein Brotschnüffler bin ich nicht, aber ich kenne die kulinarische Sehnsucht, die erfüllt werden will und sich nicht mit Ahnungen zufriedengibt. Ralf Bos wollte das frische Brot, das ihn anmachte, nicht nur aus der Ferne bewundern, sondern anfassen und riechen. Nun wird er damals, als er die Schwiegereltern verstörte, nicht erklärt haben: »Entschuldigen Sie, ich bin gastrosexuell!« Denn damals gab es den Begriff noch gar nicht. Wäre auch nicht gut angekommen. Was aber wissen wir heute über die Spielart der Lust, die vor allem uns Männer befällt? Meistens hilft ein Blick ins Lexikon, und in diesem Fall müssen wir, so neu ist der Begriff, ein englisches Onlinenachschlagewerk bemühen, das *Urban Dictionary*: »Gastrosexual. A term used to describe men who cook, taking the household chore part away from it, and turning it more into a hobby, used to impress friends and prospective partners.«

Und was halten wir von dieser Definition? Geht es wirklich nur darum, Freunde und potenzielle Partner zu beeindrucken? Vielleicht auch, aber es ist, wie so oft mit solchen Internetlexika: Die Artikel sind so umfassend und seriös wie Textchen, die man in bunten Lifestylemagazinen über das Phänomen der Gastrosexualität findet. Zumal die einen von den anderen abschreiben. In der *Cosmopolitan* liest man zum Beispiel: »Er filetiert enthusiastisch eine Dorade oder fachsimpelt über das beste Gazpacho-Rezept? Dann haben Sie es bei Ihrem Verehrer womöglich mit einem ›Gastrosexuellen‹ zu tun. So bezeichnet eine britische Studie 25- bis 44-jährige Männer, die mit ihren Kochkünsten potenzielle Partnerinnen beeindrucken wollen.«

Wer sich mit der Geschichte der Gastrosexualität etwas näher beschäftigt, wird zwar nicht auf eine wissenschaftliche Studie stoßen, dafür aber auf eine Firma namens *Pur Asia*, die zum Mars-Konzern gehörte und die vor einigen Jahren in Großbritannien neue Fertigprodukte für ein männliches Zielpublikum entwickeln sollte. Bei der Marktforschung kam heraus, dass es nicht wenige Männer gibt, die sich dem Genuss verschrieben haben, Männer, die sich kulinarischen Herausforderungen stellen, welche an die Kochkunst der Sternegastronomie erinnern, und die vor allem ganz andere Speisen auf den Tisch stellen als die Hausfrau, die ihre Kinder jeden Tag zu verköstigen hat. Besonders hilfreich waren die Ergebnisse für den Mars-Konzern nicht, denn die dort beschriebenen Männer verzichten nämlich lieber aufs Essen, bevor sie Fertigprodukte in die Hand nehmen, und das hat nicht nur damit zu tun, dass der kochende Mann mit einer Asia-Gewürztunke aus dem Supermarktregal niemand beeindrucken kann.

Wer männlichen Leidenschaften beikommen will, sollte zunächst eine Frau dazu befragen. Ich habe mich, wie schon erwähnt, bei Brenda Strohmaier erkundigt, was den gastrosexuellen Mann ihrer Meinung nach charakterisiert – abgesehen davon, dass er mit mehrgängigen Menüs Freunden imponieren und Frauen verführen will. »Wie der metrosexuelle Mann«, erklärt sie mir auf charmante Weise, »einer ist, der der Frau auch etwas klaut, nämlich die Idee, dass man gut aussehen kann, aber trotzdem seine Männlichkeit behält, so ist es jetzt mit dem gastrosexuellen Mann. Der geht in eine Domäne der Frau und besetzt sie auf eine andere Art, als die Frau sie besetzt. Während die Frau immer noch für die Alltagsküche zuständig ist, macht der Mann das Besondere, also das, was dem Status nützt.«

Wie aber ist es dazu gekommen, dass der Mann eine Domäne der Frau besetzt? Blicken wir ein wenig zurück: Die Eroberung der Privatküchen durch den Mann, so viel steht fest, erfolgte nicht handstreichartig. Die Entwicklung, die den Gastrosexuellen den Boden bereitete, begann bereits vor einem halben Jahrhundert. Mit der zunehmenden Berufstätigkeit der Frauen in den sechziger Jahren hatten viele von ihnen keine Lust mehr, neben ihrem Job auch noch die Küchenfee zu spielen. Emanzipation hieß auch und vor allem, sich vom Herd wegzubewegen. Die privaten Küchen waren also zunehmend verwaist. Fertiggerichte und Tiefkühlkost machten sich in den Haushalten breit. Wer seine Kindheit in den siebziger Jahren verlebt hat, kennt das Phänomen: Schnell mal eine Dose Ravioli aufmachen, und die hungrigen Mäuler sind gestopft. Die Männer haben auf diese Art der fixen Verköstigung sehr unterschiedlich reagiert. Manche waren einverstanden, weil sie sich für höhere Kochkunst eh nicht interessierten. Konservative Typen moserten und wünschten sich Großmutters Köstlichkeiten zurück. Die kulinarisch Versierten befriedigten ihre Bedürfnisse zunehmend in der Spitzengastronomie, die sich hierzulande erstaunlich zu entwickeln begann. Eckart Witzigmann brachte die Nouvelle Cuisine nach Deutschland, und mit seinen Münchener Erfolgen im *Tantris* und in der *Aubergine* veränderte sich hierzulande die gastronomische Landschaft. Aber diese Kochkunst besaß kaum Berührungspunkte mit den Privatküchen der Republik. Auch wenn die Gourmetkultur von Männern geprägt war, daheim gab es entweder Muttis gute und schwere Hausmannskost oder die schnelle Küche aus dem Maggi-Kochstudio beziehungsweise der Mirácoli-Packung. Ebenfalls von Mutti zusammengerührt.

Dann kamen die achtziger Jahre und die Toskanafraktion. Eine angeblich ehrliche Tomatensauce, authentische Pasta, einfache Fisch- und Fleischgerichte aus der italienischen Bauernküche wurden immer beliebter – und nun stellten sich immer mehr Männer an den Herd. Einerseits um sich von den alten Paschas abzuheben, die sich immer noch von Mutti bekochen ließen, andererseits auch aus Einsicht in die Notwendigkeit. Denn die Partnerinnen, auf die sich die Männer der Toskanafraktion zumeist einließen, gehörten in aller Regel zur wachsenden Gruppe der berufstätigen Frauen. Die Zeit konnte nicht zurückgedreht werden. Helmut Kohl hatte zwar eine »geistig-moralische Wende« proklamiert, inklusive Rückgriff auf die Wertvorstellungen der fünfziger Jahre, aber der Alltag der Deutschen entwickelte sich in eine andere Richtung. Die kochende Hausfrau wurde langsam, aber sicher zum Auslaufmodell.

Es dauerte zwar noch ein paar Jahre, bis der kochende Mann endgültig zum Phänomen wurde, aber Ende der neunziger Jahre war es unübersehbar: Inspiriert von den technischen Neuerungen in der gehobenen Gastronomie und der Möglichkeit, sich im Internet übers Kochen zu informieren und auch zu verbreiten, wuchs ein zumeist männliches Publikum, das nicht länger nur Gast, sondern auch Gastgeber sein wollte, das nicht nur genießen, sondern den ambitionierten Genuss auch selber herstellen wollte. Was nicht hieß, dass auch die Alltagsküche von den Männern sofort übernommen wurde. Für die Fütterung des Nachwuchses waren und sind bis heute vor allem die Frauen zuständig. Doch auch auf diesem Küchenfeld ist ein Wandel zu verzeichnen, den die Avantgarde der gastrosexuellen Männer vorgibt. Den Vorwurf, nur das Wochenenddinner zu inszenieren, um sich Lob im Freundeskreis abzuholen, will sich der Küchenmacho nicht länger gefallen lassen. Selbstverständlich koche ich (fast) jeden Tag für Frau und Kind, weil es mir eben eine große Freude bereitet, die Kleine von unliebsamen Gemüsesorten zu überzeugen, indem ich Rote Bete etwa in einen rosafarbenen Schaum verwandele oder Pastinaken in Puffern verstecke. Meine Tochter sagt dann: »Papi, du kannst zwar nicht Autofahren, aber du bist ein Superkoch!« Was will der stolze Vater mehr?

Insofern hat Brenda Strohmaier recht, wenn sie behauptet, dass kochende Männer aus ihrem Hobby auch emotionales Kapital zu schlagen wissen. Ebenfalls stimmt, dass sich einige Gastrosexuelle schicke High-End-Küchen als eine Art soziales Distinktionsmittel zulegen. Angeber gibt es überall. Aber nach meinen vielen Gesprächen mit Hobbyköchen, die alles andere als statusgeil sind, wage ich zu behaupten, dass der gastrosexuelle Mann mit diesem ohnehin etwas pauschalisierenden Attribut nicht hinreichend beschrieben werden kann. Meine Erfahrung ist, dass die Leute zuhören, wenn ich übers Kochen rede. Spreche ich übers Tennisspielen, interessiert das heutzutage keinen Menschen mehr. Frauen sowieso nicht. Wenn ich nicht gerade koche, spiele ich trotzdem Tennis. Status hin, Status her.

An dieser Stelle sei erwähnt, dass auf dem Gebiet der kulinarischen Leidenschaft die unterschiedlichsten Begriffsschubladen und Selbstzuschreibungen miteinander konkurrieren. Da gibt es Feinschmecker und Foodies, Gourmets und Gastrosexuelle. So what?, könnte man nun sagen. Ja, sollen sich die Leute, die gerne essen und kochen, doch bitte nennen, wie sie wollen. Wenn man sich aber mit den verschiedenen Identitäten näher beschäftigt, wird man nicht nur Gemeinsamkeiten, sondern auch interessante Unterschiede feststellen.

Foodies beispielsweise, so liest man in einem Wikipediaeintrag, der offenbar von einem bekennenden Foodie verfasst wurde, haben »ein starkes Interesse (Leidenschaft) daran, zu essen und über das Essen zu lernen, ohne dabei ihren Lebensunterhalt mit einer gastronomienahen Tätigkeit zu bestreiten«. Demnach sind Foodies »im Gegensatz zu Gourmets, die gewöhnlich als Fachleute der guten Küche gelten, interessierte Laien, die gutes Essen und Trinken in ihrer Gesamtheit lieben, sich für die kulturellen Hintergründe interessieren. Dabei verfolgen sie die neuesten Trends im Bereich des Kulinarischen. Dies schließt auch Informationen aus der Lebensmittelindustrie, aus der Ernährungswissenschaft und über bekannte Persönlichkeiten in diesen Bereichen ein.« Was für die Foodies gilt, trifft selbstverständlich auch auf alle Männer zu, die ich als gastrosexuell beschreiben möchte. Mit einem wichtigen Unterschied: Gastrosexuelle wollen mehr sein als Laien, die sich fürs gute Essen und die kulturellen Hintergründe interessieren. Gastrosexuelle schreiten zur Tat, wollen kochen wie die Profis, kennen keine kulinarischen und kulturellen Grenzen, und gerade diese Aktivität hat dazu geführt, dass sich die Rollenaufteilung in den Privatküchen verändert hat.

Eine wichtige Ergänzung: Die große Lust am Kochen überfällt nicht nur heterosexuelle Männer. Im Gegenteil, unter Schwulen ist die Gastrosexualität genauso verbreitet. Bloß scheinen homosexuelle Männer ihre Kochlust oft etwas vornehmer auszuleben und reden in breiter Öffentlichkeit nicht so ausgiebig über ihre kulinarischen Exzesse. Ich würde sogar behaupten, dass die gastrosexuelle Lebenskunst, der ganze barocke Tellertüttelkram, sich stärker an schwuler Alltagsästhetik orientiert, als sich das mancher kochende Hetero eingestehen will. Das meint auch der amerikanische Autor John Birdsall und stellt in seinem lesenswerten Foodblog *itsjohnbirdsall.tumblr.com* fest: »America, your food is so gay!« Susan Sontags Camp-These lässt grüßen.

Ich habe auch Frauen kennengelernt, die ihre Gastrosexualität auf, sagen wir mal, lustvoll-männliche Weise ausleben, die über Messer reden, als hätten in der Menschheitsgeschichte vor allem Frauen Tiere zerlegt. Aber diese Frauen sind die Ausnahmen. Durchaus selbstbewusst sagt Hobbykoch Peter Wagner: »Wir haben in den letzten 20, 25 Jahren endlich gelernt, dass das Zubereiten, Präsentieren und Servieren von Lebensmitteln ein Teil unserer Kulturleistung ist. Warum sollten wir Männer, zum Teufel, nicht wieder einmal die Vorreiterrolle einnehmen?«

Wir Männer in der Vorreiterrolle. Ganz heikles Thema. Männerforscher wie Walter Hollstein sehen das Objekt ihrer Studien auf dem absteigenden Ast. Es ist von einer »Krise der Männlichkeit« die Rede, und wenn man sich in Krankenhäusern und Gefängnissen, aber auch in Schulen und Universitäten umsieht, könnte man tatsächlich auf den Gedanken kommen, dass immer mehr Männer auf der Verliererstraße unterwegs sind. Feministinnen halten dagegen und weisen nach, dass sich am Patriarchat auch in unserer demokratischen Gesellschaft nicht viel geändert hat: Männer erhalten für die gleiche Arbeit immer noch mehr Lohn als Frauen; Männer besetzen in der Wirtschaft weiterhin die wichtigsten Posten; Männer treten in allen Kriminalitätsstatistiken vor allem als Täter auf und nicht als Opfer.

Dennoch erfreut sich, wie zum Beispiel die *taz*-Autorin Ines Kappert herausgearbeitet hat, die Figur des »realitätsuntüchtigen« Mannes seit vielen Jahren großer Popularität, und zwar sowohl in der Presse als auch in der Kulturindustrie. Dabei wird die Erzählung vom Typen, der nichts mehr auf die Reihe bekommt, zum zentralen Argument einer harschen Kapitalismuskritik: Wenn schon der ganz normale Mann scheitert, kann etwas nicht stimmen in unserer Leistungsgesellschaft. Ich werde später auf diese Diskussion noch einmal näher eingehen und möchte fürs Erste nur darauf hinweisen, dass weder Männerforscher noch Gender-Expertinnen sich besonders für alltagstaugliche Wege interessieren, die zu neuen Identitäten und Verhaltensweisen der Männer führen. Die Bedeutung der männlichen kulinarischen Sexualität scheint jedenfalls kaum jemand von ihnen erkannt zu haben. Damit ich nicht falsch verstanden werde: Ich bin keinesfalls der Meinung, dass soziale und psychische Krisen schnell gelöst werden können, indem der Kochlöffel in die Hand genommen wird. Doch die neue Rollenverteilung in der Küche bietet durchaus eine Möglichkeit, tradierte Muster im Geschlechterdiskurs zu hinterfragen.

Ein Blick ins Internet zeigt, dass die alten Deutungsmuster leider noch sehr wirksam sind. Da es bekanntlich nicht schwer ist, im Netz anonym zu bleiben, findet man dort viele Erklärungsversuche der Gastrosexualität, die durch keine sozialen oder sprachlichen Konventionen gefiltert wurden: »Irgendwann überrollt eben jeden verheirateten Mann die Langeweile – nennt mir einen Mann, der nach 10 und mehr Ehejahren noch sexuell ausgelastet ist (...)? Nicht verwunderlich, dass Männer einen Ausgleich am Abend suchen – und dabei können sich deren Ehefrauen noch glücklich schätzen, wenn er nur den Kochlöffel schwingt und Rezeptbücher im Internet wälzt.«

»Nur« den Kochlöffel schwingen? Was heißt denn das? Will der Autor, der sich das vielsagende Online-Pseudonym »Familienvater« zugelegt hat, vielleicht andeuten, dass der von der Frau nicht ordentlich befriedigte Mann viele Gründe hätte, die Axt aus dem Keller zu holen? Liegt es wirklich an der Langeweile im Bett, dass die Männer sich an den Herd oder vor den Dörrapparat stellen? Nein, dieser »Familienvater« hat vielleicht sexuelle Probleme – aber keine Ahnung von der Erotik des Kochens und der Freude, die Freizeit mitten in der Familie zu verbringen.

Obwohl ich nach diesen und ähnlichen Beiträgen in Blogs und Foren nicht mehr glaubte, im Netz profunde Texte zum Thema zu finden, suchte ich weiter und entdeckte einen langen Artikel im Onlinearchiv einer Zeitschrift, die laut Selbstauskunft »über die dunklen wie die hellen Seiten eines Frauenlebens« berichtet. Alice Schwarzers *Emma* dokumentierte unter dem Titel »Männer am Herd: War ich gut?« die eigene Ratlosigkeit: »Braucht der Mann neue Herausforderungen? Sichert er neues Terrain mit seinen Kochkünsten angesichts einstürzender Männerbastionen? Vielleicht will er sich auch nur als Selbstversorger konditionieren – nun, da immer mehr Frauen an öffentlichen Krisenherden stehen, statt wie gewohnt nur den Frieden daheim am Köcheln zu halten?« Von Männern scheinen die *Emma*-Frauen ähnlich wenig zu verstehen wie der zitierte »Familienvater«. Auch hier wird die Kochleidenschaft der Männer vor allem als »Ersatz-Sex« verstanden.

Wer aber keinen sexistischen Begriff von Sex hat und das erotische Leben der Menschen keineswegs auf den Geschlechtsakt im Bett begrenzt, wird feststellen, dass die alte Kompensationsthese an der heutigen Lebenswelt vorbeigeht. In der Welt des alten Feminismus muss jedoch, wie auch immer sich eine Gesellschaft entwickelt, die alte Unterdrückungsgeschichte erzählt werden, und so entpuppt sich der *Emma*-Artikel über kochende Männer als seitenlanger Exkurs über die wahren »Helden am Herd«: In fast allen Epochen der Menschheitsgeschichte seien nämlich die Frauen für Suppe und Brei, also für die Ernährung der Familie zuständig gewesen, während der Mann, wenn er denn gekocht habe, mit der Entwicklung pompöser Speisenfolgen vor allem den eigenen Machtanspruch in der Gesellschaft demonstrierte. Und dieses Missverhältnis bestehe immer noch: »Weiterhin werden weltweit 80 bis 90 Prozent der Mahlzeiten von Frauen bereitet.« Heißt: Warum soll man sich überhaupt mit diesen kochenden Männern ernsthaft beschäftigen? Der Verweis auf den Rest der Welt ist natürlich Humbug, denn die Gastrosexualität ist ein Phänomen der fortentwickelten, westlichen Industriegesellschaft.

Immerhin, *Emma*-Autorin Eva Kohlrusch lässt in ihrem Beitrag auch Männer zu Wort kommen. Interessanterweise keinen begeisterten Hobby-, sondern einen TV-Koch. Warum die vielen Kochshows im Fernsehen nur wenig mit der Eroberung der privaten Küche durch den Mann zu tun haben, werde ich noch klären, jetzt aber möchte ich Holger Stromberg zitieren, der nicht nur vor der Kamera, sondern auch für die Fußballnationalmannschaft der Herren kocht, und der in der *Emma* die »neue Kochlust der Männer« als eine »besonders anrührende Flucht in die Vergangenheit« interpretiert: »Wir können uns alle an den ersten Kuss erinnern oder unseren ersten Beischlaf. Aber noch stärker ist das Essen. Diesen ersten Geschmack, diese Sehnsucht nach der Rindsroulade von Omi – das vergisst man nicht. Wenn ich mal Rahmspinat mit Spiegelei mache oder eine Rindsroulade – da ist Partystimmung.«

Nichts gegen Rindsroulade und Spiegelei, aber ich kenne keinen Hobbykoch, der ernsthaft an Omi denkt, selbst wenn er den alten Dampfkochtopf hervorkramt und darin druckgegarte Suppen und Saucenfonds herstellt. Zumal es ein Mythos ist, dass die Eltern und

Großeltern immer gute Köche waren. Meine Omi war nett, aber kochen konnte sie nicht. Kartoffeln kamen bei ihr aus dem Glas und Rouladen aus der Dose. Trotzdem hat Holger Stromberg auch eine Beobachtung beizusteuern, die sich leicht verifizieren lässt: »Der Mann stellt sich halt selber in die Küche, weil es heute zu wenig Frauen gibt, die gut kochen können.« Doch wenn der Mann sich nur deshalb in die Küche stellen würde, weil die Frau diesen Job nicht mehr übernehmen möchte, wird die Küchenparty nicht lange anhalten und der Mann nach einer Weile doch wieder zu *McDonald's* gehen. Es gibt viele innere und äußere Beweggründe für Männer, sich in der Küche auszutoben. Das Frauenblatt interessiert sich vor allem für das erotische Motiv – ohne es wirklich zu verstehen, denn am Ende werden doch nur die alten feministischen Deutungsmuster aus der Schublade gekramt: »Kochen ist die Kunst, die Menschen durch Speisen glücklich zu machen – eine Sache des Verführens und Verführtwerdens. Nun, wo die bekannten Variationen von Sex bis zum Überdruss durchexerziert sind, wird ein Kamasutra des Essens inszeniert. Fünf Gänge, sechs Gänge, aufgeteilt in anregende Häppchen, das Vergnügen verlängernd. Essen als neue Freizeitlust, noch dazu vor aller Augen auszuführen. Schmeckt einmal hin: War ich gut? Soll heißen: Mit dem Kochlöffel übernehmen Männer erneut die Rolle des Verführers. Falls demnächst wieder einmal die Parole ›Frauen zurück an den Herd!‹ aufkocht, können wir jetzt ohne Bedenken sagen: ›Sorry, der ist jetzt von Männern besetzt.‹«

Der Mann als eingebildeter Verführer, der die Frau letztendlich doch wieder in die Küche zurückschicken will. Hä? Ist das nun feministischer Humor? Oder ist das ernst gemeint? Da unterhält man sich besser mit einer Autorin, die ohne den ideologischen Satzbaukasten auskommt und journalistische Recherche mit eigenen Lebenserfahrungen zu verbinden weiß: Brenda Strohmaier erzählt, dass sie aus einem Modelleisenbahnerhaushalt komme und dass die Gastrosexuellen, die sich eine Zeit lang für ein ganz bestimmtes kulinarisches Thema begeistern, zum Beispiel für molekulare Experimente oder für die hoch technisierte Espressomaschine, sie sehr an die speziellen Märklin-Welten ihres Vaters erinnern: »Hauptsache, der Mann hat irgendwas, worüber er fachsimpeln kann.«

Fachsimpeln ist wichtig, keine Frage. Aber hätte ich mir vor zwanzig oder dreißig Jahren eine Modelleisenbahn in den Keller gestellt und mit Gleichgesinnten über die Vorzüge dieser oder jener Spurbreite diskutiert? Ich glaube nicht. Und die interviewten Männer, die sich für Dampfgarer und Eismaschinen begeistern, wirkten auch nicht wie verhinderte Bähnchenbauer. Denn allen kochenden Männern ist gemein, dass sie ihrem Hobby nicht allein und in einem dunklen Abstellraum nachgehen. Gastrosexuelle suchen Gesellschaft, die der Frau oder des Lebenspartners, der Kinder, der Freunde. Deshalb haben die kochenden Männer, von denen ich hier schreibe, auch wenig zu tun mit den Typen, die in der Garage ihren Porsche polieren.

Meine Gespräche und Recherchen haben ergeben, dass es, jenseits von Statusgeilheit und Langeweile, drei starke Kräfte gibt, welche Männer in die Küchen treiben: Erstens ein erotisches Verlangen, das sich auf viele Bereiche des Kochens und Essens bezieht. Zweitens eine enorme intellektuelle und handwerkliche Herausforderung – denn es geht ja hier um Laien, die wie Profis agieren. Sowie drittens die Sehnsucht eines Büromenschen nach einem gemeinschaftlichen Erlebnis mit Familie und Freunden, das Gesprächsstoff bietet jenseits des üblichen Stammtischgeredes über Arbeit, Sport und Frauen. Womit das Freizeitvergnügen des ambitionierten Hobbykochs doch ein soziales Distinktionsmerkmal ist. Und möglich wurde all dies durch einen grundlegenden Wandel der Geschlechterrollen in den vergangenen drei Jahrzehnten.

Wir Gastrosexuellen wollen nicht, wie es *Beef*-Chefredakteur Jan Spielhagen formuliert, »einem Zweitligaclub hinterherreisen oder die Wochenenden, fernab der Familie, in einer hässlichen Garage an einem Motorrad herumschrauben«. Nein, wir wollen gemeinsam mit unseren Frauen und Freunden, selbstverständlich auch mit den Kindern, uns darüber freuen, das beste Pesto der Welt anzurühren. Deshalb haben Männer, die für die Familie kochen und die Frau erfreuen, mehr und besseren Sex als die vielen Typen, die ihre Freizeit vor dem Rechner, in düsteren Kneipen, im eigenen Keller oder unterm Auto verbringen.

DAS ERSTE MAL

Jeder Gastrosexuelle weiß eine Geschichte zu erzählen, wie es mit seiner Kochleidenschaft begonnen hat. Das ist ein autobiografischer Mythos, der oft eine erotische Szene enthält. Wenn ich gefragt werde, was mich zum Herd getrieben hat, denke ich an eine laue Sommernacht Mitte der achtziger Jahre, als ich im Bett meiner Freundin lag. Die Süße pennte, ich aber war aufgewacht, und zwar von einem schrecklichen Heißhunger, was nach den abendlichen Aktivitäten kein Wunder war.

Die Wohnung lag im Obergeschoss eines schönen Gründerzeithauses in Bonn-Bad Godesberg, und im Erdgeschoss befand sich das Paradies. Nämlich eines der besten Restaurants der damaligen Bundeshauptstadt, ein Ort, in dem es nicht nur gratinierte Austern, sondern auf Wunsch des Bundeskanzlers auch frische Kutteln gab.

In besagter Nacht also tappte ich die Stufen hinab in die Restaurantküche und staunte nicht schlecht, als ich dort den Wirt und Vater meiner Freundin sah, ebenfalls im Pyjama. Er war gerade dabei, sich ein Rinderfilet zu braten. Als er mich sah, lächelte er zweideutig und legte gleich ein zweites Stück Fleisch in die heiße Pfanne, schlug einen Fond mit Butter auf, blanchierte weiße Rübchen und schob eine kleine Polentaschnitte in den Ofen, als sei es alles andere als ungewöhnlich, so kurz vor Morgengrauen sich den Bauch mit solchen Köstlichkeiten vollzuschlagen. Nach diesem Erlebnis war für mich klar, dass ich später auch mal in einem Restaurant leben wollte. Ich habe nach dem Abitur tatsächlich in viele Töpfe geschaut, aber mir bald eingestehen müssen, dass die Arbeit in der Restaurantküche mich im Gegensatz zum Schreiben und dem Studium der Philosophie nicht glücklich machte.

Die Vorstellung allerdings, nach einer beglückenden Liebesnacht in eine Profiküche gehen zu können, immer die richtigen Zutaten und Geräte vorrätig zu haben, um schnell mal ein passables Gericht zaubern zu können, die begleitet mich bis heute. Ja, mein Verhältnis zum Kochen ist in vielerlei Hinsicht ein sexuelles, ein gastrosexuelles. Und mich beruhigt, dass diese Spielart der Lust mittlerweile ein gewisses Ansehen genießt.

Wenn ich kochende Männer befrage, wie und wann sich ihre Gastrosexualität entwickelt hat, bekomme ich die unterschiedlichsten Antworten. Natürlich, da sind die Sehnsuchtsmänner wie der Leibkoch der deutschen Fußballmannschaft, die von Omi oder Mutti schwärmen, die noch einen guten Braten zubereiten konnten. Einige Männer interessieren sich für ein Spezialthema, etwa für gute Messer, und merken bald, dass Spitzenwerkzeug auf Dauer nur Spaß macht, wenn das Schnittgut noch weiterverarbeitet wird. Viele sagen tatsächlich: »Meine Frau kann nicht kochen. Seitdem ich mich in der Küche rumtreibe, sind alle besser gelaunt. Meine Frau, die Kinder und vor allem ich selbst. Endlich schmeckt es mir auch wieder daheim.« Immer mehr Männer geben zu, dass mit dem Kochen auch ein Lustgewinn verbunden ist. Längst hat sich eine Eigendynamik eingestellt, denn weil immer mehr Männer darüber reden, dass sie gerne kochen, erwägen immer mehr Geschlechtsgenossen, sich ebenfalls an den Herd zu stellen.

Allerdings gibt es, und das sollte man nicht unerwähnt lassen, auch hartnäckige Küchenverweigerer, die schon allein deshalb nicht mitbrutzeln wollen, weil ihnen der Hype um den kochenden Mann auf die Nerven geht. Das kann ich gut nachvollziehen, obwohl ich glaube, dass diese Leute ihre Meinung schnell ändern würden, wenn sie nicht in ihren – zuweilen berechtigten – Vorurteilen gefangen wären. Nein, keine Sorge, ich bin kein Kochmissionar. Wer nicht kochen will, kann auch glücklich werden (und dieser Satz hört sich nun fast nach Oswalt Kolle an). Männer aber, die einmal Lunte gerochen oder, um beim Thema zu bleiben, mit dem Brotschnüffeln begonnen haben, sind nicht mehr zu halten. Diese Männer wollen mehr. Sie wollen die weite Welt der kulinarischen Möglichkeiten durchdringen. Das tun sie auf verschiedenen Wegen. Sie wälzen Fachliteratur, experimentieren im heimischen Küchenlabor, fahren kreuz und quer durch die Republik, um sich aus- und fortzubilden.

Wer das Freizeitverhalten solcher Männer näher kennenlernen möchte, muss den Fokus auf die unfassbar vielen Kochkurse richten, die hierzulande angeboten werden. Und wird festellen, dass die meisten von ihnen tatsächlich von Männern besucht werden. Das bestätigt auch Thomas Ruhl, den ich in seinem Kölner *Centre Port Culinaire* treffe. Ruhl gehört zu den wichtigsten Verfechtern einer ambitionierten Küche in Deutschland. Er gibt die kulinarische Sammelbandreihe *Port Culinaire* heraus, war ein paar Jahre als deutscher Chairman in der *World's 50 Best Restaurants Academy*, welche sich um eine vieldiskutierte Rangliste der weltbesten Restaurants kümmert, und abgesehen davon bietet der Mann in seinem kulinarischen Hafen in Köln regelmäßig anspruchsvolle Kochkurse an.

Wenn Thomas Ruhl über kochende Männer spricht, dann senkt er seine Stimme. Aus Ehrfurcht vor dem Thema, könnte man meinen: »Wenn sich Männer fürs Kochen interessieren, dann machen sie es richtig und sehr intensiv. Die erscheinen hier mit einem vollständigen Messerset und einer Kochjacke, die sie sich mit ihrem Namen haben besticken lassen.« Was wenig aussagt über die Fähigkeiten der Hobbyköche. Aber das Ziel ist mit einer solchen Ausrüstung schon mal vorgegeben: Perfektionismus. Und der kann sehr unterschiedlich aussehen. »Es gibt«, meint Ruhl, »sehr unterschiedliche Typen von Hobbyköchen. Es gibt welche, die sich komplizierte Rezepte vornehmen und die eins zu eins nachempfinden. Die anderen, und ich würde behaupten, die wirklich guten, sind sehr kreativ, kombinieren einzelne Komponenten, erfinden neue Gerichte.«

Wie die Profis eben auch jahrelang erst mal Brühe gekocht haben, um die Basis einer guten Küche kennenzulernen, brauchen Hobbyköche schon ein paar Jahre, um auf der kulinarischen Klaviatur spielen zu können. Und dabei geht es sowohl um theoretische Fortbildung als auch um praktische Erfahrung: Wer nicht weiß, wie klassische Buttersaucen anzurühren sind, wird auch nicht darauf kommen, eine Hollandaise mal mit Rote-Bete-Saft oder Fruchtkonzentraten einzufärben. Aber selbst wer alles übers Kochen weiß, hat möglicherweise kein gutes Gespür beim Abschmecken oder eine unruhige Hand beim Anrichten des Tellers. Vielen Hobbyköchen fehlen handwerkliche Fähigkeiten – und insbesondere für den Gastrosexuellen ist die Einsicht ins eigene Unvermögen ein heilsamer Prozess. Denn das heimische Publikum lässt sich viel zu leicht beeindrucken. Außer, unter den bewirteten Freunden ist auch ein Hobbykoch, der sich die Frechheit herausnimmt, dem Gastgeber unverblümt zu sagen, der Rotkohl sei nicht lange genug geschmort oder enthalte zu viel Ingwer. Dann darf gestritten oder gelacht werden.

Na, klar: Hobbykoch ist nicht gleich Hobbykoch. Wenn ich in diesem Buch auch schon mal in der ersten Person Plural schreibe, weiß ich natürlich, dass wir Gastrosexuellen uns dagegen wehren, in einen Topf geschmissen zu werden. Wir Gastrosexuellen? Was heißt schon: *wir*? Wir sind keine Generation und wir sind auch kein soziales Milieu. Wir sind Individualisten. Wir sind Männer. Meistens jedenfalls. Wir sind eigentlich kein Wir. Sei's drum, ich bleibe bei der ersten Person Plural, wenn es sich anbietet. Weil es nun mal sehr viele Gemeinsamkeiten unter uns Gastrosexuellen gibt. Wie auch Thomas Ruhl bestätigt, der auf dem Kochkursmarkt die Oberklasse vertritt, und zwar mit dem Konzept, Hobbyköche und Profis zusammenzubringen. Da trifft man sich etwa bei einem »Alaska Seafood Tasting«, bei dem ausschließlich wildgefangene Meerestiere verarbeitet werden. Das Menü sieht dann folgendermaßen aus: »Jakobsmuschelcarpaccio, Blumenkohlcrumble mit Mango und Zitronenabrieb. Gegrillter Heilbutt, Tomaten-Kapernjus, Duo vom Sockeye, Paprikagel. Silberlachs, mediterranes Gemüse, Bärlauchöl. Blackcod, Belugalinsen, Buttermilch, Kaffeeöl. Königslachs, Asiaöl, Pampelmuse.«

Über die Veranstaltungen im Hause Ruhl wird auf den Internetseiten regelmäßig berichtet, und die Texte besitzen, gerade wegen ihres erstaunlich ernsten Tons, eine ganz besondere Komik. Über das »Alaska Seafood Tasting« ist zum Beispiel zu lesen: »Der Eindruck täuscht; um dieses Menü zu genießen, fanden sich die Gäste nicht in einem Sternerestaurant ein, sondern in der hauseigenen Versuchsküche der *Edition Port Culinaire*. Anlass dazu gab vor allen Dingen wildgefangener Fisch aus Alaska, der auch durch konsequente Nachhaltigkeit im Umgang mit seiner Natur einen einmaligen Geschmack garantiert. (...) Nach einer kurzen Einführung von Thomas Ruhl, der die Gäste über Land und Meer im wilden Alaska informierte, überzeugten sich alle Anwesenden selbst und ausgiebig von der einzigartigen Qualität der Fische und Meerestiere aus Alaska. In geselliger Runde und bei einem guten Glas Wein trat man anschließend in den Dialog über das gerade Erschmeckte.«

Ich war mal bei einem solchen Dialog über das gerade Erschmeckte dabei. Es ging um die Frage, ob Wurst und Fleisch besser auf einem Grill, im Ofen oder in der Pfanne gegart werden sollten. Ein lustiges Happening mit Stimmabgabe per Akklamation. Am Ende gewann die Bratpfanne. Und nicht der von den Deutschen so geliebte Grill! Natürlich blieb der Dialog über das gerade Erschmeckte nicht aus. Und das meine ich gar nicht so ironisch, wie es sich liest. Ich habe mich in diesem Hafen für den anspruchsvollen Gourmet sogar ausgesprochen wohlgefühlt. Was ich nicht von jedem von mir besuchten Kochkurs sagen kann ...

Tatsache ist, es gibt mittlerweile kaum ein kulinarisches Thema, das am Feierabend oder Wochenende nicht vertieft werden kann. Man gewinnt fast den Eindruck, die Deutschen hätten nur noch ein einziges Hobby, nämlich das Kochen. Bei einem Wurstseminar, auf das ich noch ausführlich eingehen werde, habe ich die Teilnehmer gefragt, ob sie schon andere Kochkurse besucht haben. Die Antworten verschafften mir einen guten Überblick, wie beliebt solche Veranstaltungen sind, von wem sie besucht werden und warum. So gut wie jeder Wurstnovize war schon mal bei einem Sushikurs. Oder bei einem Saucenworkshop. Vielleicht auch bei einer mehrtägigen Einführung in die Welt der Patisserie. Was aber haben Würste, Sushi und Pralinen gemeinsam? Viel mehr, als man zunächst meint.

Alle drei Lebensmittel sind in durchaus guter Qualität zu kaufen und ohne Vorwissen nicht so leicht herzustellen. Und warum sollte man das überhaupt tun? Sushi findet man mittlerweile im Supermarkt. Beste Pralinen bietet der Konditor um die Ecke, und die Würste vom Metzger des Vertrauens sind doch auch handgemacht, oder etwa nicht? Ja, schon, aber darum geht es nicht. Was zählt, ist der Produzentenstolz und die Erfahrung, dass selbstgemachte Pralinen und selbstgerolltes Sushi noch viel besser schmecken. Dafür gibt es zum einen sachliche Gründe: Wer die Pralinen selber zusammenrührt, bestimmt die Zutaten, zum Beispiel die besonders hohe Qualität der Schokolade und die Menge des beigefügten Zuckers. Bei jeder Art von Massenware muss man mit Qualitätseinbußen rechnen. Zum anderen verstärkt das Glücksgefühl, gute Grundprodukte eingekauft, den Reis optimal gesäuert und die Füllung der Praline perfekt zusammengerührt zu haben, auch die oralen Rezeptoren: Wer gut drauf ist, hat bessere Geschmackserlebnisse.

Kochkurse bieten also eine Mehrfach-Bedürfnisbefriedigung. Hier lernt man, was man immer schon mal selber machen wollte. Hier isst man, was man gerade selbst gemacht hat. Und hier spricht man mit anderen Teilnehmern über das wunderbare Erlebnis des gemeinsamen Kochens und Verzehrens. Der Kochkurs ist ein gutes

Geschenk, vor allem für Singles, die unter Leute kommen sollen. Aber auch für Paare, die etwas gemeinsam unternehmen wollen. Und für Gastrosexuelle, die abseitige Küchenthemen bearbeiten können.

Wenn ein Phänomen in *Mobil*, dem Magazin der Deutschen Bahn, vorgestellt wird, ist es wirklich ein Massentrend. Unlängst schrieb dort Christian Sobiella über die vielen Do-it-yourself-Kurse, die derzeit überall in Deutschland angeboten werden: Schnaps brennen, Fisch räuchern, Brot backen – und natürlich wurde auch auf ein Wurstseminar hingewiesen. Zunehmender Beliebtheit erfreuen sich zudem Kochkurse, in denen regionale Spezialitäten im Mittelpunkt stehen, die selbst viele Profis nicht mehr beherrschen: Leberknödel, Krustenbraten oder Labskaus. Ich kann mich des Eindrucks nicht erwehren, dass der Anstieg der Kochkurs-Besucherzahlen in einem negativ proportionalen Verhältnis zum durchschnittlichen Ernährungsverhalten steht: Je weniger Leute die Spätzle tatsächlich selber machen, desto beliebter sind die Veranstaltungen, in denen diskutiert wird: Schaben, hobeln oder pressen?

Neben dem bodenständigen Kochhandwerk, das für die deutsche Küche relevant ist, bleiben auch weiterhin die unterschiedlichsten Länderküchen im Dauerangebot der Kochkursveranstalter: Indisch, Thai, Vietnamesisch, Französisch, Spanisch, Italienisch. Eigentlich erstaunlich, dass es immer noch Kunden für Kurse gibt, in denen erklärt wird, wie Nudeln mit Tomatensauce gekocht werden. Eine gute Tomatensauce ist gewiss ein kleines Kunststück, und selbstgemachte Pasta gehört auch nicht zum Standardrepertoire der deutschen Durchschnittsküche, aber mit Hilfe eines guten Kochbuchs ließen sich gerade diese Klassiker auch ohne teures Wochenendseminar sehr einfach auf den Teller bringen.

Gerade bei Italienisch für Anfänger geht es sicher nicht zuletzt um das Gemeinschaftserlebnis, um das Gespräch und vielleicht auch die Möglichkeit eines kleinen Flirts. Wer aber besucht einen »Insektenkochkurs« oder den »Kochkurs Schlange und Krokodil«, die beispielsweise im Geschenkportal von Jochen Schweizer gelistet sind? Genussextremisten? Vielleicht. Auf jeden Fall sind die Besucher dieser Kurse vorwiegend männlich, wie auch Schweizer mir am Telefon bestätigt. Da geht es nicht mehr darum, eine Frau kennenzulernen. Wer viel Geld auf den Tisch legt, um drei Tage lang die nordische Avantgarde-Küche zu studieren, möchte nicht abgelenkt werden. Oft sind Frauen auch gar nicht zugelassen. Die Männer wollen unter sich bleiben. Ob Stadt oder Dorf, überall in Deutschland scheint es mittlerweile kulinarische Fortbildungsangebote ausschließlich für Männer zu geben. Wer das Stichwort »Männerkochkurs« in eine Suchmaschine eingibt, erhält eine Million Links, die dann tatsächlich auch weiterführende Informationen zu den vielen, vielen, vielen Männerkochkursen im Lande bieten. Marktführer ist das Hamburger Unternehmen von Thomas Krause, das unter *maennerkochschule.de* bundesweit Kurse mit dem Slogan »Weil Frauen Köche lieben« anbietet. Selbst wenn nur die Hälfte der Veranstaltungen so gut besucht sein sollte wie die Schulungen, an denen ich teilgenommen habe, findet derzeit ein gewaltiges kulinarisches Lernprogramm für den deutschen Mann statt. Wenn das so weiter geht, wird es die kochende Hausfrau bald gar nicht mehr geben. Denn ein Mann, der was kann, will das auch zeigen. Die Frau, die ihrem Gatten, der gerade vom Selber-Wursten-Seminar kommt, verbieten will, das Gelernte in der eigenen Küche auch umzusetzen, wird sich auf anstrengende Gespräche einstellen müssen. Insofern sollten Frauen sich sehr genau überlegen, ob der Gastrobegeisterte auch noch den Insektenworkshop besuchen darf …

Jetzt sollte man aber nicht meinen, dass Leute, die auch mal etwas über Pasta lernen oder zur Abwechselung Sushi selber rollen wollen, gleich gastrosexuelle Neigungen in sich tragen. Im Gegenteil. Der Mann, der leidenschaftlich kocht, ist oft ein Autodidakt. Nudeln macht er ohnehin selber, und mit dem Sushithema hat er sich vor Jahren mal beschäftigt. Das Basishandwerk beherrscht der gastrosexuelle Mann. Er geht vielleicht noch zum Lieblingssternekoch in die Kurzzeitlehre oder belegt einen Kurs, in dem auch die rustikalen Seiten des Hobbys ausgelebt werden können.

Auf Einladung eines Freundes habe ich in der hervorragenden *Ginger-Pig*-Metzgerei in London einen Nachmittag lang Lämmer zerlegt, und abgesehen von zwei Kursleitern, die ihr Metzgerhandwerk wie eine Varieténummer präsentiert haben, sind mir die männlichen Kursteilnehmer in Erinnerung geblieben, die über ihre miesen Bankgeschäfte herzogen, während sie eine Lammkeule freilegten, und die von einer großen Sehnsucht erfüllt zu sein schienen, ein Schlachtermesser in der Hand zu haben.

Die drei anwesenden Frauen hätten auch über Aktienkurse oder irgendwelche Managementprobleme reden können, aber sie konzentrierten sich aufs Fleisch und auf die Männer, die mit dem Messer umzugehen wussten. Denn auch dieser Kurs fungierte als Partnerbörse. Die Frauen wussten sehr genau, dass die Auswahl in der *Lamb Class* so schlecht nicht sein würde; es musste nur schnell geklärt werden, ob dieser oder jener Mann schon vergeben war.

Alle Teilnehmer durften, wie üblich bei solchen Veranstaltungen, einen Teil der Lamm-Cuts mit nach Hause nehmen, und ich frage mich bis heute, was wohl die Gepäckkontrolleure am Flughafen gedacht haben, als sie in meinem Koffer eine Lammkeule entdeckt haben. Wahrscheinlich ist der illegale Fleischtransport nicht weiter aufgefallen. Da hatten es die Londoner einfacher, das eigene Metzgerwerk zu kochen und zu kosten. Sie fanden sich in Kleingruppen oder Paaren zusammen und verabredeten sich zum gemeinsamen Lamm-Schmoren.

Was auch in diesem Kurs funktionierte, war eine doppelte Fleischbeschau: Männer und Frauen mit ähnlichen Vorlieben begegnen einander in einer leicht angespannten Situation, die manchen Möchtegernschnippler überfordert. Aber spielt das eine Rolle? Verliebt sich die Frau tatsächlich in den Typen am Tisch gegenüber, der den Lammrücken gekonnt filetiert? Spätestens beim abendlichen Abschlussessen ist entschieden, wer sich auf ein neues Liebesabenteuer einlässt. Fest steht: Ein Mann, der eine Frau beim Metzgern kennengelernt hat, wird sich beim ersten Menü, das er für sie zubereitet, ganz besonders viel Mühe geben. Kein Mann will sich nachsagen lassen, er könne zwar mit einem Messer, aber nicht mit einem Kochlöffel umgehen. Wenn der Mann nicht den Fehler begeht, die Frau mit kulinarischen Experimenten oder einem Vortrag über die umfangreiche Messersammlung zu nerven, stehen die Chancen nicht schlecht, dass eine gastrosexuelle Erfolgsgeschichte beginnt.

SCHARF UND HART

Apropos Messer. Auch wenn die besonders scharfen Klingen beim ersten Date in der Schublade bleiben, heißt das nicht, dass sie unwichtig sind. Im Gegenteil. Brenda Strohmaier, die mit einer Mischung aus Faszination und Entsetzen auf das Phänomen der Gastrosexualität schaut, hat messerscharf beobachtet: »Es beginnt alles beim Messer. Wenn Männer anfangen zu kochen, kaufen die sich erst mal ordentliche Messer. Das würde ich nie tun. Ich gurke mit meinen ollen Dingern da rum, denke aber trotzdem nicht daran, mir irgendwelche handgeschmiedeten Messer zuzulegen.« Ganz anders der Mann. Insbesondere der gastrosexuelle Mann. Einträge wie der folgende finden sich in allen Kochportalen: »Kann mir jemand ein wirklich gutes Messer empfehlen, bitte mit genauer Markenangabe? Ich will damit hauptsächlich Fleisch schneiden. Wie viel muss man investieren? Eher Stahl oder doch Keramik?« Nachdem mir Mirko Mößle erklärt hatte, wie leicht es sei, einen Fass-Smoker zu bauen, fragte ich ihn, mit welchem kochtechnischen Thema er sich demnächst beschäftigen wolle. Die prompte Antwort: »Ich würde mir sehr gerne die eigenen Messer schmieden.«

Man kann über den Mann als Jäger und Schnippler philosophieren, man kann dem Messer nach eingehender kulturhistorischer Analyse eine ganz besondere Symbolkraft zusprechen, die es offensichtlich hat. Allerdings erklärt man damit nicht, warum ausgerechnet der gastrosexuelle Mann sich für exzellentes Schneidewerkzeug interessiert. Es geht, wie Hobbykoch Peter Wagner sehr zutreffend erklärt, zunächst einmal um »die Exaktheit, mit der Männer in häuslicher Kochumgebung versuchen, die Schneidetechniken der Sterneköche zu reproduzieren oder zu kopieren.« Und diese Exaktheit erfordert eben »ein Material, was in der Sterneküche auch benutzt wird. Da kommt man mit Ikea-Messern nicht weit.«

Wagner ist übrigens nicht nur Deutschlands profiliertester Hobbykoch. Er verteilt auch die profilierteste Visitenkarte, die mir jemals überreicht wurde. Darauf steht: »Frauen kochen, was sie können. Männer, was sie wollen.« Wenn Wagner nicht gerade seine *Spiegel Online*-Kolumne produziert oder an einem neuen Kochbuch schreibt, betreibt er von Hamburg aus die Internetseite *Kochmonster.de*, die sich »Deutschlands erstes Kochportal für Männer« nennt.

Seitdem ich mich mit dem Gastrosex-Thema näher befasse, steht fest: Den Mann muss ich besuchen, um mit ihm über Messer und seine Passion als Hobbykoch reden. Als ich ihn an einem schönen Herbsttag in seinem Büro treffe, fällt mir auf, wie aufgeräumt der Schreibtisch, wie ordentlich das Regal, überhaupt wie präzise alles in dem Raum aufgeteilt ist. Der Mann schreibt, wie er kocht. Alles muss perfekt organisiert sein. Wagner ist mir gleich sympathisch. In bester Hanseatentradition bietet er mir einen Tee an, und ich stelle ihm die angekündigte rhetorische Frage.

Versteht er sich als Gastrosexueller? Seine Antwort: »Selbstverständlich. Wobei ich eher die Vorlagen für die Sexualität liefere. Ich bin also der Zuhälter, weil ich zum Beispiel auf meinem Männerkochportal *Kochmonster* die Rezepte nach dem Erotikfaktor einsortiere. Da gibt es verschiedene Schärfen. Das beginnt mit nur Reden, geht über zum Flirten und endet beim Verführen. Es ist nicht zufällig so, dass die Kategorie Verführen sehr oft von Desserts erfüllt wird, weil das Essen ja dann zu Ende ist und man sich überlegt, wie man den Abend weiter verbringt.«

Eines weiß der sensible Gastrosexuelle: Wer schon zu Beginn mit seinen Messern prahlt, wer mit seinen langen und scharfen Dingern herumhantiert, als seien diese Klingen viel mehr als ein wichtiges Kochwerkzeug, dem hilft auch kein Rezept mit dem höchsten Erotikfaktor. Nein, Messer eignen sich nicht zum Prahlen. Der wahre Messerexperte ist ein stiller Schnittkünstler, und wer sich mit dem Material und den Schleiftechniken gut auskennt, wird für kleine Schälarbeiten nicht gleich den Messer-Porsche aus der Schublade holen. Es soll Klingenbegeisterte geben, die ihre Spezialmesser überhaupt nicht benutzen, die also ihre handgeschmiedete Japanware nur anschauen – doch das hat mit Gastrosexualiät wenig zu tun. Prunkware im Schatzkästlein ist was für notorische Sammler, die nicht wirklich kochen wollen. Das haben übrigens auch die Abteilungen in Medienhäusern begriffen, die für die Abonnentenwerbung zuständig sind. »Das HAIKU Küchenmesser H06 wird in japanischen Messer-Manufakturen hergestellt. Mit einem Griff aus Honoki-Holz. Länge 20 cm. Oder liegt Ihnen eher das Profimesser P02 aus der Serie 301. Es hat einen ergonomischen – in Zusammenarbeit mit bekannten Küchenchefs entwickelten – Griff aus 18/10 Edelstahl und eine Klinge aus feinem japanischen Pure 301 Steel. Länge: 20 cm«. Die Messer werden nicht potenziellen Abonnenten von *Essen und Trinken* angeboten, nein, die gute alte *taz* aus Berlin-Kreuzberg setzt darauf, dass ihre Leser sich für Japanmesser interessieren. Wahrscheinlich nicht zu Unrecht. Besonders lustig ist, dass beim »Profimesser« nicht nur der Hersteller Chroma verschwiegen wird, sondern auch die Herkunft aus dem Porsche-Designstudio. War da was? Porsche? Gar nicht öko. Macht nichts. Was haben Messer schon mit Spritfressern zu tun?

Wie wichtig Messer für den ambitionierten Hobbykoch sind, sieht man auch daran, dass die Produkte edler und populärer Hersteller wie Global oder Chroma immer häufiger gefälscht werden. Die Kopisten in Asien haben längst erkannt, dass der moderne Mann sich keine falsche Rolex kaufen wird, nachdem ihm schon zwei oder drei Asiakopien in kürzester Zeit kaputtgegangen sind. Jetzt werden also die Messer gefälscht, und da die viel billigeren Nachahmerprodukte den Originalen zum Verwechseln ähnlich sehen, werden selbst Profi-Köche schwach. Mit dem Ergebnis, dass immer mehr Küchenchefs mit abgebrochener Klinge am Schneidebrett stehen.

Wer die Messer in einem dubiosen Internetshop erworben und angenommen hat, eigentlich seriöse Ware gekauft zu haben, und nach dem Messerbruch meint, sich beim Hersteller über mangelnde Qualität beschweren zu können, wird nicht selten Besuch von der Polizei bekommen: Die beschlagnahmt dann den Rest des gefälschten Messersets und stellt viele Fragen, um nämlich herauszubekommen, wo die Produzenten und Verkäufer der nicht wirklich scharfen Klingen stecken. Wer sich die Fotos der Fälschungen ansehen möchte, kann dies zum Beispiel auf der Homepage des deutschen Messerexperten Christian Romanowski tun.

Mir reichen die Informationen, die ich online abrufen kann, natürlich nicht aus, ich möchte den Mann treffen. Aber das ist gar nicht so leicht. Romanowski ist viel unterwegs, in Asien natürlich, weil dort die besten Messer hergestellt werden, und vor allem im Winter zieht er es vor, sich in wärmeren Gefilden herumzutreiben. Als ich endlich mit ihm sprechen kann, beginnt er auch schon gleich, seine erstaunliche Erfolgsgeschichte zu erzählen.

Am Anfang stand der Protest. Der junge Christian besuchte das Walther-Rathenau-Gymnasium in Berlin-Grunewald, konnte aber weder mit den Lehrern noch mit dem Lehrplan etwas anfangen. »Mir war die Weltrevolution wichtiger«, sagt er. Als Jungkommunist verzierte er die Schule mit aufrührerischen Parolen, was bei den Paukern gar nicht gut ankam. Also ging es hinaus auf die Straße. Doch nicht nur zum Demonstrieren. Der angehende Revoluzzer begann nämlich, auf Straßenfesten frisch gepressten Orangensaft zu verkaufen. Imperialistenpisse (Coca-Cola) war selbst an heißen Sommertagen nicht angesagt, die Genossen mussten mit Vitaminen versorgt werden. Das Geschäft lief anfangs so gut, dass er sich schon bald eine professionelle Saftpresse zulegte und Leute anstellte. Leider brach das Straßengeschäft zeitweilig ein, weil es im deutschen Sommer auch mal ein paar Tage lang regnen kann und die Laufkundschaft ausblieb. Zudem wurde die Handkasse ausgeraubt. Ja, gierig ist auch der Gutmensch!

Romanowski zog aus dem Ärger seine Lehren und überlegte, das Geschäft ein wenig zu verlagern. Warum Saft pressen, wenn das die Kunden selber tun können? Warum Saft verkaufen, wenn man mit Saftpressen viel mehr verdienen kann? Aber war der Markt bereit dafür? Eine ordentliche Presse kostete in den achtziger Jahren rund 700 Mark. Der Mann machte sich auf die Suche nach einem Hersteller, der billiger produzieren konnte, und wurde in der Türkei fündig. Romanowski wurde Saftpressenimporteur. Abnehmer waren jetzt nicht mehr die Berliner Straßenfestbesucher, sondern die gehobenen Designläden, die damals überall eröffnet wurden.

Dieses Geschäft lief noch besser. Der Jungunternehmer expandierte, brachte schicke Cocktailmixer und Küchennippes nach Deutschland. Auf einer Messe sah der Mann dann ein Schneidewerkzeug, das sein Leben verändern sollte. »Das war ein Stahlmesser mit schwarzen Punkten am Griff.« Absolut edel. Und in Deutschland unbekannt. Aber was taugte das Messer? Romanowski machte einen Test, den man mit einem Global-Messer eigentlich nicht machen sollte. Den Fingerkuppentest. Es floss Blut. Viel Blut. Als der Messernovize verarztet war, unterschrieb er einen Vertrag mit der japanischen Herstellerfirma. Und das kochende Deutschland wurde global. Was auch an der britischen Ausgabe der Stiftung Warentest lag, denn die gab den Messern von Global Höchstnoten.

Das Verkaufstalent Romanowski verkündete stolz zum Japan-Sortiment: »Wir haben das beste Messer der Welt!« Doch diesen Satz wollte der Industrieverband Schneidwaren aus Solingen nicht so stehen lassen. Es folgten eine Abmahnung und der Hinweis, dass die besten Messer der Welt immer noch aus deutschen Landen kämen! Doch Romanowski ließ sich von den Solinger Messermachern nicht einschüchtern. Er begann, die hundert besten Köche der Republik zu besuchen und ihnen die Global-Messer vorzustellen. Die Begeisterung sei riesig gewesen, erzählt Romanowski. »Einige Köche weinten über ihr neues Schneidglück.« Von siebzig Sterneköchen, die auf seine Offerte reagiert hatten, waren 68 von Global überzeugt. »Das *Tantris* hat damals gleich 50 Messer gekauft.« Und blieben der Marke viele Jahre treu. »Weil sie plötzlich mit superscharfen Messern arbeiten konnten, die auch lange Zeit superscharf blieben.« Der deutsch-japanische Messerwettstreit war zunächst einmal entschieden.

Was war (und ist) das Geheimnis dieser Messer? Die Klingen werden aus Molybdän-Vanadium-Stahl hergestellt, die beiden Griffschalen aus Edelstahl. Um die Balance zu verstärken, ist der Griff mit Sandkörnern gefüllt. Die Messer sind erstaunlich leicht, was beim Schneiden zunächst ungewohnt, dann aber eine große Erleichterung ist. Für den Hobbykoch gibt es auch Nachteile: Die Messer dürfen auf keinen Fall in die Spülmaschine; man sollte sie nach dem Kochen umgehend mit lauwarmem Wasser reinigen, weil sich Lebensmittelreste ansonsten in den Stahl einfressen. Außerdem sind die Klingen aus Japan in der Regel nicht ganz so robust wie ein Solinger Modell. Denn wie fast alle guten Messer aus Japan haben Global-Messer einen sogenannten V-Schliff statt eines bauchigen U-Schliffs. Das macht sie schärfer, aber auch empfindlicher – vor allem gegenüber den Materialien, auf denen geschnitten wird. Deutsche (und französische) Messer kommen meistens auch mit Glas oder Stein als Schneideuntergrund zurecht, die Konkurrenten aus Japan nicht. Als Faustregel gilt: Je schärfer ein Messer ist, desto pflegeintensiver ist es auch. Wer grundsätzlich keine Lust hat, Messer regelmäßig zu schleifen, wird auch mit Wegwerfklingen aus dem Supermarkt glücklich.

Als Christian Romanowski ins Messergeschäft einstieg, musste er sich erst einmal über die Kunst des Messerschliffs informieren. Er war ja nicht als Messerexperte zur Welt gekommen. Und in Deutschland kursierten die merkwürdigsten Gerüchte. »Da haben sogar gute Köche geglaubt, dass ein geschmiedetes Messer länger scharf bleibt, weil die Moleküle zusammengestaucht werden.« Und die Gerüchte beflügeln noch immer die Geschäfte. Romanowski bietet in seinem Shop auch handgeschmiedete Messer für 2000 bis 3000 Euro an, die sowohl von Profis als auch von Hobbyköchen gekauft werden. Aber das hält der Messermann im Grunde für einen Fehler: »Viele Leute pflegen ihre Klingen nicht. Das A und O ist das Schleifen. Es gibt Lehrlinge mit 10-Euro-Messern, die besser in Schuss sind als die superteuren Klingen vom Chef. Auch Hobbyköche denken beim Messerkauf: Hauptsache teuer. Aber beim Schleifstein wird dann gespart. Das ist Quatsch. Lieber weniger und preiswertere Messer kaufen und die regelmäßig schärfen.«

Wie aber weiß ich, dass ein Messer wirklich scharf ist? Romanowski empfiehlt den klassischen Tomatentest: Die Klinge über die Tomate führen, ohne dabei Druck auszuüben. Wenn die Tomatenhaut nach mehrmaligem Hin- und Herziehen nicht aufgeschnitten werden kann, ist das Messer stumpf. Dann muss der Schleifstein geholt werden. Und auch beim Schleifen hat Romanowski einen Rat: »Es sollte immer die gleiche Person die Messer schleifen. Jeder hat einen individuellen Winkel, auf den er das Messer einschleift. Wenn der Winkel geändert wird, wird das Messer stumpfer als nach dem letzten Schleifen. Anfänger sollten eine Schleifhilfe benutzen, die es im Fachhandel zu kaufen gibt.« Vielleicht schaut man sich auch nur eines der vielen Schleifvideos an, die es auf vielen Messerportalen herunterzuladen gibt. Oder man besucht, wenn die Klinge einfach nicht scharf werden will, einen Messerschleifkurs. Es lebe die kulinarische Fortbildungsindustrie!

Wenn Messer eine Religion seien, sagt Romanowski, dann könne man das Schleifen als eine Art Gottesdienst betrachten. »Ich schleife gern, weil es so herrlich meditativ ist.« Dabei ist Romanowski, und das überrascht mich dann doch, kein leidenschaftlicher Hobbykoch. Nein, das Kochen überlässt er lieber denen, die es seiner Meinung nach besser können. »Meine Gastrosexualität bezieht sich ausschließlich auf die Gastronomie. Ich liebe es, gut essen zu gehen. Das ganz große Theater zu erleben. Aber daheim? Da denke ich lieber drüber nach, welche Klingen und Messer ich sonst noch unters Volk bringen kann.«

Christian Romanowski verkauft gerade seine Global-Restbestände. Der ehemalige Handwerksbetrieb aus Japan hat längst auf computergesteuerte Maschinenproduktion umgestellt, und der Messerexperte aus Berlin ist von dem Produkt, das auch ihn bekannt gemacht hat, längst nicht mehr überzeugt. So liest man auf seiner Seite *kochmesser.de* den eindeutigen Satz: »Global war ein beliebtes Messer in der Gourmetküche in Deutschland.« War. Ist nicht mehr. Ob stimmt, was Romanowski schreibt, muss jeder Hobbykoch selbst herausfinden.

DIE MODERNISIERUNG DES GERÄTEPARKS

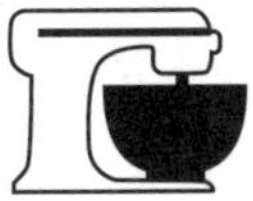

Wir Gastrosexuellen können immer ein Küchengerät nennen, das wir noch nicht besitzen, das dummerweise fehlt im Maschinenpark, das aber *wirklich* wichtig wäre, um unsere Kochkunst zu perfektionieren. Wenn die Messerfrage geklärt ist, dann beschäftigen wir uns vielleicht mit dem Herd und dem Ofen. Dann landen wir ganz bestimmt bei einer Mischung aus Induktions- und Gasherd und ersetzen unseren Backofen schon ziemlich bald durch einen Kombidämpfer, in dem man eben nicht nur backen, sondern auch dämpfen beziehungsweise garen, auftauen, warmhalten, braten, backen, pochieren und auch frittieren kann. Diese modernen Öfen wurden entwickelt, um die Feuchttemperatur im Garraum besser regulieren zu können und verschiedene Garmethoden miteinander zu kombinieren. So wird das Fleisch eines Hähnchens im Kombidämpfer in feuchter Hitze gegart, während seine Haut gleichzeitig gebräunt wird.

Ein typisches Gespräch unter Gastrosexuellen verläuft also folgendermaßen: »Wie garst du die Ochsenbäckchen?«, fragt der eine, und der andere überlegt nicht lange: »Ich schmore sie bei niedriger Temperatur im Vakuumbeutel.« Prompt wird nachgehakt: »Kombidämpfer oder Wasserbad?« Ist auch diese Frage geklärt, fachsimpelt man vielleicht noch über die verschiedenen Vakuumierertypen – und stellt gemeinsam fest, dass man sich das falsche Modell, nämlich einen Ansaug- und leider, leider keinen Kammervakuumierer zugelegt habe, so dass alle Flüssigkeiten, die ja fürs Schmoren erforderlich sind, erst einmal eingefroren werden müssen, um nicht in der Ansaugvorrichtung des Vakuumierers zu landen. Sind Gastrosexuelle unter sich, geht es auch gerne mal um Geräte, die ganz bestimmt nie in der eigenen Küche stehen werden. Dann dreht sich das Gespräch um Rotationsverdampfer, Zentrifugen oder Hochleistungshomogenisatoren.

Warum das alles? Ganz einfach: Weil wir gastrosexuellen Männer uns begeistern lassen von außergewöhnlichen Aromen und Konsistenzen, die wir in Spitzenrestaurants erlebt haben und die wir auch am heimischen Herd herstellen wollen. Dummerweise – zumindest für die Haushaltskasse – braucht man für das eine oder andere Vergnügen ganz besondere Küchengeräte. Vielleicht keinen Rotationsverdampfer und auch keine Zentrifuge. Aber einen guten Entsafter, einen Dörrautomaten und einen Salamander schon. Mixer, Rührgerät, Zauberstab sowieso. Sahnesiphon und Handräuchergerät auch …

Doch was tun, wenn kein Platz mehr ist in der Küche für all die Ausrüstung? Dann okkupieren wir – das Einverständnis unserer Liebsten vorausgesetzt – das Wohnzimmer. So wie der sympathische Genussfanatiker Ralf Bos, der in Meerbusch bei Düsseldorf den Feinkostvertrieb *Bos Food* betreibt und der, wenn er nicht im Büro ist, in der Küche lebt. Ein klassisches Wohnzimmer sucht man in seinem Haus vergebens. »In der Küche steht auch ein Sofa und ein Fernseher. Abends kuscheln wir auch auf dem Sofa, aber das Zentrum dieses Zimmers ist der Küchenblock. Ich möchte nicht im Wohnzimmer sitzen und von dort in die Küche gehen, ich möchte in der Küche leben. Weil man sich da auch am wohlsten fühlt.«

Was Ralf Bos umgesetzt hat, ist eine Gastrosexuellen-Phantasie. Wohnen ist kochen ist wohnen. Ich höre immer häufiger, dass begeisterte Hobbyköche, wenn es die Räumlichkeiten zulassen, die Trennung von Küche und Wohnzimmer in den eigenen vier Wänden aufheben – selbst wenn andere Familienmitglieder darunter leiden sollten, denn es kann schon passieren, dass die Tochter fernsehen möchte, aber nichts mehr hört, weil Papi wieder mal den Pacojet angeworfen hat …

Der Pacojet. Diese Wunderwaffe aus dem Küchengeräte-Arsenal eines Gastrosexuellen habe ich ja schon erwähnt, und in diesem Kapitel werde ich mich nun ganz besonders intensiv mit der Kopffräse beschäftigen. Seitdem die Maschine in meiner Küche steht, weiß ich endgültig, dass für mich das Kochen mehr ist als eine ganz gewöhnliche Freizeitbeschäftigung. Auch meine Freunde, die keine Ahnung vom Kochen haben, gehen davon aus, dass ich mir im Laufe der kommenden Jahre noch viel verrücktere Geräte anschaffen werde.

Wenn Gastrosexuelle auf den Pacojet angesprochen werden, geraten sie ins Schwärmen, als würden sie von einer jahrzehntelang verheimlichten Geliebten sprechen. So auch Peter Wagner: »Wer mal in einem Sternelokal Sorbets, Eiscreme, überhaupt cremige und gefrorene Texturen im Mund hatte, die ihm das Gefühl gegeben haben, als würden Engel ihm auf der Zunge einen flotten Dreier machen, wird diese Gefühl nicht vergessen und sich fragen: Wie hat der Koch das gemacht? Ich will das auch können.« Und dann beim Pacojet landen.

Das Gerät ist, wenn es zu fräsen beginnt, schrecklich laut, und man sollte die Nachbarn zumindest informieren, was es mit diesem Lärm auf sich hat, denn ansonsten könnte es schon sein, dass überraschend die Polizei vor der Tür steht. Und leider ist der Pacojet, der nur in verhältnismäßig kleinen Stückzahlen für die Profigastronomie produziert wird, schrecklich teuer. Mein Tipp: Einen runden Geburtstag abwarten, sich mal keinen schlechten Wein oder doofen Nippes schenken lassen, sondern sehr pragmatisch vorschlagen: »Ich habe einen Wunsch und sonst keinen. Ja, genau, ich wünsche mir eine ganz besondere Küchenmaschine.« Mit dieser Methode kann man sich natürlich so gut wie alles zusammenschenken lassen. Bloß schade, dass man so selten dreißig, vierzig oder fünfzig wird …

Es ist schon erstaunlich, wo ich der genialen Kopffräse überall begegnet bin. Keineswegs nur in schicken Einfamilienhäusern mit Wohnzimmern, die heute als Küchenparadies fungieren. Nein, auch in einer eher studentischen WG in Berlin-Charlottenburg: Ich bin zu Besuch bei Axel Herrmann, der so unprätentiös und zugleich so euphorisch über Essen reden kann, dass ich seine Antwort auf meine Frage, ob er auch ein Gastrosexueller sei, gleich noch mal zitieren möchte: »Ich glaube, ich habe noch nie beim Sex Tränen in den Augen gehabt, aber beim Essen schon.« Toll.

Wenn Axel Herrmann gefragt wird, was er und seine Sternefresser tun, dann sagt er: »Das ist eine kleine illustre Gruppe junger Männer, die gerne essen gehen und darüber schreiben.« Und das liest sich nach einem Besuch im Sylter *Söl'ring Hof* zum Beispiel so: »Der heimische Fisch, der am selben Tag mit dem hauseigenen Boot gefangen wurde, könnte qualitativ nicht besser sein. Das Produkt schmeckt auf sehr filigrane Weise intensiv. Die Flankierung durch ein Gurkensorbet liefert Frische, und der Dill in unterschiedlichen Ausgestaltungen (Öl, Puder, knusprig) kräutrige, aber dennoch feine Noten.«

Die Sternefresser gehen also in Lokale wie das von Johannes King, genießen und analysieren den Abend, veröffentlichen über das Erlebnis dann Texte im Netz, die sich ganz eindeutig an ein Publikum richten, für das gutes Essen wenig mit sozialem Status, aber sehr viel mit kulinarischer Perfektion zu tun hat – und mit jenem Glücksgefühl, das Axel Herrmann auch zu Tränen rührt. Ich habe nicht zufällig die Onlinekritik eines Menüs von Johannes King ausgesucht. Denn ich hatte bisher zweimal das Vergnügen, in seinem Restaurant zu essen, und ich kannte auch das beschriebene Gericht. Inhaltlich stimme ich dem Urteil zu, allerdings frage ich mich seit Jahren, ob sich nicht über Essen genauso ernsthaft, aber weniger gespreizt schreiben ließe. Gerade die besten Geschmackskritiker im Lande, so mein Eindruck, versuchen ihre kulinarische Kennerschaft mit einer übertrieben elaborierten und damit oft uneleganten Sprache zu beweisen. Warum eigentlich?

Natürlich war ich neugierig, ob Herrmann nicht nur über Flankierungen und Ausgestaltungen auf dem Teller schreiben kann, sondern ob es schmeckt, wenn er selbst etwas anrichtet. Ich bat ihn im Vorgespräch darum, eine Kleinigkeit vorzubereiten, die mit dem Pacojet hergestellt wird, und schon als ich die Küche betrete, ahne ich bereits, dass aus der Kleinigkeit ein Arrangement mit diversen Komponenten geworden ist. Ich bekomme ein schlechtes Gewissen und halte mich für einen Schmarotzer, der nur vorgibt, die ambitioniertesten Hobbyköche im Lande zu interviewen, um von ihnen verköstigt zu werden. Mein ganzes Projekt erscheint mir plötzlich ziemlich zweifelhaft. Axel Herrmann hingegen gibt mir das Gefühl, dass ich weder ein kulinarischer Schnorrer bin noch mit verrückten Fragen ankomme. Im Gegenteil. Ich denke ständig: Huch, der Typ tickt ja genau wie ich. Anmerken lasse ich mir das natürlich nicht und bleibe halbwegs seriös in der Reporterrolle.

Während Herrmann den Teller anrichtet, erklärt er, was er mir präsentieren möchte: »Das ist ein kleiner Versuch. Champignonscheiben, sehr dünn geschnitten, darauf befindet sich ein Pulver von angerösteten Petersilienwurzeln. Das kombiniere ich mit Petersilienwurzelpüree, Petersilie frisch und einer Kaki.« Das hört sich einfach an, aber als mir das Gericht schließlich serviert wird, sieht es doch sehr kompliziert aus.

Die frische Petersiliensauce ist äußerst fein, weil sie im Pacojet hergestellt wird. Mit einer kleinen Spritzflasche tupft Axel Herrmann hocharomatisches Petersilienwurzelpüree auf den Teller, und dann kommt etwas, das ich auf diese Weise noch nie gegessen habe: »Ich habe hier meine Kaki, die einen etwas längeren Arbeitsprozess hinter sich hat. Die habe ich aufgeschnitten und im Ofen angetrocknet, sie dann eingefroren, noch mal leicht getrocknet, schließlich wieder eingefroren. Der Effekt ist, dass die Zellstrukturen aufgebrochen werden und durch den Wasserverlust auch eine

Konzentration der Konsistenz eintritt. Die Kaki erinnert sonst eher an eine festere, etwas unreife Melone, aber wenn ich sie so behandele, dann hat sie etwas Fleischiges. Das war die Idee, die hinter dem Gericht steckt: sie wie ein Fleischprodukt zu behandeln.«

Ich habe natürlich erwartet, dass er die Fleisch-Kaki auch noch in den Pacojet steckt oder sie in einen gasförmigen Zustand transformiert, aber der Mann will nicht auftrumpfen, weder mit dem, was er sagt, noch mit dem, was er kocht. Er holt nur schnell mal einen Bunsenbrenner heraus, flämmt den Kaki-Quader ab und setzt ihn in die Mitte des Tellers. Und erklärt: »Ich definiere mit der Kaki das Zentrum des Tellers.« Ich halte die Wortwahl für etwas übertrieben, aber als ich sehe, wie sich alle übrigen Elemente um die Kaki gruppieren, muss ich zugeben: Ja, hier wurde das Zentrum des Tellers definiert.

Wir Amateurköche haben, gerade was unsere eigenen Kreationen angeht, die höchsten Ansprüche. Wenn etwas nicht klappt, ist es auch nicht so schlimm. Wir sind ja Amateure. Gelingt ein Gericht, halten wir uns für Profis. Jedenfalls bis zur nächsten Herausforderung. Manchmal erkennen wir nicht, wo unsere Grenzen liegen, wenn wir zum Beispiel mit Flüssigstickstoff hantieren. Ja, Flüssigstickstoff. Feine Sache. Damit können warme Nahrungsmittel cryopochiert werden, so dass sich eine gefrorene Hautschicht bildet, während der Kern noch flüssig bleibt. Nur wenn man keinen entsprechenden Druckbehälter oder einen guten Schutzhandschuh besitzt und sich mit diesem Stoff und seiner extrem niedrigen Temperatur nicht auskennt, sollte man besser die Finger davon lassen. Ansonsten wiederholt sich das Drama eines jungen Kochs aus Brandeburgs, der in der Wohnung seiner Freundin mit flüssigem Stickstoff experimentierte, eine Explosion verursachte und dadurch eine Hand verlor. Wer unbedingt eine Cryo-Praline probieren möchte, dem empfehle ich das Restaurant *Avui* in Stuttgart-Fellbach. Unterhalb der rustikalen und ebenfalls guten Gaststube des *Hirschen* kocht und laboriert Armin Karrer in einem kleinen Kellergewölbe, und der Mann hat mir die bislang beste Stickstoff-Schokoladenkugel serviert.

Zurück zu Herrmanns Kaki-Versuch. Der schmeckt wirklich überraschend, nämlich fruchtig und erdig; das Tellerzentrum ist Obst und Gemüse zugleich, und irgendwie auch Fisch und Fleisch, und das begreife ich vor allem, als ich die Pacojet-Petersilie und das Wurzelpüree koste. Alles passt zusammen. Dass Herrmann bestimmte Komponenten mit Küchengeräten hergestellt hat, die es im Privathaushalt normalerweise nicht gibt, und dass ein durchschnittlicher Hobbykoch sich eher selten mit so vielen Arbeitsschritten quält, merkt man der Komposition auch nicht an.

Wir kommen noch einmal auf den Pacojet zu sprechen, und ich schlage vor, einen Küchengeräteverleih zu gründen. Statt sich einen Rotationsevaporator, den sich zum Beispiel Herrmann wünscht, tatsächlich zuzulegen, leiht man dieses Gerät für einen Abend, um endlich mal ein perfektes Destillat oder ein eigenes Aroma-Öl herstellen zu können. Kaum habe ich meine Geschäftsidee vorgeschlagen, denkt Herrmann darüber nach: Wie viele Kochfanatiker es wohl in Berlin gibt, die sich einen Vakuumverdampfer ausleihen würden? Werden sich die hohen Anschaffungskosten rentieren? Wie hoch müssten die Leihgebühren sein? »Wir werden die Fragen jetzt leider nicht klären«, unterbreche ich seine Grübeleien, aber wir wissen, dass wir Stammkunden bei diesem Anbieter wären.

Bevor ich aufbreche, schaue ich mich noch einmal um in seiner maximal zehn Quadratmeter großen Küche. Herrmann scheint diesen Blick zu kennen. Er lächelt mir zu. Ich nicke. Und entdecke ein Gerät, von dem ich nie gedacht hätte, dass man es auch zum Verfeinern von Speisen einsetzen kann: »Das ist eine Malerpistole«, sagt er. »Funktioniert so ähnlich wie Airbrush. Diese Pistole benutze ich, wenn ich eine Mousse mit einem Schokoladenvelours überziehen möchte. Also, nehmen wir mal eine klassische Schokoladenmousse. Die gebe ich in einen Zylinder, friere alles ein, fülle die Malerpistole mit einer Mischung aus fünfzig Prozent Kakaobutter und fünfzig Prozent dunkler Schokoladenkuvertüre, geschmolzen natürlich. Dann nehme ich die Mousse aus dem Gefrierfach, um sie mit der Schokolade zu besprühen. Es bildet sich ein veloursähnlicher Überzug, ganz fein, samtig von der Anmutung her.«

Noch auf dem Weg zur U-Bahn entscheide ich, nicht zum Hotel zu fahren, sondern gleich den nächsten Baumarkt aufzusuchen. Der Malerpistole wegen. Man kann sich, denke ich, doch mal unverbindlich informieren, wie teuer das Teil ist.

WIR MÖCHTEN ZAUBERN KÖNNEN!

Die Malerpistole von Sternefresser Axel Herrmann ist gar nichts gegen das, was ich in einer beschaulichen Neubausiedlung in Mainz-Hechtsheim erlebe. Dort wohnt Physikprofessor Thomas Vilgis, der am Mainzer Max-Planck-Institut für Polymerforschung auf dem Gebiet der weichen Materie forscht. Vilgis beschäftigt sich zum Beispiel mit der Frage, was mit den Proteinen eines Rinderfilets passiert, das bei niedrigen Temperaturen gegart wird. Er untersucht Stoffe, von denen ein Normalmensch gar nicht weiß, dass es sie gibt, wie zum Beispiel: Hydrogele oder Elastomere. Vilgis hat zahlreiche Bücher und Artikel über die sogenannte Molekularküche, über die *Kunst des Würzens* und die wissenschaftlichen Erklärungen hinter den erstaunlichsten Geschmackserfahrungen geschrieben. Aber das ist, zumindest für ein paar Stunden, nebensächlich, denn der Mann ist vor allem eines, nämlich ein enthusiastischer Hobbykoch.

Auch bei diesem Besuch soll ein kulinarisches Thema angeschnitten werden, das alle Gastrosexuellen beschäftigt. In Hechtsheim steht das Sous-vide-Garen auf dem Programm, denn auf diesem Gebiet (und auf allen anderen der ambitionierten Küche) ist der Mann eine Koryphäe. Um zu erahnen, was ich meine, habe ich die Ausführungen meines Gastgebers mehr oder weniger wörtlich transkribiert.

Wir befinden uns in der Küche von Professor Vilgis, und ich erkundige mich nach den zwei Wärmelampen, die ich bisher nur aus Kantinen oder Restaurants kannte. »Ja, die kann ich sehr empfehlen«, lächelt Vilgis. »Ich könnte ohne diese Wärmelampen gar nicht mehr leben. Beziehungsweise gar nicht mehr essen. Warum? Weil es einfach die Speisen warm hält, vor allem beim Anrichten, das heißt, man kann viel mehr machen, als man das normalerweise gewohnt ist. Außerdem man kann auch etwas garen unter diesen Wärmelampen.«

Ich lasse mir die Lampen vorführen und stelle fest, dass auch ich diese Dinger brauche, dass auch ich eigentlich nicht ohne sie leben beziehungsweise kochen kann, wenngleich ich das seit Jahren tun muss. Und mich ständig darüber ärgere, dass die eben noch warmen Speisen oft schon wieder abgekühlt sind, nachdem ich alle Einzelheiten drapiert habe. Kaum haben wir uns mit Sinn und Funktion von Wärmelampen befasst, kommen wir bereits zum nächsten Gerät: Es ist der Thermomix, von dem auch Hobbykoch Peter Wagner sagt, er kenne sonst keinen Küchenhelfer, der sowohl von Sterneköchen als auch von Leuten benutzt werde, die im Grunde gar nicht kochen können. Denn wenn man der Anleitung folge, stehe in kurzer Zeit eine perfekt pürierte und geschäumte Gemüsesuppe auf dem Tisch. Das beeindruckt Vilgis weniger, er nimmt den Thermomix zum Pulverisieren von (selbst)getrockneten Innereien, die dann wiederum ein gutes Gewürz für Saucen abgeben. Wir reden eine Weile über den Thermomix, und ich nehme mir vor, mich mit dieser Thematik ebenfalls näher zu beschäftigen. Zumal mir der Küchenprofessor zu verstehen gibt, dass die Fans dieses Gerätes vor allem weiblich sind. Ich frage mich, ob er dies nun ironisch oder gar zotig gemeint haben könnte, aber nein, der Mann hat, wie ich später erfahren sollte, wie immer nur die Wahrheit gesagt.

Jetzt will ich von Professor Vilgis wissen, wie groß seine Küche ist. Kommt mir doch eher klein vor. Mit einem Forscherblick durchmisst er den Raum. »Sieben Quadratmeter, nicht mehr«, meint er stolz. Und was ist hier sonst noch untergebracht? Agar-Agar, Bindemittel, diverse Gewürze, Mohn, Öle natürlich, und eine ganze Reihe von Messern. Welches ist sein Lieblingsmesser? Wieder lacht er und öffnet eine Schublade. »Das ist hier versteckt. Ein Messer mit Wellenschliff. Wenn ich grobe Sachen mache, dann habe ich Gebrauchsmesser. Aber für präzise Schnitte, zum Schneiden von Brunoise, nehme ich dieses Messer.«

Wir halten uns aber nicht lange beim Messerthema auf, denn wir haben noch nicht die Kochzentrale dieses Haushalts erreicht. Dazu führt mich Vilgis in einen ganz besonderen Hobbykeller. Wir gehen eine Treppe nach unten, kommen an einem Heizungsraum vorbei, biegen nach rechts und stehen in einem hell erleuchteten Reich, das in Deutschland wahrscheinlich einmalig ist. Hier sind so viele Hightech-Küchengeräte versammelt, dass ich auf eine detaillierte Führung Wert lege.

»Beginnen wir hier«, schlägt Vilgis vor. »Das ist ein Salamander, ein Gastronomiegerät, das höhenverstellbar ist. Mit diesem Grill kann man extrem hohe Temperaturen, also sehr schnell Röstaromen herstellen. Das liegt an dem Infrarotstrahler, mit dem die Hitze sehr schnell kommt, und auf Grund der Höhenverstellbarkeit lässt sich etwas in ziemlich kurzer Zeit spitzenmäßig gratinieren. Und zwar gleichmäßig!« Ich kann mir den Ablauf noch nicht ganz vorstellen und hake nach: »Wenn Sie hier im Keller gratinieren, bringen Sie dann die Speisen schnell nach oben – oder wie läuft das?«

»Ja, dafür habe ich Isolierhandschuhe, mit denen bringt man das schnell nach oben, stellt es unter die Wärmelampe und dann hat man noch etwas Zeit.« Dieser Mann, denke ich, geht also zum Kochen in den Keller. Dann wird mir auch schon das nächste Gerät vorgestellt: Zum ersten Mal sehe ich in einem Privathaushalt einen professionellen Kammervakuumierer. »Damit können Sie wirklich alles luftdicht verpacken«, sagt Vilgis und erklärt mir noch einmal, dass die Kunst, *sous vide*, also ohne Luft zu garen eine Technik sei, die schon in den siebziger Jahren in Frankreich entwickelt wurde, aber in Vergessenheit geraten war, auch weil die benötigten Geräte, nämlich ein Vakuumierer und ein Wasserbad, die aus dem Bereich der chemischen und biologischen Laboratorien kamen, viel zu teuer für den Hausgebrauch waren. »Interessanterweise wurde das Verfahren damals vor allem verwendet, um Fertiggerichte aufzuwärmen und warm zu halten. Jetzt gehört es zur Standardausrüstung sowohl der Sterneküche als auch der gehobenen Hobbyküche.«

Bevor wir uns weiter mit dem Garen im Wasserbad beschäftigen, gehen wir noch schnell die anderen Geräte im Hobbykeller durch: Selbstverständlich gibt es einen Pacojet, außerdem eine ActiFry, mit der man fast ohne Fett frittieren kann. Der Mann besitzt auch eine Mikrowelle, denn es ist der letzte Schrei, mit diesem unter Kochspezialisten eigentlich verpönten Gerät allerlei seltsame Soufflés aufzublasen. Ein normaler Mixer steht in der Ecke. Manchmal muss man eben einfach nur etwas pürieren. Und neben dem Mixer entdecke ich ein Telefon. Vilgis' naheliegende Erklärung: »Wenn's hier unten brennt, kann ich schnell mal meine Frau oben anrufen.«

Im Hause von Professor Vilgis lernt man, dass die kulinarische Obsession keine räumlichen Grenzen kennt. Ich bin ein wenig stolz, dass der Professor mir seine Heiligtümer zeigt, denn bislang durfte noch kein Mensch mit Mikrofon diesen außergewöhnlichen Hobbykeller betreten. Vilgis führt mich schließlich zu zwei Wasserbädern, die auf unterschiedliche Temperaturen eingestellt sind, und jetzt erinnere ich mich wieder: Eigentlich sind wir ja zum Sous-vide-Garen eines Rinderfilets verabredet, aber ich denke noch immer an den Salamander und die schnellen Röstaromen.

Vilgis macht sich an die Arbeit und vakuumiert zwei ähnliche Stücke eines Rinderfilets. Wir haben uns vorgenommen, das Fleisch einmal bei 60,5 Grad und einmal bei 56 Grad zu garen. Um die Unterschiede zu schmecken. Um über die biophysikalischen Hintergründe des Garprozesses zu sprechen. Ich bin gut vorbereitet, weil ich seine Einleitung ins Sous-vide-Garen gelesen habe, ein Text, mit dem wir Gastrosexuellen unsere Frauen und andere Kochlaien beeindrucken oder auch langweilen können. Darin kommen, neben seltsamen Abbildungen von Molekülstrukturen, Diagrammen und Gartabellen, auch Sätze vor, die in keinem herkömmlichen Kochbuch zu finden sind: »Oft wird in diesem Zusammenhang von einer ›Zeit-Temperatur-Äquivalenz‹ gesprochen. Das bedeutet, dass eine niedrige Temperatur des Wasserbads eine längere Garzeit bedingt. Dieses Prinzip gilt nicht immer stringent, wenn in dem Gargut Umwandlungsprozesse wie die Proteindenaturierung bei verschiedenen Temperaturen vonstatten gehen. Die Temperatur-Zeit-Relation ist eine einfache Folge des Wärmeleitungsgesetzes …«

Kaum liegen die Rinderstücke in den Wasserbädern, bietet mir Vilgis einen Schluck Osmosewasser an, ein mineralienfreies, ultraweiches Getränk aus seiner Umkehr-Osmose-Anlage. »Wozu man dieses Osmosewasser braucht?«, frage ich. Mineralien seien doch gesund. Na klar, meint Vilgis, aber dem idealen Kaffee- oder Teegeschmack seien diese vielen Ionen eher abträglich. Das Wasser schmeckt sensationell, aber ich weiß genau: Wenn ich daheim eine Umkehr-Osmose-Anlage einbaue, packt meine Frau die Koffer.

Wir unterhalten uns noch ein wenig über seinen Dörrautomaten, den praktischen Kombidämpfer, und irgendwann kommen wir zurück zum Fleisch in den Wasserbädern. »Ich hätte das vakuumierte Fleisch übrigens auch in einen modernen Dampfbackofen legen können, der die niedrige Temperatur präzise halten kann.« Man könne auch versuchen, erzählt er mir, eingeschweißtes Fleisch in der Spülmaschine zu garen. »Das funktioniert, wenn es ein Programm gibt, das zum Beispiel die 60 Grad hält.« Wir nehmen die Rinderfilets aus den Tüten, verzichten aber auf ein Anbraten, damit die beliebten Röstaromen das Ergebnis auf keinen Fall verfälschen.

Vilgis kommentiert: »Das 60,5-Grad-Fleisch ist hier schon leicht faserig. Man sieht trockene Strukturen, etwa an der Schnittfläche. Das 56-Grad-Fleisch glänzt, selbst wenn man es eindrückt. Diese 4,5 Grad machen viel aus. Jedes Tier ist sehr komplex aufgebaut. Da sind faserartige Proteinverbände, und da gibt es immer drei wichtige Muskelproteine. Da sind das Mysin, das Collagen und das Aktin. Und die denaturieren alle bei unterschiedlichen Temperaturen. Die Proteindenaturierung des Mysins beginnt schon sehr früh, bei Temperaturen leicht unter 40 Grad, und da muss ich sagen, das ist natürlich jenseits aller Temperaturen, die man in der Pfanne hat …« Hier unterbreche ich den kleinen Vortrag und verweise auf die verschiedenen Bücher, die Vilgis zu diesem und weiteren Themen der Molekularküche geschrieben hat.

Wir haben die beiden unterschiedlich gegarten Stücke dann probiert, erst ohne Salz, und ich muss zugeben, dass auch das 60,5-Grad-Filet immer noch viel zarter und schmackhafter war als die meisten Steaks, die ich in meinem Leben bislang gegessen habe. Anfangs war ich skeptisch, als das Garen im Wasserbad zur Mode wurde. Inzwischen halte ich es für alternativlos. Und zwar nicht nur im Fleischbereich, sondern auch für Fisch und manche Obst- und Gemüsesorten. Zugegeben, man produziert mehr Plastikmüll. Aber wenn es um den perfekten Geschmack geht, ignorieren wir Gastrosexuellen auch mal unser Umweltgewissen.

Mit den Sous-vide-Geräten für den Hausgebrauch ist eine Technologie in die Privatküchen eingezogen, die jeden Hobbykoch auf entscheidende Weise professionalisiert hat. Endlich ist es möglich, die Kerntemperatur eines Rinderfilets auch daheim genau zu erkochen. Selbst wenn das Fleisch nicht stundenlang im Wasserbad liegen bleiben sollte, ist doch die Gefahr des Übergarens deutlich geringer.

Vilgis' Blick scheint zu sagen: Quod erat demonstrandum. »Noch ein Schluck Osmosewasser?«, fragt der Küchenprofessor. Ich zögere. Gut geschmeckt hat das Zeug. Wobei mir dieses superweiche Wasser irgendwie auch unheimlich ist. »Mein Zug geht in einer halben Stunde«, antworte ich und trete hinaus in eine Einfamilienhauswelt. Ob die Nachbarn wissen, was Vilgis in seinem Keller anstellt? Vor der Garage steht ein alter Volkswagen, der eine klare

Botschaft aussendet: Hier wohnt jemand, für den das Auto nur ein Fortbewegungsmittel ist. Ich erzähle ihm, dass ich nicht mal einen Führerschein habe. Das scheint Vilgis zu interessieren. Ob ich nicht doch noch einen Schluck Osmosewasser haben wolle? Dann steht das Taxi vor der Tür.

NEUER FETISCH
VORSPEISE

Lange galt das Auto als Männerfetisch Nummer eins. Es mag bestimmt noch Typen geben, die ihre Männlichkeit mit den PS-Werten des Wagens in der Garage demonstrieren. Genauso wie es auch in hundert Jahren noch Briefmarkensammler geben wird. Aber was das Automobil angeht, stehen wir vor einem technischen und kulturgeschichtlichen Wendepunkt. Was vor einigen Jahren noch als Science Fiction galt, wird in absehbarer Zeit automobile Wirklichkeit: das vollautomatisierte Fahrzeug, das im wahrsten Sinne des Wortes *auto* ist, man aber zur besseren Unterscheidung *Robomobil* nennen sollte. Der Mann am Gaspedal ist genau wie die Hausfrau am Herd ein Auslaufmodell. Kluge Männer haben das längst erkannt. Auch deshalb erobern sie die Küchen.

Als ich 2009 diese These in meinem Buch *Goodbye Auto* vertrat und bei Lesungen mit großer Freude insbesondere jene Passagen vortrug, die vom robomobilen Zeitalter schwärmen, das längst begonnen hat, haben mich eine Weile vor allem die männlichen Zuhörer gefragt, ob ich scherze. Inzwischen sind Prototypen dieser Fahrzeuge auf unseren Straßen unterwegs. Ein Roboterfahrzeug von Mercedes-Benz hat bereits mehrfach die berühmte Strecke von Mannheim nach Pforzheim absolviert. Hier begab sich am 5. August 1888 Bertha Benz im Patent-Motorwagen Nummer 3 auf die erste Fernfahrt der Welt. 106 Kilometer legte sie zusammen mit ihren Söhnen zurück, ihrem Mann hatte sie vorsorglich nichts von dieser Reise erzählt. Es war übrigens kein Zufall, dass mehr als hundert Jahre später eines der ersten Forschungsmobile, die selbstständig durch den Verkehr fahren, einen Frauennamen trug, nämlich Caroline. Ja, bis auf die Techniker gab es nur wenige Männer, die sich für diese Entwicklung interessierten. Freie Fahrt für freie Bürger – dieser Spruch hat Generationen geprägt, und es war für die meisten automobilen Ego-Shooter kaum vorstellbar, dass die große Freiheit auf vier Rädern bald schon nicht mehr existieren würde. Warum ich hier übers Auto schreibe? Weil ich, wie schon angedeutet, davon überzeugt bin, dass die technischen Veränderungen im Straßenverkehr mit der neuen Rollenaufteilung in deutschen Privatküchen einhergehen.

Zuweilen erzählen Science-Fiction-Filme, womit wir uns in naher Zukunft zu beschäftigen haben. Den Männern, die sich vor einer robomobilen Zukunft fürchten, sei ein Kinofilm aus dem Jahre 2004 empfohlen, und zwar: *I, Robot.* Darin bekämpft Polizist Del Spooner eine Horde von Robotern, die sich gegen die Menschen auflehnen. Es stellt sich allerdings bald heraus, dass die selbst für die Fehlprogrammierung ihrer künstlichen Geschöpfe verantwortlich sind. Der von Will Smith dargestellte Del Spooner ist in einem futuristischen Automobil unterwegs, das vom Fahrer allerdings äußerst altmodisch bedient wird. In der schönsten Szene des Films rast Spooner mit diesem Geschoss durch einen Tunnel; neben ihm sitzt die Roboter-Psychologin Susan Calvin (Bridget Moynahan). Del Spooner drückt aufs Gas, bremst und umklammert das Lenkrad. Calvin sieht den Bleifuß entsetzt an und fragt: »Sie fahren selbst?«

Raser wird es, auch das erzählt der Film sehr vorausschauend, nur noch im Polizeidienst geben. Alle anderen werden von der telekommunikativen Kontrolle erfasst: Wenn ein Robomobil sich nicht an das Tempolimit halten sollte, wird es von Supervisoren auf den Parkplatz umgeleitet.

Was heißt das nun für die Rollenverteilung in den privaten Küchen? In dem Maße, in dem die alten Männerspielzeuge an Bedeutung verlieren, werden noch mehr Vertreter des vermeintlich starken Geschlechts realisieren, dass die große Freiheit in der Freizeit nicht mehr im Auto ausgelebt werden kann. Was bleibt, sind Männerspielplätze wie ein heruntergekommener Nürburgring, auf dem noch richtig Gas gegeben werden kann. Aber auf Dauer ist dieses Rundendrehen ziemlich öde.

Und was ist mit den alten Sehnsüchten der Männer? Verschwinden die auch? Nein. Sie werden nur auf anderen Gebieten ausgelebt. Eines ist die Küche. Was sich anfangs wie eine schwache Ersatzbefriedigung anfühlen mag, wird schon bald zur großen Leidenschaft. So war es fast bei allen Männern, die sich mal aufs Kochen eingelassen haben. Rund ums Essen darf der Mann wieder Jäger und Sammler sein, ja, in kaum einem Bereich des Alltags kann die archaische Freiheit so zivilisiert ausgelebt werden: Statt sich von Dr. Oetker vorschreiben zu lassen, wie ein Kuchen zu schmecken hat, nimmt man sich die Freiheit und macht den Teig einfach selbst.

Meine zugegeben gewagte These wäre: Mit dem Verschwinden des klassischen Automobils verändert sich auch die Lebensmittelindustrie. Wenn Männer kochen, dann machen sie es richtig. Und wenn immer mehr Männer kochen, werden immer weniger Tütensuppen und Fertiggerichte konsumiert. Diese Produkte waren lange Jahre eine Erleichterung für die gestresste Hausfrau, die nicht den ganzen Tag nur am Herd stehen wollte. Jetzt kommt der kochende Mann und verbannt die Tütensuppe aus dem Regal.

Es geht, wie unschwer zu erkennen ist, in diesem Buch nicht darum, die (wahn-)witzigsten Rezepte durchzuhecheln, aber jetzt scheint es mir angebracht, meine These mit einem ganz konkreten Beispiel zu unterfüttern. Was heißt es also, wenn ich behaupte, dass wir Gastrosexuellen beim Kochen eine große Freiheit genießen? Ich werde von einer kleinen Vorspeise erzählen, die von einem ganz besonderen, ich würde sagen, erotischen Schmelz geprägt ist.

Gänseleber! Lange Zeit habe ich als Hobbykoch die Finger davon gelassen. Ich wollte mit diesem kostbaren und umstrittenen Lebensmittel auf keinen Fall einen Fehler machen. Also informierte ich mich jahrelang über Produktion und Garmethoden, um schon bald zu begreifen, dass hier erstaunlich viel Unkenntnis herrscht. Ja, ich kann das: eine Gänseleber genießen und, wenn sie denn auf dem Teller liegt, nicht daran denken, wie das Tier, das die Leber trug, gemästet und geschlachtet wurde. Worauf es nämlich ankommt, ist die Recherche im Vorfeld, so wie bei jedem Lebensmittel. Denn für viele Gerichte reicht die ungestopfte Gänseleber mit dem viel geringeren Fettgehalt vollkommen aus. Etwa beim Gänselebereis. Sie haben richtig gelesen. Aus der Gänseleber – oder auch der Entenleber – kann man ganz hervorragendes Eis herstellen. In der Spitzengastronomie war das Lebereis eine Zeitlang ziemlich in Mode, so dass es von vielen Gastrokritikern abschätzig beurteilt wurde. Es ist und bleibt aber eine Köstlichkeit. Das Eis ist süß und etwas bitter, es ist mindestens so cremig wie die beste Gänsestopfleberpastete, und es wird jeden Gast, auch und gerade den Stopfleberverweigerer, positiv überraschen.

Zugegeben, um das perfekte Gänselebereis herzustellen, brauchen Sie ein paar Küchengeräte, die möglicherweise nicht in jedem Haushalt stehen. Aber das soll in diesem Buch nicht weiter problematisiert werden, also werde ich zur Abwechslung ausgesprochen konkret und gehe das Rezept durch.

Ungefähr 200 Gramm ungestopfte Enten- oder Gänseleber sollen pariert, in eiskugelgroße Stücke geschnitten und 12 Stunden in rotem Portwein mariniert werden. Dann die Leber trocken tupfen und vakuumieren. Das Päckchen nun ca. 30 Minuten in ein Wasserbad geben, das in der Lage ist, die Temperatur bei ziemlich genau 64 Grad Celsius zu halten. Währenddessen stellen Sie die Grundmasse für ein Vanilleeis aus 200 Millilitern Milch, 50 Millilitern Sahne, drei Eigelben und 30 Gramm weißem Zucker her. Wenn die Leber fertig gegart ist, kommt sie in den Mixer.

Ich füge etwas Ahornsirup hinzu, vielleicht zwei Teelöffel Cognac. Dann wird das Leberpüree mit der Eisgrundmasse vermengt. Besonders intensiv wird der Geschmack, wenn Sie einen Teelöffel Leberpulver hinzufügen. Dieses Pulver ist, wie ich beim Molekularprofessor Vilgis gelernt habe, ganz leicht herzustellen: Man teilt die Leber in kleine Stücke, dörrt sie so lange, bis kaum noch Feuchtigkeit enthalten ist, und pulverisiert sie (zum Beispiel im Thermomix).

Jetzt wird alles in die Eismaschine gegeben und gut dreißig Minuten zu einer cremigen Substanz heruntergekühlt. Noch besser: Die Masse kommt in den Pacojet-Becher und wird bei –22 Grad Celsius tiefgefroren und am nächsten Tag pacossiert. Fertig ist das Lebereis. Ganz ohne Stopfleber – die würde das Eis auch viel zu fettig machen.

Das Eis kann man mit einem klassischen Bratapfel oder auch einem Süßweingelee servieren. Und wenn man sich doch an die heikle Stopfleber herantraut, würde das Eis sowohl zu einer Foie gras als auch einer Scheibe gebratener Gänseleber passen (am besten man serviert alles zusammen). Vielleicht noch ein kleiner Tipp fürs Braten einer Fettleber: Frieren Sie die Scheiben ein, bevor sie in die Pfanne kommen. Zu heiß darf es darin nicht werden, ansonsten zerläuft Ihnen das gute Stück in wenigen Sekunden. Aber versprochen, wenn Sie es hinbekommen, ist es ein Geschmacksfest. Wie hat Hobbykoch Peter Wagner so schön formuliert: »Frauen kochen, was sie können. Männer, was sie wollen.«

Wer braucht schon einen Ferrari, wenn daheim die richtige Eismaschine steht?

FLEISCH, FLEISCH, FLEISCH

Der Mann isst mehr Fleisch als die Frau. Sagt die Statistik. Aber »Fleisch ist unser Gemüse« würden wir gastrosexuellen Männer nie sagen. Wenn ich Gäste habe, konzentriere ich mich auf Kräuteressenzen, Hülsenfruchtpürees, auf Kartoffelexperimente und Beerenextrakte. Also auf Obst und Gemüse. Weil ich meine Gäste und mich selber mit seltenen Knollen und merkwürdigen Blättchen überraschen kann – was mir mit Rehrücken oder Rebhuhn nicht mehr gelingen wird. Auch bei Sternefresser Axel Herrmann gab es Kaki und Pilzcarpaccio. Und das war kein Zufall.

Gemüseküche, schreibt Kochkritiker Jürgen Dollase, sei »das Gebot der Stunde«. Was die Vielfalt der geschmacklichen Sinneseindrücke angeht, erlebe man im Gegensatz zu den meisten Fisch- und Fleischkomponenten beim Gemüse ein »regelrechtes Gewitter an Texturen«, bevor sich die »aromatischen Aspekte überhaupt erst entwickeln«. Dollase, der gerne mal übertreibt, wenn er einen Trend erkannt hat, nennt das eine »Flucht in den Salat«. In der Tat fällt es bei vegetarischen Gerichten leichter, gesund und politisch korrekt zu essen. Doch viele Hobbyköche, die sich mit Fleisch und Fisch ganz gut auskennen, müssen sich erst mal schlau machen, wie varianten- und finessenreich man mit Obst und Gemüse überhaupt kochen kann. Dollase spricht sogar von einer »nach wie vor bis in die Spitzenküche hinein anzutreffenden mangelnden Sachkenntnis«, was das Garen von Gemüse angeht. Die Fragen sind berechtigt: Was wissen wir Hobbyköche über Gartemperaturen von Möhren und Spargel? Was können wir über die verschiedenen Zubereitungsmethoden noch lernen? Welche Kombinationsmöglichkeiten gibt es? Worauf kommt es in der Gemüseküche überhaupt an? In welcher Weise kann auch ein schnöder Blattsalat zum Geschmackserlebnis werden? Wie ließe sich auch eine breitere Masse von der Vielfalt einer anspruchsvollen Gemüseküche überzeugen? Und wollen wir das überhaupt?

Der Mann als leidenschaftlicher Fleischesser. Ein Klischee? »Dieses Vorurteil«, meint Hobbykoch Peter Wagner, »ist durchaus berechtigt, weil die gängige Vorstellung vom kochenden Mann die des grillenden Mannes ist. Das heißt, der kommt mit seinen sechs Kilo eingelegtem Fleisch zu seinen Kumpels, haut das Fleisch auf den Grill, gießt Bier drüber, und am Ende pinkeln sie alle das Feuer aus.« Der Grillsportfreund, für den vor allem die Fleischmasse stimmen muss, hat aber wenig zu tun mit dem gastrosexuellen Mann, der sich eher auf das feine Handwerk konzentriert. Und doch sind auch hier keine Ressentiments angebracht. Wenn man sich anschaut, welchen Aufwand viele Griller betreiben, wirkt so mancher Hobbykoch wie ein Herdspießer.

Es gibt eine herrlich schräge Grillszene, die Wettkämpfe ausrichtet, regionale, nationale und internationale Meisterschaften in unterschiedlichen Klassen veranstaltet; es gibt eine ganze Reihe von Spezialmagazinen, in denen zum Beispiel erklärt wird, wie man mittels Grill Desserts zubereitet, und immer öfter treten im Boulevardfernsehen Grillmeister auf, die dem kulinarischen Analphabeten erklären, warum Hitze beim Grillen nicht alles ist und welche chemischen Reaktionen stattfinden, wenn das Fett auf die Glut tropft.

Der Grill-Hype ist wahrscheinlich mehr als ein Randphänomen der Gastrosexualität. Vielleicht führt der Weg zum ambitionierten Kochen für viele Männer über das Feuer im Garten. Warum auch nicht? Die Grillbegeisterung steigt hierzulande kontinuierlich. Wenn man sich den Umsatz von Grillgeräten, Grillzubehör und Brennstoffen ansieht, dann sind jedes Jahr deutliche Zuwächse zu verbuchen. Baumärkte haben inzwischen Grillabteilungen, die größer sind als die meisten Küchenstudios. Der bislang noch gepriesene Kugelgrill ist hier meist nur das Einsteigermodell. Der stattliche Preis scheint kaum eine Rolle zu spielen. Inzwischen geben immer mehr Deutsche weit über 1000 Euro für ein handgeschmiedetes und glänzendes Metallobjekt aus heimischer Produktion aus, mit dem man grillen, räuchern und noch viel mehr tun kann: Auf dem Rost eines modernen Grillgeräts lässt sich nämlich mit Wokpfannen, Pizzasteinen, Einsätzen für Geflügel, Gemüsekörben und Backformen hantieren. Ein Temperaturfühler, der die Hitze im Garraum angibt, gehört zur Grundausstattung, doch viele Griller legen sich extra für den Garten ein Digitalthermometer zu, das nicht nur die Kerntemperatur des Fleisches misst, sondern den Barbecue-Meister auch drahtlos informiert, wenn die Zieltemperatur erreicht ist. Neben den Edelausführungen gibt es auch Leute wie Fass-Smoker-Besitzer Mirko Mößle, die ihre Grillstationen selber bauen. Gerade in diesem Bereich ist die Do-it-yourself-Bewegung so stark wie nie. Online-Plattformen wie *grillsportverein.de* bieten nicht nur Verweise zu genauen Bauanleitungen, sondern auch fachkundige Foren, in denen seitenweise erklärt wird, was man beim Grillen und Smoken alles falsch machen kann. Und diese Ausführungen unterscheiden sich dann nur noch marginal von den Erläuterungen des Küchenprofessors Vilgis.

Das Kochen über der Glut hat sogar neue Berufe hervorgebracht: Es gibt Grill-Philosophen und Barbecue-Sommeliers. Darüber mag man sich amüsieren, doch Experten wie Sven Dörge haben viel zu tun, wenn sie in Funk und Fernsehen über die letzten Mythen der Grillkunst aufklären. Auch ich habe mich mit Dörge mal in der *SWR2 Matinee* darüber unterhalten, warum die Asado-Technik, das langsame Garen des Fleisches neben der Feuerstelle, für viele

Fleischsorten die bessere Methode ist. Als Medienprofi beantwortet er zum gefühlt hundertsten Mal sehr freundlich die Frage nach der Hitzequelle, die ich als Moderator stellen muss, selbst wenn ich die Antwort kenne. »Die meisten Männer«, antwortet er, »wissen inzwischen, dass es für den Geschmack vollkommen unerheblich ist, ob der Grill nun mit Holzkohle oder Gas betrieben wird.« Aber ich staune nicht schlecht, als er mir erklärt, wie er ein Eis grillt: Dörge ummantelt das Gefrorene mit geschlagenem Eiweiß, und so kann er selbst ein kühles Dessert auf dem Grill veredeln.

Zigtausende besuchen hierzulande Grillseminare, auf denen die Vor- und Nachteile von Holzchips mit Whisky-Aroma besprochen werden. Die »Grillbibel« eines führenden Kugelgrillherstellers hat eine Millionenauflage erreicht, und in diesem Band werden nicht nur Rind, Schwein, Lamm und Geflügel sowie diverse Fischsorten auf den Rost gelegt, selbstverständlich wird auch das Grillen von Obst und Gemüse ausführlich besprochen. Eine breite »Flucht in den Salat« ist allerdings nicht zu beobachten, obwohl gegrilltes Grünzeug ein beliebtes Thema bei den Grillseminaren ist. Fleisch und Würstchen bleiben der Renner, und auch was die Auswahl der Fleischstücke anbelangt, sind die meisten Griller recht konservativ. Ich habe bundesweit in fünfzehn Metzgereien nachgefragt, welche Fleischwaren fürs Grillen verkauft werden, und die Antwort war eindeutig: An der Spitze der Liste stand und steht das Nackensteak.

Wir Gastrosexuellen würden uns mit dem deutschen Grillgutklassiker nur beschäftigen, wenn dieses Stück Fleisch eine ganze besondere Qualität vorzuweisen hätte, wenn wir zum Beispiel genau wüssten, wie das Tier gelebt und vor allem was es gefressen hat. Es gibt inzwischen auf gut sortierten Märkten immer auch Biometzger, die entsprechende Ware anbieten, aber wenn man irgendwo in der Provinz und eben nicht im Szene-Öko-Stadtviertel wohnt, dann wird man sich nach Alternativen umsehen, und möglicherweise beim Fleischversandhändler *Otto Gourmet* landen.

Auf dessen Homepage wird zum Beispiel angeboten: »Wagyu Hanging Tender. Zur Zeit das Avantgarde-Stück. Top-Köche nehmen es als Alternative zum Filet. 1,4 bis 1,8 Kilogramm. 126,40 Euro.« Nicht gerade ein Schnäppchen, denke ich. Bevor ich so etwas bestelle, möchte ich wissen, warum dieses Avantgarde-Stück so teuer ist. Was die Qualität dieses Fleisches ausmacht. Wie der Betrieb arbeitet, der diese Preise verlangt. Fragen über Fragen. Deshalb mache ich mich auf den langen Weg nach Heinsberg bei Mönchengladbach, ganz in der Nähe der belgischen Grenze. Hier residiert die Firmenzentrale von *Otto Gourmet*.

In einer alten Backstein-Fabrikhalle, in der bis vor zwanzig Jahren noch Chemiefasern gesponnen wurden, treffe ich Wolfgang Otto, den Mitbegründer der Firma. Er führt mich kurz durch das erstaunlich große Call-Center des Betriebs und zeigt mir dann sein – ja so nennt er es – »Fleisch-Kompetenzzentrum«. In gläsernen Trockenschränken reifen hier die feinsten Rinderhälften zu Spezialitäten heran. Wenn Otto über Fleisch spricht, erübrigt sich die Frage nach seiner Gastrosexualität: »Das Faszinierendste war für mich immer, und das ist nach wie vor so, wenn ich ein Stück Fleisch in der Hand halte; das zu fassen, das zu greifen, damit zu arbeiten, damit sensibel umzugehen, das finde ich großartig.«

Das Fleisch anfassen, greifen, sensibel damit umgehen. Es geht nicht um den, Verzeihung, Hintern der Ehefrau, nein, es geht um trocken gereifte Rinderhälften. Von Tieren, die der Kochlaie eher selten zu Gesicht bekommt: Wagyu, Herford Prime, Luma. »Wir verlangen für das eine oder andere schon mal 450 Euro pro Kilo«, sagt Wolfgang Otto. »Ja, das kann sich nicht jeder leisten.« Stellt sich die Frage, wer dieses Luxusfleisch kauft. Einfache Mutmaßung: Frauen eher nicht. Wir gastrosexuellen Männer schon. Otto bestätigt: »Ja, vor allem Männer. Oder wenn die Frau bei uns einkauft, ist sie zumindest beeinflusst worden von ihrem Mann, weil der die Budgets freigegeben hat.«

Trocken gereiftes Fleisch also. Ein Rinderfilet, das gerade aus dem Schlachtkörper geschnitten wurde, könnte der Mensch gar nicht verdauen. Heutzutage reift das Fleisch meistens in Plastikschläuchen. Das ist praktisch, wenn die Ware aus Neuseeland oder Argentinien kommt. Aber es mindert die Qualität, vor allem was Geschmack und Zartheit angeht. Was passiert nun bei der Trockenreifung? Wolfgang Otto: »Jedes Tier hat ca. 70 Prozent Flüssigkeit im Körper, und durch die langsame Dehydrierung und die Arbeit der verschiedenen Bakterien ergibt sich ein Fleisch, dass vollkommen anders, nämlich viel intensiver schmeckt. Die finale Trockenreifung erreicht zum Beispiel ein iberischer Schinken, der vier Jahre am Knochen gereift ist. Der verringert sein Gewicht um 50 Prozent.«

Otto Gourmet ist das Werk von drei Brüdern. 2004 gründeten Stephan, Michael und Wolfgang Otto den Fleischversand und gehören nun zu den führenden Anbietern auf dem deutschen Markt. Aber als sie seinerzeit angefangen haben, Fleisch mit der Post zu verschicken, war die Skepsis hierzulande groß. Fleisch kaufte man doch beim Metzger. Selbst wenn die Qualität mittelmäßig war. Stephan Otto arbeitete damals als Unternehmensberater in den USA, als er auf einem Grillabend mit Geschäftsfreunden zum ersten Mal ein Wagyu-Steak probierte. Und er war »schlicht und ergreifend begeistert«.

Stephan Otto rief seinen Bruder in Deutschland an, erzählte ihm von dem Genuss und versuchte ihn davon zu überzeugen, dieses besondere Fleisch zu importieren. Wolfgang Otto war zu dieser Zeit zwar nicht gerade der größte Fleischfreund, kannte sich aber gut aus mit Marketingstrategien im Lebensmittelbereich. Und sagte deshalb zu. Zusammen mit dem dritten Bruder Michael, einem diplomierten Luft- und Raumfahrtingenieur, starteten sie ihr »kleines Unternehmen aus der obligatorischen Garage, die allerdings nicht im sonnigen Kalifornien, sondern im rheinländischen Heinsberg lag«. Der Erfolg gab ihnen recht. Aus der Liebhaberei wurde ein mittelständischer Betrieb, der in Deutschland Maßstäbe gesetzt hat im Umgang, Verarbeiten und Anbieten von Fleisch.

Natürlich stellen sich dem kritischen Konsumenten allerlei Fragen. Wie wurden die Tiere gehalten, deren Fleisch *Otto Gourmet* anbietet? Warum bezieht die Firma ihr Rindfleisch nicht von heimischen Züchtern, sondern aus den USA? Wie sind die langen Lieferwege mit dem ökologischen Anspruch des Ladens zu vereinbaren? Doch der neugierige Gastrosexuelle bekommt auf so ziemlich alle Fragen eine Antwort. Entweder im Fleisch-Kompetenzzentrum in Heinsberg oder auf der Internetseite des Unternehmens. Wolfgang Otto ist ein glänzender Verkäufer, und wenn er über Nachhaltigkeit, natürliche Ressourcen, mit denen man verantwortungsvoll umzugehen habe, über ökologische Standards und einen niedrigen Primärenergieverbrauch, über die Verbesserung der Bodenqualität in der Nutztierhaltung, über größere Artenvielfalt und Biodiversität spricht, dann kommt er mir vor wie ein sympathischer Wahlkampfstratege der Grünen. Tatsächlich erfährt man hier in der Provinz etwas über den Erfolg der Ökopartei. Denn wofür die Grünen auf der politischen Bühne immer noch kämpfen, ist hier der Markenkern eines Unternehmens. Um eine sprachliche Kostprobe zu bieten, zitiere ich ausführlich aus der Selbstdarstellung, die auf alle Fragen eingeht, die sich ein Reporter ausdenken kann. Also, warum bezieht *Otto Gourmet* das Fleisch aus den USA?

»Unsere gesamte Produkt- und Züchterauswahl beruht auf den Punkten Nachhaltigkeit, Verantwortung und Rückverfolgbarkeit. Nachhaltig zu sein bedeutet für uns, die natürlichen Ressourcen verantwortungsvoll zu nutzen mit dem Ziel, diese zu erhalten. Daher beziehen wir alle unsere Fleischprodukte aus landwirtschaftlichen Betrieben, die nach ökologischen Standards produzieren. (…) Dieses wird auf Züchterebene dadurch erreicht, dass eine traditionelle Tierhaltung gepflegt wird, die das Wohlergehen des Tieres und die Schonung der Landschaft in den Vordergrund stellt. (…) Es ist nicht nur die außerordentlich hohe Produktqualität, die uns zu Dan Morgan in die Sandhills von Nebraska geführt hat. Auch beziehen wir unsere Tiere lieber von Orten, an denen eine derartige Haltung noch möglich ist und große Flächen wie eben die Sandhills zur Verfügung stehen; in Deutschland ist dies kaum möglich. Der sandige Boden der Nebraska Sandhills ist für den Ackerbau gänzlich ungeeignet; einzig mögliche Landwirtschaft ist extensive Viehhaltung. Die äußerst artenreiche Pflanzenwelt ist lediglich durch Überweidung gefährdet. Ökologische Landwirtschaften, wie die von Dan Morgan, richten jedoch ihre größtmögliche Aufmerksamkeit auf eine möglichst schonende Nutzung des Landes, um Schäden zu vermeiden. Dieser Schutz ist auch im eigenen Interesse der Landwirtschaften, die sich langfristig ihre Existenzgrundlage zerstören würden, wenn sie nicht zum Erhalt dieses Naturraums beitragen würden. Eine Vielzahl von Schutz- und Managementprogrammen haben ebenfalls zum Erhalt dieses einzigartigen Naturraums geführt. Die riesigen Bisonherden, die ursprünglich die Sandhills beherrschten, sind heute durch Rinderherden ersetzt worden, welche ihre ökologische Nische ausfüllen. Die Beweidung dieser Flächen spielt eine äußerst wichtige Rolle in der Erhaltung dieses Ökosystems und seiner Biodiversität. Die Sandhills sind eine der größten, weitgehend unberührten Prärieflächen in den USA, deren Erhalt auch von der extensiven Rinderzucht abhängt. Ein weiterer Grund, der unsere Entscheidung, Fleisch aus Nebraska zu beziehen, beeinflusst hat, ist, dass der Seetransport eine der energieeffizientesten Transportmethoden ist. Zudem sind wir stets bestrebt, wenn sich eine Vermeidung von negativen Umwelteinflüssen nicht verhindern lässt, Ersatzabgaben zu leisten, die diese aufwiegen. Daher ist es unser stetes Ziel, die besten Produkte aus nachhaltiger Erzeugung für Sie zu finden.«

Wenn ich solche Texte lese, bekomme ich in aller Regel einen Gruselanfall. Allein schon wegen der Adjektivorgie! Es gibt in Deutschland selbstverständlich vorbildliche Betriebe, von denen auch *Otto Gourmet* Fleisch beziehen könnte. Ob das nun Biohöfe in Norddeutschland sind oder Züchter aus dem Schwarzwald, die vom Hochlandrind bis zu Tieren der Limousin-Rasse bestes Biofleisch anbieten und deren Tiere ebenfalls eine »äußerst wichtige Rolle in der Erhaltung dieses Ökosystems« übernehmen. Aber ich möchte hier keine Debatte über Sinn und Unsinn von Fleischimporten anzetteln. Es geht mir vielmehr darum zu zeigen, dass diese Lebensmittel und ihre Vermarktung sehr viel über uns Kunden erzählen. Wir Gastrosexuellen wollen nicht nur das beste Fleisch essen, das es auf der Welt gibt. Wir wollen das Fleisch auch mit gutem Gewissen genießen. Und wenn es einen Anbieter gibt, der genau dieses Bedürfnis offensiv befriedigt, schlagen wir zu – auch wenn wir ahnen, dass die Werbebotschaften vielleicht etwas einseitig sind.

Nach dem Rundgang durch Lagerstätten und Versandbereiche lädt mich Wolfgang Otto auf ein gutes Stück Rindfleisch ein, das stilecht gegrillt werden soll. In der Showküche, in der auch eine »Perfect Meat Academy« betrieben wird, wartet schon Nils Jorra, der Küchenchef des Hauses. Er hat einen Klassiker von *Otto Gourmet*, ein »Hereford Côte de Boeuf Dry Aged«, auf den Grill gelegt. Das Ochsenkotelett wird stilvoll im Green Egg gegart, einem edlen Keramikgrill, der tatsächlich wie ein großes, grünes Ei aussieht und der bei den Gastrosexuellen unter den Grillern sehr beliebt ist, weil die gewünschte Temperatur im Garraum schnell und präzise eingestellt werden kann. Jorra sagt, er habe gehört, das Green Egg sei ein Produkt der Weltraumforschung. Ich muss lächeln, denn diese Geschichte hatte mir schon mal ein Koch erzählt. So läuft das bei technikaffinen Jungs: Es reicht nicht, dass der Grill gut grillt, auf die Begründung kommt es an!

Jorra öffnet die Abdeckung, prüft die Kerntemperatur des Fleisches mit einem Digitalthermometer, das sekundenschnell 49 Grad angibt. Wir müssen uns noch ein wenig gedulden, und ich nutze die Gelegenheit, rasch im Internet nachzuschauen, welche Werbegeschichte sich der Hersteller des Eiergrills ausgedacht hat: »Inspiriert von einem vor über 3000 Jahren in Asien entwickeltem Kochgefäß aus Ton übernahmen die Japaner dieses Gefäß und nannten es Kamado. In den fünfziger Jahren, als Tausende Amerikaner in

Japan stationiert waren, erkannten die Soldaten in diesem charakteristischen Tongefäß, das seit Jahrhunderten zur Grundausstattung der japanischen Küche gehört, einen Grill und brachten es bei ihrer Rückkehr mit in die USA. Um die große Nachfrage nach den asiatischen Kamados zu befriedigen, wurde 1974 das Handelsunternehmen Big Green Egg in Atlanta gegründet, dass sich zu Beginn nur dem Import der Tongefäße widmete. Und jetzt kommt schon die NASA ins Spiel: In den siebziger Jahren wurden, angetrieben von dem amerikanischem Raumfahrtprogramm, neue Materialien entwickelt, die den strengen Sicherheitsvorschriften standhalten mussten. Auch wenn die NASA dabei sicher nicht an Grills oder ans Grillen dachte: Die Macher des Big Green Eggs untersuchten diese speziellen Keramik- und Glasursorten und fanden heraus, dass sie sich vorzüglich für ein Kamado eignen. Diese Entdeckung führte zur Entwicklung des modernen Big Green Egg Grills. Kein normaler Holzkohlegrill kann es mit dem Big Green Egg aufnehmen.«

Tolle Geschichte, denke ich. Sie enthält viele Aspekte, die ein Gerät für Gastrosexuelle interessant machen: Tradition und Moderne, Asien und USA, und am Ende steht der beste Grill der Welt, mit dem man das beste Steak der Welt zubereiten kann. Wer den Kosmos der Hobbyköche ergründen will, muss die Werbung studieren, die auf diese Zielgruppe zugeschnitten ist. Ich gebe zu: Wenn ich mehr als einen dieser Reklametexte lese, ist es mir peinlich, ein Gastrosexueller zu sein.

Als das Rindfleisch endlich eine Kerntemperatur von 56 Grad hat, wird es von der Feuerstelle genommen. »Das muss jetzt noch ein wenig ruhen«, meint Nils Jorra. In dieser Zeit steigt die Kerntemperatur noch um zwei Grad. Wolfgang Otto schneidet fingerdicke Streifen aus dem Kotelett, streut ein wenig Fleur de Sel darüber und fordert auf: »Bitte, bitte, greifen Sie zu.« Wozu Messer und Gabel benutzen, wenn man das Edelfleisch auch mit der Hand essen kann?

»Wie isses?« fragt Wolfgang Otto. Das »Hereford Côte de Boeuf Dry Aged« ist eine Sensation. Saftig. Zart. Würzig. Das 21 Tage trocken gereifte Rindfleisch überzeugt mich. Liegt das nun, frage ich mich, vor allem an der Qualität des Fleisches oder doch an dem Weltraumgrillei? Oder bin ich gar Opfer der am harten US-Markt perfektionierten Werbung geworden, die, wie Filmemacher Wim Wenders einmal formulierte, mein Unterbewusstsein kolonisiert hatte? Wolfgang Otto meint, ich solle mal nicht so zögerlich sein. Er selbst nimmt zwei Streifen Rindfleisch gleichzeitig in den Mund. Der Fleischhändler erzählt mir noch, dass seine Firma an so gut wie jedem Tag einen Grilllehrgang oder eine ähnliche Veranstaltung durchführe, in Heinsberg oder im Rest der Republik. Meistens seien die Kurse ausgebucht. Das Fleisch, das ich verkostet hätte, werde inzwischen auch in ausgewählten Supermärkten angeboten. Für den Grillsportfreund scheint schon der Schriftzug des Fleischimporteurs ein Qualitätssiegel zu sein. *Otto Gourmet* ist überall.

Als ich wieder im Zug sitze, gehe ich noch mal mit dem Smartphone auf die Internetseiten der Firma, die sich so gut auskennt mit den Wünschen ihrer Kunden. Fleisch wird hier wie gut gelagerter Wein oder lang gereifter Käse gehandelt: »Wagyu Tenderloin Private Selection. Filet. Genuss pur mit höchstmöglichem Marmorierungsgrad. An Zartheit nicht zu überbieten. Messer? Nicht mehr nötig.« Als ich das lese, denke ich: Wie jetzt? Messer nicht mehr nötig? Ja, es gibt unter uns Gastrosexuellen durchaus eine Neigung zur superweichen Konsistenz. Da ein Brei, hier ein Püree.

Woran das liegt? Meistens an einem neuen Mixer, der ausprobiert werden will. Vielleicht auch an dem Espuma-Siphon, der mit einer flüssigen Speise und Stickstoff befüllt wird, um süße oder salzige Schäume herzustellen. Eines weiß ich aus eigener Erfahrung: Jede Schaum- oder Breiphase ist endlich, bald wächst schon wieder die Lust nach den festeren Substanzen, nach den rustikaleren Genüssen. Und die kann befriedigt werden, wenn man sich zur Abwechselung an den Grill stellt und eine gute Wurst aufs Feuer legt. Oder, besser noch, vor dem Grillen die Würste selbst herstellt. Sie wissen nicht, wie das geht?

Kein Problem. Da gibt es diverse Angebote; ich habe verschiedene getestet. Eine gute Adresse, um das Wurstwissen etwas zu erweitern, ist ein Sonntagnachmittag-Seminar, das die Zeitschrift *Beef* veranstaltet. Ich habe das »Selber Wursten«-Happening auch deshalb ausgewählt, weil ich wissen wollte, ob die Leser der Zeitschrift genauso drauf sind wie ich. Im Grunde macht es das Blatt den Kunden einfach. Denn die Zielgruppe ist genau definiert: »Für Männer mit Geschmack« – so prangt es auf jeder Titelseite der gastrosexuellen Kampfschrift, in der das Thema Frikadellen schon mal unter der Überschrift »Dicke Dinger« abgehandelt wird, in der Reportagen über Grillweltmeisterschaften oder auch seitenlange Abhandlungen über das Garen im Wasserbad zu lesen sind. Also genau mein Blatt.

DICKE DINGER

Wir sind auf dem Biohof Wulksfelde in Tangstedt, vor den Toren Hamburgs. Ein Musterbetrieb, der zeigt, wie ökologisches Landwirtschaften funktioniert, fernab von Bio-Eier-Betrug und Hormonfleisch-Skandal. *Beef*-Chefredakteur Jan Spielhagen begrüßt die Anwesenden: »Sie haben ja bestimmt die Pferdefleisch-Lasagne-Diskussion mitbekommen. Ich finde, dass so eine Veranstaltung hier in mehrfacher Hinsicht der Gegenentwurf zu solchen Skandalen ist. Nicht nur, weil sich hier dreißig Männer treffen und niemals auf die Idee kämen, eine Fertiglasagne zu kaufen und zu essen …«

Plötzlich rumort es. Eine Frau mischt sich ein. Gelächter ist zu hören. Jan Spielhagen fährt fort: »Und Sie natürlich auch! Nicht nur, weil sich hier dreißig Männer und eine Frau treffen und zusammen wursten und genau das Gegenteil machen von Convenience Food. Alle tierischen Produkte, die wir heute verarbeiten, sind außerdem von ihrer Qualität und Herkunft so unzweifelhaft, wie wir das eigentlich von allen Lebensmitteln, die wir verzehren, verlangen müssten.«

Dreißig Männer und eine Frau lächeln, nicken. Dann übergibt der *Beef*-Chefredakteur an den Koch und Wurstspezialisten Matthias Gfrörer. Der Mann hat die Sterneküche hinter sich gelassen, um sich, wie er sagt, einer »nachhaltigen, saisonalen Küche« zu widmen. Das klingt sehr ernst und ist auch genau so gemeint. Die Kursteilnehmer sollen die Schweine sehen, die sie gleich zu Wurst machen werden. »Nur zum Verständnis für Euch«, beginnt er seinen Vortrag, »Die Aufzucht ist fast viermal so lang. Das Futter ist fast doppelt so teuer. Die Stallhaltung mit den richtigen, artgerechten Räumen ist auch doppelt so teuer, das heißt, wir können kein Kotelett, 200 Gramm, für 99 Cent anbieten, oder ein halbes Schwein für 7,99 Euro, so wie bei *CITTI-Markt*, also, da muss man dann sagen, das kann kein Schwein mehr sein, das ist irgendein Kunstprodukt.« Mit anderen Worten: Es ist nicht Wurst, was in die Wurst kommt. Dreißig Männer und eine Frau lächeln, nicken.

Aus ganz Deutschland sind sie angereist, um ihrem Hobby nachzugehen, um fürs Kochen daheim etwas dazuzulernen. Alles Leute, die sich zwar nicht kennen, die sich aber, was die Qualität des Fleisches angeht, das sie gleich verwursten werden, vollkommen einig sind. Und dann geht es los. »Ist es nicht Zeit, dass sich die Gruppen bilden?«, drängelt Spielhagen. Von dreißig Männern und einer Frau kommt ein zustimmend-unverständliches Gemurmel. Dann geht es zur Sache. Die furchtlosen Wurstnovizen nähern sich den toten Schweinen, die auf einer großen Arbeitsfläche liegen. Es dauert nicht lange, und auch ich habe eine Säge in der Hand. Es dauert etwas länger, und ein Bein ist vom Rumpf getrennt. Ich lege die Säge zur Seite, froh, dass alle meine Finger noch dran sind, und sehe einen Mann, dem es nicht ganz so gut geht: »Ich bin mit dem Messer beim Auslösen des Knochens abgerutscht. Ist ein kleiner Schnitt, es hat geblutet. Ich kann meine Hand noch bewegen. Kein Problem, jetzt geht es weiter«, beruhigt er sich und die anderen.

Während dreißig Männer und eine Frau das Schwein klein schneiden, um es gleich durch den Fleischwolf drehen zu können, spreche ich mit Jan Spielhagen über sein kulinarisches Männermagazin. »*Beef*«, erzählt er, »ist eine sehr persönliche Geschichte. Ich habe festgestellt, dass ich mit meinen Freunden ständig übers Kochen rede und dass ich anders darüber spreche, als Frauen das in der Regel tun. Ich habe mal rumgefragt im Bekanntenkreis, bei

Kollegen, und es gab grundsätzlich dieselbe Antwort. Immer mehr Männer verbringen immer mehr Zeit mit dem Kochen. Nur gab es leider keine Zeitschrift für diese Männer.«

Inzwischen macht *Beef* allen Blättern Konkurrenz, die Männer bislang in die Hand genommen haben. In der Ausgabe, die beim Selber-Wursten-Seminar ausliegt, wird die BBQ-Uni in Colorado vorgestellt. Der Leser darf Aufschneidegeräte bewundern, die schon mal 2775 Euro kosten; da werden Schweinsköpfe, Rehzungen und Hahnenkämme serviert; und zwischen all dem tierischen Fleisch gibt es dann auch mal eine entblößte Frauenbrust zu sehen. Sexismus? Wie war das mit den dicken Dingern?

Spielhagen erklärt: »Wir spielen in *Beef* mit den klassischen Elementen von Männerzeitschriften. Mit derselben Gewissenhaftigkeit, mit der *Auto, Motor, Sport* ein Auto prüft, untersuchen wir Qualitäten von Lebensmitteln. Mit derselben Liebe, mit der sie in einem Jagdmagazin vielleicht Flinten fotografieren würden, fotografieren wir Rouladen. In derselben Art und Weise, wie der *Playboy* Frauen darstellt, stellen wir Cuts vom Fleisch dar.«

Jan Spielhagen schmunzelt. Und ich denke: Wie gut, dass ich immer ein Aufnahmegerät dabei habe. Das glaubt mir sonst niemand. Für Spielhagen sind es Selbstverständlichkeiten, über die er spricht. Er kennt seine Klientel. »Kochen ist das ideale Männerhobby«, beginnt er zu schwärmen. »Da ist die oft erwähnte Lust an der Technik. Männer interessiert es wirklich, wie viel Druck ihre Espressomaschine aufbaut. Männer interessieren sich dafür, wie sie ihren Gasgrill von 300 auf 400 Grad Celsius tunen können. Darüber werde ich mit einer Frau eher nicht sprechen.«

Spielhagen verweist auf die Hersteller von Küchen und Küchengeräten. Die hätten den Mann als Käufer entdeckt und damit sei ein männliches Design in die Küchen eingezogen. »Nehmen sie die Oberflächen aus Aluminium. Das ist eine Männeroberfläche, eine Werkstattoberfläche. Früher hatten Küchen ein Blumenmuster, und wenn die Frau nur lange genug darum gebeten hat, sich doch endlich die Blumenküche zuzulegen, hat er gesagt, na gut, dann kauf sie dir. Und er hat gezahlt. Heute wählt der Mann das Design aus. Die Küche ist ein männlicher Ort geworden.«

Ob er heimlich in meinem Manuskript gelesen hat, frage ich. Spielhagen schwört, dass er keine Spitzel beschäftigt. Braucht er auch nicht. Gastrosexuelle Männer sind keine ganz neue Zielgruppe im Zeitschriftengeschäft mehr. Wir sprechen noch eine Weile über die handwerklichen Aspekte des Kochens. Über das Rühren und Schneiden. Schnell sind wir beim Messerthema. Es scheint, dass Männer, wenn sie übers Kochen reden, immer bei den Messern landen. »Ich kenne Männer«, sagt Spielhagen, »die haben Messer, die sie so sehr wertschätzen, dass sie sie nicht benützen. Das ist undenkbar für eine Frau. Sie möchte, dass ein Messer schneidet. Das ist sehr klug. Der Mann besteht darauf, dass ein Messer schneidet und dass es eine Geschichte erzählt. Das Messer soll handgemacht, am liebsten gefältelt sein. Das ist natürlich auch albern, auf jeden Fall ist es sehr männlich.«

Sehr männlich. Und sehr albern. Es ist kein Zufall, dass der *Beef*-Chefredakteur diese beiden Adjektive in einem Atemzug nennt. Was die Geschlechterdebatte in den vergangenen Jahrzehnten vor allem so unangenehm gemacht hat, war ihre Humorlosigkeit. Wenn es um Elternzeit, das Betreuungsgeld oder um die Frage geht, warum Frauen noch immer unterrepräsentiert sind in vielen Managementpositionen, wenn darüber gestritten wird, ob im Manne per se ein Triebtäter steckt, und bei vielen anderen Fragen ist eine gewisse Ernsthaftigkeit durchaus angebracht. Aber die Schärfe der üblichen Debatte verhindert, dass die rhetorischen Schützengräben verlassen werden. Das Küchenthema ist so herrlich unverfänglich, dass sogar über Klischees gelacht werden darf. *Beef* zeigt das exemplarisch in einer namentlich nicht gekennzeichneten Kolumne: »So kochen Frauen. So Männer.« In der allerersten Ausgabe des Magazins, die mittlerweile einen Kultstatus erlangt hat und antiquarisch zu saftigen Preisen angeboten wird, ging es ums Kaffeekochen: »SIE. Legt ihr Handy neben die Kaffeemaschine. Holt ein Kaffeepad, koffeinfrei, aus der Schublade, schiebt es in die Maschine. Nimmt den hellblauen I-love-N.Y.-Kaffeebecher aus dem Schrank. Wäscht ihn noch mal ab. Schreibt einhändig eine SMS. Stellt den Becher unter die Maschine (…) Gießt sehr viel Milch in den Kaffee. Setzt den Becher an die Lippen und trinkt. Geht. Kommt zurück und stellt die Milch weg. Geht. Kommt noch mal zurück und holt das Handy.«

Und daneben ER: »Schaut auf die Uhr, nickt zufrieden, geht in die Küche. Holt die Rösle-Stahldose mit der Neunzig-Prozent-Arabica-und-Zehn-Prozent-Robusta-Kaffeebohnenmischung vom kleinen italienischen Feinkostladen aus dem Kühlschrank. Schaltet den Kaffeevollautomaten ein. Nimmt die hölzerne Kaffemühle aus dem Regal, füllt zwei Esslöffel Kaffebohnen in den Kaffeeschacht. Schaut, ob die Maschine Betriebstemperatur hat, nickt zufrieden. (…) Holt die Espressotasse aus dem Schrank, füllt sie mit kochendem Wasser aus der Dampfdüse, schüttet sie wieder aus, stellt sie neben die Maschine. Drückt ›Espresso‹. (…) Nimmt einen kleinen Schluck. Verbrennt sich die Unterlippe. Nickt zufrieden, weil die Maschine so schön heißen Espresso macht.«

Ein herrliches Kolumnenvergnügen. Jetzt wird wahrscheinlich die eine oder andere Leserin einwenden, dass sie den Kaffee niemals in einer hellblauen I-love-N.Y.-Tasse trinken würde. Und es soll auch Männer geben, die nichts gegen Kaffeepads haben. Aber diese Einwände zählen nicht. Was hier gezeigt wird, sind Stereotype, die gerade in ihrer zugespitzten Form sehr viel Alltagswahrheit enthalten. *Beef* sollte zur Pflichtlektüre werden für alle Gleichstellungsbeauftragten der Welt und hauptamtlichen MitarbeiterInnen in wissenschaftlichen Einrichtungen, die sich mit Sex und Gender beschäftigen. Lustigerweise vergleicht Spielhagen das Vier-Gänge-Menü, das in der Mitte des Heftes auf zehn Pappseiten gedruckt wird, mit dem klassischen Centerfold-Girl im *Playboy*. Statt sich ein Nackedeibildchen aus dem Heft zu nehmen, aufzuklappen und an die Wand eines heruntergekommenen Sportvereinspinds zu hängen, sammelt der moderne Mann also schicke Kochanleitungen, die ganz ohne Scham den Freunden und der Frau präsentiert werden können.

Nicht nur publizistisch einmalig, sondern auch soziologisch interessant ist die *Beef*-Rubrik »Ein Mann & seine Küche«. Was hier in Wort und Bild festgehalten wird, bestätigt die Alltagsrevolution, die ich in diesem Buch zu beschreiben versuche. Porträtiert werden Hobbyköche, die Sternegastronomen Konkurrenz machen wollen. Hier liest man über gastrosexuelle Typen, die sich in der Freizeit aufs Kochen konzentrieren, die das ehemalige Terrain der Frau zum Zentrum der männlichen Inszenierung machen. Interessant ist die Rubrik auch, weil sie von vielen Foodmagazinen, die viel länger am Markt sind, kopiert wurde. Im *Feinschmecker* gibt zum Beispiel der Düsseldorfer Boris Schramm unter der Überschrift »Meine Küche & ich« einen Einblick in den Lieblingsort seiner Wohnung. Man sieht einen schnippelnden Papa. Der dreijährige Sohn sitzt auf der Anrichte neben einem Glas Weißwein. Im Hintergrund steht ein Thermomix. Schramm besitzt außerdem eine zweiteilige Backofenkombination. Er gibt zu Protokoll: »Ich liebe ausufernde Gelage. Aber meine Frau achtet heute darauf, dass ich den Hauptgang spätestens um halb zehn auf dem Tisch habe.« Als ich das lese, denke ich: Dieses Thema kommt mir bekannt vor …

Zurück zum Wursten in Wulksfelde. Die Seminarteilnehmer treten inzwischen auf, als hätten sie seit Jahren nichts anderes getan, als Fleischbrät in Därme zu pressen. »Ich habe mittlerweile die Technik drauf, so, jetzt in der Mitte, Knoten rein und fertig«, ruft der eine durch den Raum. Nach fünf Stunden Arbeit liegen die ersten Würste auf der heißen Platte. Ein Mann moniert, es sei doch schade, dass nicht anständig auf Holzkohle gegrillt werde. Aber es gibt dann doch keine Grilldiskussion. Ob Gas, Elektro oder Kohle, ist jetzt nicht wichtig. Dreißig Männer und eine Frau haben Hunger. »Wie schmeckt's?«, frage ich. Alle sind glücklich. »Einfach geil«, schwärmt ein Mann mit sächsischem Akzent.

Dreißig Männer und eine Frau diskutieren darüber, was sie von dem Gelernten jetzt auch daheim anwenden können. Die anwesende Frau, das betont sie mehrfach, hat daheim die neue Männerrolle übernommen und wird sich garantiert einen Fleischwolf zulegen. Der Typ, der neben ihr sitzt, ist etwas schüchterner: »Meine Freundin hat gesagt, ich darf's gerne lernen, aber ich darf nicht daheim in der Küche wursten. Ihrer Meinung nach ist das zu schmutzig, und sie will es nicht aufräumen.« Ein anderer darf, kann aber noch nicht: »Mir fehlt noch das Equipment. Ich informiere mich schon seit Wochen, welcher Fleischwolf sich am besten eignet. Ja, das wird das größte Problem sein, die richtige Technik zu haben. Aber ich habe grünes Licht von zu Hause, ich darf mir einen kaufen, und dann wird es auch losgehen.«

UGA-UGA, BALLA-BALLA?

Für den fleischbegeisterten Hobbykoch ist kaum etwas so trostlos wie der Blick ins Kühlregal mit den abgepackten Fleischwaren. Da sieht man dann: Kotelett, Brust, Bauchspeck und die Filets. Ob Schwein, Rind oder Geflügel, zumeist werden die immer gleichen Sahnestücke angeboten. Selbst in guten Metzgereien ist das Angebot beschränkt. Kutteln und Kalbsbries müsse man vorbestellen, heißt es dann. Zumindest hierzulande; in französischen oder italienischen Supermärkten sieht die Sache schon anders aus. Liegt es an den Kunden, die nur das kaufen, was sie kennen, was sie schon zigmal gekocht und gebraten haben? Vielleicht. Die Jungs, mit denen ich gewurstet habe, sind jedenfalls (noch) eine Ausnahme von der Regel. Wenn man eines Tages Schweinefleisch im Labor züchten kann, werden wahrscheinlich nur noch die fettfreien Filets verkauft. Diese Entwicklung wird dann wiederum als eine Art Zivilisierung des menschlichen Nahrungsmittelkonsums verkauft. Dabei ist dieser eindimensionale Fleischkonsum, auch wenn man auf das Töten von Tieren verzichten könnte, eine kulinarische und ernährungspolitische Regression.

Es wird derzeit eine leidenschaftliche Debatte geführt über den Unsinn der Massentierhaltung, ja, der Fleischkonsum des Menschen steht generell am Pranger. Tatsächlich gibt es nachvollziehbare Gründe, auf den Verzehr von tierischen Produkten grundsätzlich zu verzichten. Warum sollen Tiere getötet und gequält werden, damit es dem Menschen besser geht? Wer sich einmal in den Schlachthöfen der Republik umgesehen, wer sich über die Laboratorien der Pharmaindustrie informiert hat, ist geschockt und erinnert sich möglicherweise an die berühmten Sätze des Sozialphilosophen Max Horkheimer, die in Tierrechtsdebatten oft nur sehr verkürzt wiedergegeben werden. Statt ein Zitat zum Slogan zu machen, möchte ich die Gelegenheit nutzen, aus Horkheimers Text »Der Wolkenkratzer« etwas länger zu zitieren: »Ein Querschnitt durch den Gesellschaftsbau der Gegenwart hätte ungefähr folgendes darzustellen: Obenauf die leitenden, aber sich untereinander bekämpfenden Trustmagnaten der verschiedenen kapitalistischen Mächtegruppen; darunter die viel kleineren Magnaten, die Großgrundherren und der ganze Stab der wichtigen Mitarbeiter; darunter – in einzelne Schichten aufgeteilt – die Massen der freien Berufe und kleineren Angestellten, der politischen Handlanger, der Militärs und Professoren, der Ingenieure und Bürochefs bis zu den Tippfräuleins; noch darunter die Reste der selbständigen kleinen Existenzen, die Handwerker, Krämer und Bauern e tutti quanti, dann das Proletariat, von den höchst bezahlten gelernten Arbeiterschichten über die ungelernten bis zu den dauernd Erwerbslosen, Armen, Alten und Kranken. Darunter beginnt erst das eigentliche Fundament des Elends, auf dem sich dieser Bau erhebt, denn wir haben bisher nur von den hochkapitalistischen Ländern gesprochen, und ihr ganzes Leben ist ja getragen von dem furchtbaren Ausbeutungsapparat, der in den halb und ganz kolonialen Territorien, also in dem weitaus größten Teil der Erde funktioniert. Weite Gebiete des Balkans sind ein Folterhaus, das Massenelend in Indien, China, Afrika übersteigt alle Begriffe. Unterhalb der Räume, in denen millionenweise die Kulis der Erde krepieren, wäre dann das unbeschreibliche, unausdenkliche Leiden der Tiere, die Tierhölle in der menschlichen Gesellschaft darzustellen, der Schweiß, das Blut, die Verzweiflung der Tiere.«

Ob es die Tippfräuleins noch gibt, mag man bezweifeln, aber die Aktualität der in den dreißiger Jahren des letzten Jahrhunderts formulierten Gedanken ist dann doch erschreckend. Die radikalen Verteidiger der Tierrechte haben einen rhetorischen Vorteil, denn sie können auf ein Pathos setzen, das Mitgefühl erzeugt. Ihre Slogans können auf Schilder geschrieben und auf Demonstrationszügen durch die Welt getragen werden: *Artgerecht ist nur die Freiheit*, lautet ein solcher demokompatibler Buchtitel von Hilal Sezgin. Die US-amerikanische Philosophin Christine Korsgaard, die mit ihren Büchern zur Neuinterpretation der Kantischen Moralphilosophie bekannt geworden ist, formuliert den pathetischen Imperativ der Tierrechtsbewegung, mit dem der Suhrkamp Verlag die von Friederike Schmitz herausgegebene Textesammlung zur *Tierethik* bewirbt: »Selbst wenn wir aus der Welt keinen Ort ohne Raubtiere machen können, so können wir es doch vermeiden, selbst Raubtiere zu sein.«

Wer will schon ein Raubtier sein? Doch leider ist alles viel komplizierter. Denn wie weit würden Tierrechtler gehen? Würden sie Ureinwohnern irgendwo auf der Welt den Krieg erklären, weil sie immer noch Tiere verspeisen? Was sagt man Leuten, die in Afrika verhungern würden, wenn sie keine Eier äßen? Wann ist ein Tier überhaupt ein Tier? Dürfen auch Bakterien und Quallen nicht umgebracht beziehungsweise verspeist werden? Was ist mit im Reagenzglas gezüchteten Rinderzellen, die man zur Frikadelle verarbeitet? Verboten oder nicht? Was würden wir tun, wenn herauskäme, dass auch Äpfel eine Seele hätten? (Okay, diese Frage ist nicht ganz so ernst gemeint.) Wo ziehen wir welche tierrechtlichen Grenzen? Was geschähe mit unseren Wäldern, wenn das Wild nicht mehr gejagt würde? Warum soll ein Fuchs die armen Gänse und Hühner stehlen dürfen, während wir Menschen ausschließlich Gänseblümchensalat essen müssen? Welche Nahrungsmittelengpässe und Umweltkatastrophen ergäben sich, wenn die Weltbevölkerung keine tierischen Proteine mehr zu sich nähme? Müssten Menschen sterben, wenn alle Tiere »befreit« würden?

Diese Fragen sind ähnlich plakativ wie die Slogans der Tierrechtsbewegung. Tatsächlich ergeben sich aber, wenn man die Forderungen nach einem vegetarischen beziehungsweise veganen Leben ernst nimmt, nicht nur sehr widersprüchliche Argumentationslagen (siehe auch Kapitel »Höhepunkt Hauptgang«), sondern unkalkulierbare Folgewirkungen für unser Zusammenleben. Denn das ist die Crux mit allen strikten Ernährungsvorgaben: Sie lassen sich aus sozialen, kulturellen, religiösen, ökologischen und ökonomischen Gründen nicht verallgemeinern. Als selbstbewusster Carnivore möchte ich daher nicht weiter in die Vegetarismusdiskussion einsteigen, sondern noch einmal für einen sehr bewussten und vielfältigen Fleischkonsum plädieren, um dann grundsätzlich mit allen kulinarischen und diätischen Vorgaben abzurechnen.

»Nose to tail« heißt ein Motto, das in europäischen Spitzenrestaurants wieder häufiger gepflegt wird. »Nose to tail«, also zu gut Deutsch: Von der Schnauze bis zum Schwanz werden Fleischstücke auf die Speisekarten gesetzt, von denen nicht einmal mehr Großmutter wusste, wie man sie ordentlich zubereitet. Dabei handelt es sich keineswegs um ein Dekadenzphänomen. Es geht nicht darum, dass der Luxusgourmet gelangweilt ist vom ständigen Rinderfiletschnabulieren! Nein, es geht um den Respekt vor dem Tier. Wenn wir das Schwein schon schlachten, um es zu verspeisen, dann versuchen wir uns auch an allem, was das Tier bietet: Zunge, Backe, Ohren, Hirn und Herz lassen sich vorzüglich zubereiten. Das deutsche Motto der internationalen Nose-to-tail-Fraktion könnte also lauten: Wenn Schwein, dann auch Schwanz. Oder: Wenn Huhn, dann auch Hintern. Wir unterscheiden nicht zwischen höher- und minderwertigem Fleisch, wir werfen nichts weg, selbst aus Schnäbeln und Krallen, aus Sehnen und Knorpeln kochen wir schmackhafte Brühen. Und siehe da, sowohl das Kochen als auch das Essen wird interessanter. Warum also nicht mal einen Hahnenkammsalat probieren? Wegschmeißen ist keine Lösung. Und damit kommen wir dann doch zur ernährungspolitischen Dimension dieses kulinarischen Trends. Denn wenn wir Fleischesser uns ausschließlich für biologisch und regional erzeugte Waren entscheiden, wenn wir außerdem von der Schnauze bis zum Schwanz alles zubereiten, was das Tier hergibt, würde das Schlachtaufkommen deutlich gesenkt werden. Das ist gut für die Umwelt und verändert die weltweite Versorgungslage mit Nahrungsmitteln.

Der britische Koch Fergus Henderson lässt sich in seiner Heimat als Wegbereiter der Nose-to-tail-Küche feiern. Wenn ich meinen Freunden aus der Profiküche erzähle, dass ausgerechnet ein Engländer von Schnauzen und Schwänzen schwärmt und eine alte kulinarische Tradition als tollen Trend von der Insel verkauft, müssen sie natürlich grinsen. Denn Tatsache ist: Überall, wo es gute regionale Küche gibt, haben ambitionierte Köche immer schon so gut wie *alles* auf die Karte gesetzt. Mein Bruder, der einmal mit dem Fahrrad durch Frankreich gefahren ist und in jedem zweiten Landgasthaus frischen Rinderhoden gegessen hat, durfte mit der Genitalspeise eine ganz besondere Erfahrung machen. Nach dem zehnten Hodengericht bekam er wegen der hohen Hormondosis selbst dicke Eier und musste behandelt werden. Also auch bei diesem Trend ist Vorsicht geboten. Wenn ich daheim Innereien oder Abseitiges aus Haut und Hirn serviere, werde ich keinen Gast nach Hause schicken, der mir freundlich sagt: Auf Kalbskopfchips oder Lammlebergrütze möchte ich heute gerne verzichten! Denn das ist ja das Schlimmste an allen Trends und Ernährungsideen, dass ihnen die Tendenz zum Totalitären innewohnt.

Man könnte sagen: Gastrosexuelle hegen eine natürliche Feindschaft gegenüber allen Arten von Diäten. Denn sie bedeuten eine Einschränkung, die oft nicht nötig und häufig völlig ungesund ist. Selbstverständlich gibt es Allergien und Krankheiten, die eine vollkommen freie Auswahl der Speisen unmöglich machen. Niemand würde einen Diabetiker mit Zuckerkram quälen. Wer eine Prise getrockneten Knoblauch inhaliert und sofort Herzrasen bekommt, sollte tunlichst darauf verzichten, aber mit diesen Unverträglichkeiten (ich bekomme keine Luft mehr, wenn ich Paranüsse esse) möchte ich mich hier nicht weiter beschäftigen. Es geht vielmehr um jene Diättrends, die eine vollkommen einseitige Ernährung bedeuten.

Ganz besonders beliebt ist die Low-Carb-Variante, also ein Ernährungsplan, der möglichst wenige Kohlenhydrate vorsieht. In der Low-Carb-Welt sind Brot und Nudeln, vor allem aber Süßigkeiten streng verboten. Sehr beliebt ist die Variante Fisch oder Fleisch plus Salat. Dabei sollten die Proteine möglichst ohne Sauce und das Grünzeug möglichst ohne Dressing serviert werden, weil darin natürlich auch ganz viele böse Zuckermoleküle versteckt sind. Mag schon sein, dass man mit dieser Ernährungsweise abnehmen oder sein Untergewicht halten kann, kulinarisch gesehen ist diese Einschränkung ein schlechter Witz. Ich werde jetzt hier nicht wieder vom selbstgemachten Brot oder der eigenen Pasta schwärmen, aber ich möchte sehr wohl darauf hinweisen, dass die Low-Carb-Leute auch jene sind, die ausschließlich Filets verzehren. Ein ordentliches Gulasch oder eine lang geschmorte Rinderbacke hat nicht nur Kontakt mit bösem Zucker gehabt (Rotwein!), solche Gerichte schmecken einfach viel besser mit Spätzle, Reis oder Nudeln. Das magere Angebot in der Supermarkttheke ist den Kohlenhydratverächtern also gerade recht: Hier treffen sich der Diätwahn vor allem weiblicher Großstädter und eine umweltfeindliche Nahrungsmittelmonokultur, über die meine schlanken Low-Carb-Freundinnen auf keinen Fall nachdenken wollen.

Eine durchaus ambitionierte Weiterentwicklung der kohlenhydratarmen Diät ist die sogenannte Steinzeitdiät. In Berlin serviert zum Beispiel das Restaurant *Sauvage* eine »Paleo-Küche«, die angeblich auf den »Ernährungsgewohnheiten unserer prähistorischen Vorfahren« basiert. In der Selbstdarstellung heißt es ferner, dass die »Ernährung der Steinzeitmenschen keineswegs imitiert« werde. »Der moderne Paleo-Koch kombiniert Erkenntnisse aus der Evolutionswissenschaft mit Elementen der modernen Küche und den

Kochmethoden unserer Vorfahren.« Ich musste laut lachen, als ich das zum ersten Mal gelesen habe. Kochmethoden unserer Vorfahren? Alles, was ich darüber in Erfahrung bringen konnte, ließ diese »Kochmethoden« doch eher einfach aussehen.

Was aber steckt hinter dem Paleo-Gerede? Was essen die Neuzeitneandertaler? »Biologisch angebautes Gemüse der Saison, Fleisch von Tieren aus Weidehaltung oder Wild, Fisch aus Wildfang, Eier aus Freilandhaltung, hausgemachte fermentierte Lebensmittel, tierische Fette, unraffinierte Pflanzenöle, Nüsse, Samen und Kräuter.« Dagegen mag selbst ein Gastrosexueller nichts einwenden. Entscheidend aber ist: Was dürfen die Paleo-Puristen *nicht* schnabulieren? »Auf unserer Speisekarte finden Sie weder Reis, Nudeln und Brot noch andere Getreideprodukte.« Außerdem tabu »auf dem altsteinzeitlichen Speiseplan« sind Stärkeerzeugnisse, Milchprodukte und raffinierter Zucker.

Mir gefällt besonders, dass sich die Paleo-Köche ihre Biotomaten ganz steinzeitmäßig aus Italien liefern lassen … Die grundsätzliche Frage drängt sich auf: Warum Paleo? Warum essen wie ein Neandertaler? Ums Abnehmen geht es hier weniger. »Einige Veränderungen, die wir nach nur wenigen Wochen Paleo-Ernährung feststellen konnten: Mehr Energie und vor allem gleichbleibende Energie, natürliche Heilung und Entgiftung, verbesserte Körperzusammensetzung und beschleunigte Fettverbrennung. Gesteigertes Muskelwachstum, reinere Haut, weicheres Haar und gesunde Zähne, stärkeres Immunsystem, gesteigerter Sexualtrieb, geistige Ausgeglichenheit und allgemeines Wohlbefinden.«

Wow, denke ich, diese Urkost ist ja sensationell. Gesteigerter Sexualtrieb? Das muss einen Gastrosexuellen interessieren, und als ich weiter recherchiere, stoße auf den Blog *Paleo Foodporn*. Und stelle fest, dass die Futterwelt der Altsteinzeitler, wie nicht anders zu erwarten war, sehr heterogen ist. Die *Paleo Foodporn*-User scheinen es ohnehin nicht so genau zu nehmen, denn in den Rezepten dieser Seite werden auch Industrieprodukte wie Backpulver und Blattgelatine verwendet. Ich habe mal ein getreidefreies »Cassava Brot« nachgebacken, das in diesem Blog empfohlen wurde. Das Resultat: Kann man essen. Lecker ist anders. Vielleicht lag es am Rezept, denn die Küche im erwähnten *Sauvage* weiß mit dem Paleo-Konzept etwas kreativer umzugehen.

Meine Freunde Kerstin und Stefan sind viel in der Welt herumgekommen, haben in Asien die allermerkwürdigsten Dinge gegessen und begleiten mich gerne auch in die kulinarische Vorvergangenheit. Wir beginnen mit Cocktails, die schöne Namen wie »Vlad the Impaler« oder »Cave Dweller« tragen, in der Steinzeit aber bestimmt nicht getrunken wurden. Ich nehme einen »Bride of Ötzi«, das ist ein mit »Sauvage Sirup« aufgegossener Sekt, in dem dunkle Beeren schwimmen. »Die sehen ja aus wie Hasenköttel«, grinst Kerstin, und ich freue mich, dass die Dinger immerhin nicht wie Köttel schmecken.

Das Kartenstudium im *Sauvage* nimmt einige Zeit in Anspruch, was nicht unbedingt an der Vielzahl der Gerichte oder daran liegt, dass man sich nicht entscheiden könnte, nur möchte der Steinzeitlaie auch die vielen Informationen zur Paleo-Esskultur aufnehmen, die in den Speisekarten abgedruckt sind. Die Urmenschen müssen wirklich gesunde Typen gewesen sein, denke ich, als ich die Ausführungen lese, und stelle bald fest, dass ich die Heilsversprechen von der Homepage kenne: »Mehr Energie … gesunde Zähne … gesteigerter Sexualtrieb.« Wenn man die Bilder an den Wänden des *Sauvage* sieht, auf denen Steinzeitmenschen irgendwelche Tiere reißen und mit bloßen Händen verspeisen, hat man allerdings nicht den Eindruck, als sei der Lebenswandel unserer Vorfahren so furchtbar gesund gewesen, doch die steinzeit-folkloristische Inneneinrichtung hält uns nicht davon ab, die Bestellung aufzugeben. Kerstin nimmt einen Salat und dann ein »Zanderfilet mit Kräuterkruste auf Fenchel-Sellerie-Gratin, Spinat-Creme und einer rohen Zitronenschalen-Vinaigrette«. Stefan wählt einen »gegrillten Oktopus mit Bananenessig und Tomatenmarkglasur, gerollt in schwarzem und weißem Sesam«.

Der Anspruch, den diese Küche verfolgt, ist leicht erkennbar. Hier soll eine vielfältige und einfallsreiche Paleo-Küche präsentiert werden, und es fällt auf der Karte kaum auf, dass Getreide und Zucker weggelassen, Milchprodukte und ungesättigte Pflanzenöle gemieden werden. Ich bestelle ein »Duett von Lammleber und Hirn: Lammlebermousse mit rohem Kakao und knuspriges Lammhirn auf einem würzigen Birnen-Sternanis-Pfeffer-Kompott«. Wenn schon paleo, dann auch Lammhirn. Mein Hauptgang heißt »Filet vom Charolais-Rind mit Kokosnuss-Maniok-Püree, sautiertem wildem Brokkoli, Romanesco, Macadamianuss-Streusel und Lakritzjus«.

Die Vorspeise kommt, meine Freunde sind sich bald einig: »Ist okay, aber mehr auch nicht.« Erstaunlicherweise trifft das auch auf Hirn und Leber vom Lamm zu. Die Leber ist mit grobem Nussmehl paniert, kaum gewürzt und wie ein klassischer Kalbsbries im Fett ausgebacken. Jetzt könnte man denken, nichts solle vom originären Hirnaroma ablenken, aber das ist leider nur tranig-fade, und in Kombination mit dem ziemlich kräftigen Birnenkompott bleibt vom Lammhirngeschmack ohnehin nichts mehr übrig. In einem ähnlichen Missverhältnis steht auch die Lebermousse, die als Schokopraline serviert wird. Beim Hauptgang ein ähnliches Bild. Stefan sagt nur: »Zu wenig Salz.« Und Kerstin legt den Fenchel zur Seite. »Zu langweilig« sagt sie. Auch ich habe einiges zu bemängeln. Püree und Fleisch sind zu kühl, die wenigen Tropfen Lakritzjus reichen nicht mal für zwei Fleischhappen. Immerhin bekomme ich recht flott eine umfangreiche und heiße Saucennachlieferung, die mir wiederum die Möglichkeit bietet, die Jus zu analysieren: Doch bis auf den Süßholzgeschmack und leichte Pfeffernoten gibt der Bratensaft nichts her.

Man könnte nun Witze machen über die mangelnden Kochfähigkeiten in der Steinzeit und über die geringe Lebenserwartung unserer Vorfahren, die eher davon zeugt, dass ihre Ernährungsgewohnheiten eher ungesund waren. Aber darum geht es hier nicht.

Im *Sauvage* wird eine Reduktionsdiät beworben und variantenreich präsentiert. Wer sich aber weder für den gesundheitlichen Mehrwert noch für den Paleo-Lifestyle interessiert, wird von der kulinarischen Umsetzung der Ideen eher enttäuscht sein (und das trifft auf die meisten Diät-Restaurants zu). Ich gehe auf die im *Sauvage* getesteten Gerichte auch deshalb näher ein, weil zwei Gänge mehr kosten als das Mittagsmenü in meinem Lieblingsrestaurant in Baden-Baden, wobei ich hinzufügen muss, dass auch das reduzierte Mittagsmahl im *Jardin de France* eine klassische, präzise und aufwändige Sterneküche bietet und keinen trendigen Firlefanz. Was Chefkoch Stéphan Bernhard aus Lebern macht, ist auf höchstem Niveau. Die Saucen könnte ich literweise nach Hause schleppen. Aber darf man ein Szenelokal im Prenzlauer Berg überhaupt mit einem französischen Gourmetrestaurant in der badischen Provinz vergleichen? Warum denn nicht, wenn die Rechnung vergleichbar hoch ausfällt? Was ich im *Sauvage* erlebt habe, ist kein Einzelfall. Statt auf gutes Kochen wird viel zu häufig auf ein gastronomisches »Konzept« gesetzt, das einen kundigen Gast enttäuschen muss. Der Gastrosexuelle sagt dann zu den Freunden nicht ohne Selbstbewusstsein: »Das nächste Mal bekoche *ich* euch wieder.«

Die Frage, die mich abgesehen von der geschmacklichen Enttäuschung im *Sauvage* weiter umtreibt: Was sagen überhaupt Ernährungswissenschaftler zur Steinzeitdiät? Alexander Ströhle und Andreas Hahn vom Institut für Lebensmittelwissenschaft und Humanernährung haben sich intensiv mit dieser Frage beschäftigt und ihre Ergebnisse in diversen Publikationen veröffentlicht. Aufhänger ihrer Arbeiten sind allerdings keine Ratgeber mit besonders schlanken Titeln wie *Die Steinzeitdiät – So kriegen sie Ihr Fett weg – natürlich fit, schlank und gesund wie vor 200 000 Jahren*. Vielmehr haben sich Ströhle und Hahn mit den Thesen des US-Mediziners S. Boyd Eaton auseinandergesetzt. Der Professor an der Emory University in Atlanta, Georgia hatte bereits 1985 in einem im *New England Journal of Medicine* publizierten Aufsatz die These aufgestellt, dass aus der Evolutionsbiologie und Naturgeschichte wichtige Erkenntnisse für die Ernährungsmedizin gezogen werden könnten. Grob vereinfacht behauptet Eaton, dass sich unsere Gene nicht in dem Maße verändert hätten wie unsere Ernährung. Die Stoffwechselfunktionen des modernen Menschen seien genetisch immer noch auf »die Ernährungsweise seiner jagenden und sammelnden Vorfahren im Pleistozän (erdgeschichtliche Epoche im Zeitraum von 1,8 Millionen bis 10 000 Jahre vor unserer Zeit) bzw. im Paläolithikum (archäologische Epoche im Zeitraum von vor 2,4 Millionen Jahren bis 10 000 Jahre) ›programmiert‹«. Seine Schlussfolgerung: »Willst du gesund sein, dann biete deinen altsteinzeitlichen Genen altsteinzeitliche Nahrung!«

Das Paleo-Konzept wird hier tatsächlich zur Präventivmedizin gegenüber vielen Zivilisationskrankheiten wie »Allergien, Zuckerkrankheit, Bluthochdruck, Herzinfarkt, Schlaganfall und Krebserkrankungen«. Dagegen argumentieren Ströhle und Hahn, dass wir zunächst einmal überhaupt nicht genau wissen, wie sich die Steinzeitmenschen ernährt haben, dass es in den verschiedenen Regionen unserer Erde zu allen Zeiten sehr unterschiedliche Ernährungsweisen und dass es schon damals diverse physiologisch-biochemische Anpassungen des Menschen unter verschiedenen geografischen und klimatischen Bedingungen gegeben habe. Doch nicht nur die Ernährungskonzepte der Steinzeitmenschen variierten, auch die Steinzeitadepten im 21. Jahrhundert sind sich nicht einig. Die einen lehnen Milch und Milchprodukte vollkommen ab, die anderen akzeptieren sie in geringen Mengen. Die einen erlauben mal ein Bier, die anderen nur Wein (ganz egal, was der Urmensch getrunken haben mag).

Auch Andreas Pfeiffer, Direktor der Abteilung Endokrinologie, Diabetes und Ernährungsmedizin an der Berliner Charité stellt klar: »Es gibt kein genetisches Programm, das uns eine bestimmte Ernährungsform vorgibt.« Allerdings solle man den Placebo-Effekt nicht unterschätzen, gerade Atemwegserkrankungen und Hautprobleme hätten oft eine psychische Komponente. Das heißt: Wenn ich auf alle Leckereien krampfhaft verzichte, mit denen ich meinen Geschmackssinn verwöhne, ist das auch nicht unbedingt förderlich. Und ja, wer Kohlenhydrate reduziere, das weiß auch Pfeiffer, nehme ab. Wobei man sich genau anschauen müsse, wie sich ein möglicher Proteinüberschuss auf den Organismus im Detail auswirke.

Ströhle und Hahn weisen zudem darauf hin, dass seriöse Langzeitstudien zur Auswirkung der wie auch immer ausgerichteten Steinzeitdiät auf den Körper nicht vorliegen und dass es zahlreiche andere Faktoren wie Sport, Schlaf und Stress gibt, die auf die Gesundheit des Menschen einen erheblichen Einfluss besitzen. Von allen Ernährungswissenschaftlern wird logischerweise bestätigt, dass der Verzicht auf industriell hergestellte Nahrungsmittel, insbesondere auf Junkfood, positiv zu bewerten und der Genuss einer vielfältigen Ernährung mit viel Gemüse, Obst, Pilzen, Hülsenfrüchten und Vollkornprodukten, mit Fisch, Fleisch und Geflügel, wie sie in Teilen auch von den Paleo-Jüngern gepriesen wird, zu befürworten ist. Wer hätte das gedacht? Die beiden Ernährungswissenschaftler Ströhle und Hahn kommen zu folgendem Fazit: »Das Konzept der Paleo-Diät besteht aus viel Plausibilität, gepaart mit zahlreichen Fehlschlüssen und wenig Evidenz. Es gibt deshalb keinen wissenschaftlichen Grund, weshalb man kulturhistorisch auf eine altsteinzeitliche Lebensmittelauswahl regredieren und die Errungenschaften traditioneller Ernährungskulturen ernährungsphysiologisch diffamieren müsste. Das, was von den liberal orientierten Protagonisten dieser Ernährungsform gepriesen wird, ist allerdings so allgemein, dass dem auch die etablierte Wissenschaft wenig vorhalten kann.« Also Schluss mit diesem Paleo-Zeugs und allen anderen Trenddiäten. Jetzt werden wir wieder kulinarisch.

ALTE SCHULE

Haben Sie schon einmal etwas vom CC-Club gehört? Nein, der Chaos Computer Club ist nicht gemeint. Hier geht es ums Kochen, um den Club kochender Männer – in Deutschland findet jeder Jeck einen Verein. Das ist auch gut so. Der CC-Club ist ganz alte Schule. CC steht für »Confrérie Culinaire«, es handelt sich also um eine Bruderschaft im Zeichen der Kochkunst. Man könnte auch sagen, im CC-Club haben sich vor über 50 Jahren die ersten Gastrosexuellen zusammengefunden. Wobei die kochende Männerbruderschaft das etwas anders formuliert: »Der CC-Club verfolgt das Ziel, die Kochkunst und Esskultur sowie gute Tischsitten zu verbreiten und die Liebe zur Kunst des Kochens zu wecken.«

Als ich zum ersten Mal von diesem Verein erfahren habe, musste ich schmunzeln, vor allem weil es im CC-Club erstaunlich feste Regeln und Riten gibt, die mit meinem Verständnis von moderner Gastrosexualität wenig gemein haben. Aber sieht man von den Orden und der seltsamen Hierarchiepflege ab, sind die organisierten Hobbyköche ziemlich sympathische Zeitgenossen, und wenn man erst einmal einen Abend mit den CC-Clubbern verbracht hat, stellt man schnell fest, dass der Laden sehr wenig mit anderen dubiosen Männerclubs und strengen Geheimlogen zu tun hat. Nur wenn es um die Qualität des Essens geht, dann können die Kochbrüder ziemlich energisch werden (und das ist ja wiederum sehr sympathisch): »In Zeiten von Tiefkühlkost, Fast Food und gentechnisch veränderten Lebensmitteln verstehen wir uns als kulinarische Widerstandskämpfer: Bei uns sollen nur frische, unmanipulierte Zutaten auf den Tisch kommen!«

Als ich bei dem Männerclub anfrage, ob ich an einem Kochabend teilnehmen dürfe, meldet sich schon bald Robert Eymann, der stellvertretende »Großkanzler« des Clubs, der mich in seine »Chuchi« nach Bremen einlädt. Großkanzler? Chuchi? Am Telefon erhalte ich eine kleine Einführung in die Geschichte des Vereins. 1960 kamen, erzählt Eymann, im rheinhessischen Weinstädtchen Oppenheim rund fünfzig Kochenthusiasten zusammen und gründeten die deutsche Sektion des Kochclubs, den es bereits in der Schweiz gab. Daher auch der Name »Chuchi Club«, denn Chuchi ist Schweizerdeutsch und heißt nichts anderes als Küche.

Die Chuchi ist die regionale Basiseinheit des Vereins, der bundesweit mittlerweile rund 1200 Mitglieder zählt und auch einem internationalen Verbund angeschlossen ist: der »Confrérie Culinaire Internationale de la Marmite« (CCI); *marmite* heißt auf Deutsch bekanntlich Kochtopf; die Marmiten sind also nicht mit den Mormonen zu verwechseln, und dass sich die Kochtopfbruderschaft von anderen Religionsgemeinschaften, Sekten, Gesellschaftsclubs und Logen sehr grundsätzlich unterscheidet, ist schon der Homepage des Vereins zu entnehmen: »Die Bruderschaft kennt weder politische, rassistische, nationale, konfessionelle oder standesgemäße Vorbehalte noch besteht die Absicht, mit den Aktivitäten der Bruderschaft Gewinne zu erzielen.«

Wenn die Welt nur aus Vereinen mit solchen und ähnlichen Kochtopfleitlinien bestünde, sähe unser Zusammenleben gleich viel besser aus. Doch wird auch umgesetzt, was die Statuten verkünden? Wenn der Laden so liberal ist: Warum dürfen Frauen nicht mitmachen? Und wozu ist der formelle Rahmen mit allerlei Orden und Kanzlerposten nötig? Mit vielen Fragen im Gepäck reise ich in den Norden, und mit einer großen Portion Neugier stehe ich an einem kühlen Märzabend vor einem Klinkerbau unweit des Bremer Hauptbahnhofs. Hier ist die Akademie Überlingen untergebracht, ein privater Ausbildungsbetrieb für angehende Köche, Kellner und Hotelfachkräfte, der den Bremern CC-Männern einmal im Monat die Räumlichkeiten zur Verfügung stellt.

»Schön, dass du gekommen bist. Ich bin Udo, der hiesige Chuchi-Leiter.« In der Bruderschaft wird sich geduzt. Ich bin zwar kein Mitglied, aber warum soll man sich mit Formalitäten aufhalten? Besonders steif, das bemerke ich schon in den ersten Gesprächen, kommen die Kochbrüder nicht daher. Udo führt mich in eine Küche, die so groß ist, dass man darin auch für eine Schule kochen könnte. Hier wird bereits fleißig Gemüse geschnippelt, Teig gerührt, geraspelt und gewogen. Robert (Eymann), der Mann aus dem CC-Vorstand, wirft zwei Spanferkelrücken ins heiße Fett und begrüßt mich mit einem breiten Grinsen. »Was willst du denn trinken? Schon mal ein Schluck Wein?« Ich bleibe zunächst beim Wasser. Genau wie die Männer, die am Herd stehen.

Alle Mitglieder sind in weißer Kochjacke erschienen, auf dem das Hummeremblem des CC-Clubs und auch ein Abzeichen der Regionalgruppe Bremen gestickt ist. Diese Kochjacke scheint viel mehr als eine Schutzkleidung vor unangenehmen Fettspritzern und hartnäckigen Safranverfärbungen zu sein. Mit der Arbeitskleidung der Profis demonstrieren die Anwesenden auch die eigenen Ansprüche. Wer sich eine Kochjacke überzieht, will kein Anfänger mehr sein. Außerdem stellt sie alle Mitglieder äußerlich auf eine soziale Stufe. Unter der weißen Jacke verschwindet – ähnlich wie bei der Schuluniform – die Alltagskleidung. Ob jemand unter dem Vereinsoutfit Hemd und Krawatte oder ein T-Shirt trägt, soll an einem Chuchi-Abend unwichtig sein.

Udo stellt mir die anwesenden Mitglieder vor, Männer zwischen 24 und 77 Jahren. Ich hatte mit einem deutlich höheren Durchschnittsalter gerechnet. »Es gibt«, sagt Udo, »unter den 117 Regionalgruppen in Deutschland auch Chuchis, die gemeinsam alt werden wollen, keine Neumitglieder werben und sich auflösen, wenn alle tot sind.« Dabei entgeht den vergreisenden Chuchis ein offenbar lustiges Ritual, nämlich die Aufnahmezeremonie. Als ich die kochenden Männer darauf anspreche, gibt einer offen zu: »Ja, ja, ich erinnere mich noch gut an meine Omelettprüfung. Hätte gar nicht gedacht, dass ich selbst beim Ei versage.« Er wurde trotzdem aufgenommen.

Omelettprüfung!? Wenn ich eines Tages einen Verein gründen sollte (was ich eher für unwahrscheinlich halte), werde ich auch eine Omelettprüfung einführen, selbst wenn sich der Verein die Rettung des Hühnereis zum Ziel gesetzt hätte (was ich für noch unwahrscheinlicher halte). Tatsächlich werden im CC-Club auch schon mal Bewerber abgelehnt. Aber das liegt dann weniger an der mangelnden Fähigkeit, die verlangte Eierspeise zuzubereiten. Die Mitglieder müssen über die Aufnahme nämlich einstimmig entscheiden. Sozusagen aus dem Bauch heraus. Könnte der Typ zu uns passen oder nicht? Ob dann doch mal Vorurteile greifen, die man laut Satzung verbannt haben will? Wer weiß das schon. Was mir bei der Bremer Chuchi auffällt: Das ist ein bunter Haufen, in dem ein herzlicher und ironisch-ruppiger Tonfall herrscht. Ich frage Eckhardt, ein altgedientes Mitglied (Eintrittsjahr: 1972), warum denn keine Frauen zugelassen sind. Da lächelt er: »Weil wir eben ein Männerkochclub sind.« Das ist zwar für eintrittwillige Frauen keine befriedigende Antwort, und emanzipierte Männer mögen sich vielleicht an die Ressentiments anderer Männerbünde erinnert fühlen, aber die Vergleiche tragen nicht. Der CC-Club ist im besten Sinne nicht-ideologisch, und was soll so schlimm daran sein, wenn Männer unter Männern Spaß haben, sich aber nicht einem dumpfen Stammtisch anschließen wollen?

Der Mitgliederzuwachs ist übrigens auch aus anderen, sehr pragmatischen Gründen begrenzt, denn eine Chuchi nimmt grundsätzlich nicht mehr als zwanzig Männer auf, ansonsten könnten die monatlichen Kochabende schon aus logistischen Gründen nicht durchgeführt werden. Nicht jede Chuchi hat die Möglichkeit, sich in einer großen und ziemlich gut ausgestatteten Ausbildungsküche zu treffen, und um die beim CC-Club üblichen Menüs zu kochen und zu servieren, sind nicht nur viele Kochstellen, diverse Großküchengeräte, allerhand Geschirr und Besteck sowie große Flächen zum Anrichten nötig, sondern auch Geschirrspülmaschinen aus dem Gastronomiebedarf.

Plötzlich betritt eine Frau die Küche. Sie umarmt die Kochbündler, als würde sie auch zur Bruderschaft gehören. »Ich bin Birgit«, sagt sie und zieht sich einen weißen Arbeitskittel über. Die Chuchi Bremen leistet sich eine Abschwaschfee. »Ansonsten würde der Abend nur halb so viel Spaß machen«, sagt Norbert. »Bei den Profis gibt es diese Arbeitsteilung doch auch, oder etwa nicht?« Seit siebzehn Jahren kümmert sich Birgit darum, dass die Küche der Akademie Überlingen nach einem CC-Abend genauso aussieht wie zuvor. Die Veranstaltung ist ohnehin genau durchgeplant. Um 19:30 Uhr soll der Aperitif gereicht werden, und ab 20 Uhr wird alle 25 Minuten ein neuer Gang serviert. Das Menü und der Zeitplan hängen in der Küche aus, so dass alle wissen, wann welches Gericht fertig sein muss.

Nach einem »Sea Breeze«, der aus Grapefruit- und Cranberrysaft und Wodka besteht, darf ich mich auf ein »Rote-Bete-Carpaccio mit Orangenblütencreme und Kabeljau im Brikteig« freuen. Es folgt eine »Selleriesuppe mit Zimtapfel und Walnüssen«, ein »Welsfilet in Kichererbsen-Gewürzteig auf Karotten-Koriandersauce«. Vor dem »Spanferkel mit Wintergemüsen und Tonkabohnensauce« wird ein »Hibiskusgranité mit Zimt-Ingwer-Aroma« serviert, zum Abschluss gibt es eine »Birne in knuspriger Hülle mit Granatapfelsabayon und Haselnusseis«. Fertigprodukte sind tabu. Auch die Hühnersuppenbasis der Selleriesuppe wird selbst gemacht, und zwar nicht am heimischen Herd, sondern auf dem Kochabend, damit auch jeder sehen kann, ob irgendwelche Helferlein der Lebensmittelindustrie benutzt werden oder nicht.

Das Menü für diesen Abend hat Stefan zusammengestellt und damit, wie es in der Sprache der CC-Männer heißt, die »Löffelführung« übernommen. Als ich Stefan mit Herrn Löffelführer anspreche und ihm gestehe, dass ich bei diesem Begriff weniger an ambitionierte Kochkunst, sondern eher an »Lirum, Larum, Löffelstiel«, also an die ulkige Siebziger-Jahre-Kinderkochsendung im ZDF denke, muss auch er grinsen. Der freundliche Mittvierziger lässt sich aber von mir nicht aus dem Konzept bringen. Er hat ja auch noch viel zu tun, er muss sich zum Beispiel darum kümmern, ob es Probleme bei den Vorbereitungen gibt. Der Löffelführer braucht nicht das ganze Menü zu kochen, die einzelnen Gänge werden auf die Kochbrüder verteilt.

Es haben sich kleine Teams gebildet. Niklas, das 24-jährige Kochküken, hat viel Erfahrung mit Süßkram, immerhin kann er eine Konditorlehre vorweisen. Also kümmert er sich mit einem anderen CC-Novizen um die Nachspeisen. Ausgebildete Köche dürfen bei dem Kochclub nicht mitmachen, und das ist auch verständlich, weil es das Gefüge einer Chuchi verändern würde, wenn immer einer sagt, wo es langgeht. Natürlich gibt es auch und gerade in einem Männerkochclub mindestens einen Meinungsführer. Udo zum Beispiel probiert ständig die Selleriesuppe und beschwert sich, dass sie kaum Geschmack habe. Robert, ganz der Profi, kümmert sich in Eigenregie um das Spanferkel, um das Wurzelgemüse und die Sauce.

»Alle Mann in den Speisesaal«, ruft der Chuchi-Leiter kurz nach acht. Endlich beginnt das Essen. Das heißt, zum Cocktail gibt es leider doch keine Amuse-bouches, was ein Kochbruder sofort bemängelt. »Willkommen zum 783. Kochabend der Roland-Chuchi Bremen«, begrüßt Udo die Runde – und damit ist seine Ansprache auch schon beendet. Ich freue mich, dass hier keine lange Reden gehalten werden. Dann wird mit dem »Sea Breeze« angestoßen. Kochbruder Eckhardt leert sein Glas in wenigen Zügen und rechnet sofort nach, ob die Zählung der Kochabende stimmt. Natürlich nicht.

Aber das spielt keine Rolle, alle marschieren wieder in die Küche. Dann geht es plötzlich sehr hektisch zu. Es fliegen die Topfdeckel, in der hinteren Ecke wird laut über die Orangenblütencreme diskutiert. »Endlich kommt hier mal Stimmung auf«, freut sich Robert.

Was mich wirklich beeindruckt, ist die Art und Weise, wie sich die Kochbrüder gegenseitig unterstützen. Es geht nicht darum, den anderen zu beweisen, was für ein toller Hobbykoch man ist. Das alte Männerspiel, das sich um die Frage dreht, wer denn den Längsten hat, wird in dieser Männerrunde ausgelassen. Vielleicht liegt das auch daran, dass hier keine Frauen am Herd stehen, die man beeindrucken könnte. Wie gut die Zusammenarbeit in der Bremer Chuchi funktioniert, lässt sich etwa beim Anrichten beobachten. Acht Hände verteilen die dünnen (oder auch etwas dickeren) Scheiben der Roten Bete, die Orangenblütencreme und den Kabeljau auf die Teller. Ich begreife sofort, was für eine Herausforderung es ist, nicht – wie daheim üblich – ein Menü für vier, sechs oder acht Gäste zu bekochen, sondern für eine mehr als doppelt so große Tafelrunde.

An die etwas sachliche Atmosphäre im Seminarraum, in dem gegessen wird, muss ich mich erst gewöhnen. Der lange Tisch ist mit einem weißen Tuch, zwei blauen Bändern, mit Platztellern und frischen orangefarbenen Rosen fein hergerichtet, aber richtig gemütlich sieht das nicht aus – und gemütlich soll es auch nicht werden. Denn schon beim nächsten Gang, der Selleriesuppe, gehen die Diskussionen los. Das Rezept sei zweifelhaft, der Sellerie hätte, um den Geschmack besser herauszubringen, in Milch gekocht werden müssen, die Walnüsse seien nicht enthäutet und dementsprechend bitter. Robert fragt mich nach meiner Meinung. Als Gast halte ich mich zurück, gebe ihm aber insgeheim recht.

Als das Welsfilet im Kichererbsen-Gewürzteig auf dem Tisch steht, herrscht allgemeine Begeisterung. Nur dass innerhalb eines Menüs zwei Fische im Teigmantel eingebaut sind, überzeugt nicht jeden Kochbruder. Zu den Fischen wird ein Weißburgunder aus

Rheinhessen gereicht, ein 2012er von Georg Harth. Auch für die Auswahl der Weine ist der Löffelführer zuständig. Mit dem Weißen hat Stefan alles richtig gemacht. Er spürt die Zustimmung und freut sich. Denn er weiß, am Ende des Essens gibt es eine ausführliche Menübesprechung, bei der die Kritik präzisiert wird.

Nach dem nicht ganz gefrorenen Hibiskusgranité kommt der Fleischgang und damit Roberts großer Auftritt. Er hat den Gang zu Hause schon mal durchgekocht, wie das auch die anderen Kochbrüder tun. Sie alle wissen, dass man sich auf Rezepte nicht verlassen darf, und wenn man es trotzdem macht, dann besteht die Gefahr, sich in der Männerrunde zu blamieren.

Das Spanferkel begeistert. Als Fan langer Garzeiten und niedriger Temperaturen habe ich den Eindruck, die hohe Ofenhitze hat das Fleisch etwas ausgetrocknet, dafür ist die Kruste perfekt. Die Tonkabohnen geben ein ideales Gewürz sowohl für das Fleisch als auch für das Wurzelgemüse ab, das in Talerform sehr hübsch hintereinander auf dem Teller drapiert ist.

Während die Kochbrüder sich erkundigen, ob es in der Küche noch Ferkelkruste gibt, unterhalte ich mich mit Robert über die Bundesstrukturen des Vereins: Alle zwei Jahre wird nämlich eine Generalversammlung einberufen, der Großrat. Chuchi-Leiter aus ganz Deutschland kommen dann zusammen, um den Bundesvorstand zu wählen, der hier Kapitel heißt. Dazu gehören der Großkanzler, also der Vorsitzende, der Vize-Großkanzler, der Großprotokollar alias Schriftführer, der Majordomus (Hausmeister) und der Großlöffelmeister, der für die Durchführung von aufwendigen CC-Zeremonien zuständig ist.

Zweifellos hilft ein wenig Sinn für Humor, will man sich in der Hierarchie eines deutschen Vereins zurechtfinden, und je höher man im Kochorden aufsteigt, desto ironiefähiger sollte man sein. Jedenfalls was das Outfit angeht. Denn alle gewählten Amtsträger tragen ein wenig kurios anmutende Insignien: ein breites Ordensband, das obendrein mit einem roten Hummer geschmückt ist. Die

Mitglieder des Kapitels dürfen sich ein rotes, die des Großkapitels ein goldenes Band um den Hals legen, die Landeskanzler ein rot-weiß-rotes und die Chuchi-Leiter ein grünes. Das mag einen an Karneval denken lassen, gehört aber zu den Insignien der Kochbruderschaft. Auch innerhalb einer Chuchi werden Ränge vergeben. Hat man die Omelettprüfung hinter sich gebracht, wird man »Apprenti« (Lehrling) genannt. Dann kann der eifrige Kochbruder diverse Prüfungen ablegen und es vom »Chef de Chuchi« (CdC) zum »Maître de Chuchi« (MdC) und sogar zum »Grand-Maître de Chuchi" (GMdC) bringen. Mir gefallen vor allem die Abkürzungen. Man stelle sich einmal vor, da fragt jemand, der keine Ahnung von den CC-Regularien hat, einen selbstbewussten Logenchefkoch nach dessen Stellung im Kochclubgefüge – und die Antwort lautet: GMdC! Der Unwissende würde vielleicht auf den Gedanken kommen, dass diese Abkürzung für »General Manager des Chaos« stünde.

Zurück zu den ernsten Dingen des Clublebens. Die abschließende Manöver- oder richtiger Menükritik läuft nach folgendem Schema ab: Der Löffelführer nennt das zur Debatte stehende Gericht, und die Kochbrüder, die es umgesetzt haben, berichten von ihren Erfahrungen, also den Tricks bei der Zubereitung oder Fehlern im Rezept. Dann darf jeder seinen Senf dazugeben, schließlich wird in der Gruppe abgestimmt: Daumen rauf, Daumen runter oder Mittelmaß. Ich staune über die milden Urteile insbesondere von den Mitgliedern, die zuvor mit der Kritik nicht ganz so zurückhaltend waren. »Wir sehen in der Abschlussbewertung eher die Möglichkeiten, sich kochtechnisch weiterzuentwickeln«, sagt Udo mit einem Augenzwinkern. Doch bei der Abstimmung über die Selleriesuppe entdecke ich mehr als nur einen nach unten weisenden Daumen.

Nach der Menübesprechung werden die Rezepte für das Treffen im nächsten Monat verteilt. Am Platz von Robert Eymann liegt die Step-by-step-Anweisung für ein Papaya-Avocado-Carpaccio mit Limetten-Chili-Vinaigrette. Eine leichte Übung für einen angehenden CC-Großkanzler. Ich schaue auf die Quellenangabe des Rezepts. Das Carpaccio ist der *Kochmonster*-Seite entnommen. Hobbykoch Peter Wagner hat das Rezept formuliert. Alte Schule? Auch die kochenden Männer des CC-Traditionsclubs wissen, was heute angesagt ist.

FRAUENPOWER

Kopffräsen in Aluminiumoptik und Wasserbäder in Edelstahl. Funktionale Küchenmöbel im Labordesign. Martialische Messer in der Schublade und Kochbücher mit biophysikalischen Gleichungen im Regal. Auf dem Teller Ameisen im Speckmantel und Innereien vom Schaf. Seltene Gemüsesorten und abseitige Gewürze. Immer dabei: höchste Ambitionen. Regelmäßig die Erkenntnis, dass die eigenen Fähigkeiten nicht ausreichen, um diese Ansprüche einzulösen. Aber wozu gibt es Wochenendseminare beim Profi? Oder doch bei der guten, alten Hausmannskost bleiben? So einfach und so kompliziert sieht das männliche Hobbykochen zu Beginn des 21. Jahrhunderts aus. Und was ist mit der Frau, die am Herd steht? Es gibt sie noch. Auch sie ließe sich leicht typisieren. Was ich hier aber nicht tun werde.

Was ich trotzdem näher betrachten möchte, ist das Kultgerät der kochenden Frau, das in fast jeder Hinsicht dem widerspricht, was Männer beim Brutzeln, Grillen und Schäumen umtreibt. Die Rede ist von dem bereits erwähnten Thermomix. Während die Küchenhelfer für den Mann sich ausdifferenzieren, braucht die kochende Frau ein Gerät, das alles kann. Wiegen, mixen, kochen, dämpfen, kneten, emulgieren, pulverisieren. Alles kein Problem für den Thermomix. Jetzt könnte man einwenden, mit den üblichen Küchengeräten lässt sich auch bewerkstelligen, was das Gerät aus dem Hause

Vorwerk leistet. Durchaus richtig, allerdings gibt es einen entscheidenden Unterschied: Wer ein Risotto im Thermomix kocht, braucht sich gar nicht mehr ums Kochen zu kümmern. Das Gerät kocht und rührt und kocht und rührt, bis am Ende alles fertig ist.

Wer den Thermomix anstellt, möchte nebenher noch etwas anderes tun. Vielleicht eine E-Mail schreiben, mit einem Kunden telefonieren, der vom Home-Office aus betreut wird, vielleicht einen Säugling stillen oder Staub saugen. Der Thermomix ist die Küchenmaschine für die moderne Frau, die keine Zeit fürs Kochen hat. Daher erinnern auch ziemlich grelle Signaltöne daran, dass das Gericht fertig ist. Es gehört zum Sicherheitskonzept, dass das Kochdampfrührmixgerät erst aufhört zu fiepen, wenn der Deckel aus der Arretierung gelöst wird.

Die Rezepte, welche von der Firma Thermomix entwickelt werden, beinhalten genaue Zeitangaben, wann gerührt, gekocht, gedämpft und gemixt wird. Wer sich an die Vorgaben hält, kann davon ausgehen, dass am Ende etwas Essbares auf dem Tisch steht. Fast alle Thermomix-Rezepte sind für den ganz »normalen Haushalt« geplant (wie auch immer der dann aussieht). Die Zutaten gibt es im Supermarkt um die Ecke zu kaufen, die Gerichte sind im besten Sinne massentauglich. Viele Suppen, natürlich gedämpfter Fisch, Spargel und die von nicht wenigen gefürchtete Hollandaise. Tatsächlich lassen sich in dem Gerät sehr leicht diverse Eiersaucen herstellen, für die sonst ein Simmertopf mit Temperaturanzeige hilfreich wäre.

Die Köchinnen und Köche aus der Thermomix-Versuchsküche werden das zwar nicht gerne lesen, aber für einen gastrosexuellen Mann wirken die meisten der eigens für dieses Gerät erdachten Gerichte wie essbare Relikte aus einer anderen Zeit. Gesund ist das Thermomix-Essen bestimmt, es ernährt die Familie und entlastet die Hausfrau, die sich auch um andere Dinge zu kümmern hat. Ganz nebenbei taucht die Thermomix-Kundin in eine Online-Community ein, und auch in der realen Nachbarschaft wird frau schnell beneidet, denn der Fast-alles-Könner ist ein Statussymbol, was nicht zuletzt am stolzen Preis liegt. Das Gerät bietet also einen heißen Mix aus Haushaltshilfe und sozialem Prestige, und das erlebt auch, wer die Verkaufsveranstaltungen der Firma besucht. Was früher Tupper war, ist heute Thermomix. Die Frau, die was auf sich hält, lädt ein zum fröhlichen Mixen. Männer tauchen auf den Thermomix-Partys eher selten auf. Ich bin trotzdem beziehungsweise gerade deshalb hingegangen.

Neunzehn Uhr. Eine Kleinstadt in der badischen Provinz. Die Geschäfte sind bereits geschlossen, nur am Ende der Fußgängerzone ist ein Ladenlokal im Erdgeschoss eines Gründerzeithauses hell erleuchtet. Es ist das örtliche Thermomix-Studio. Hier wird gleich ein »Basiskochkurs« stattfinden. Ich betrete einen eher schlicht gehaltenen Seminarraum: weiße Wände, einfache Möbel, helle Einbauküche. Auf einer Anrichte stehen zwei Thermomixer. Die Herdplatte ist vollgestellt. Der Herd, so viel steht fest, wird an diesem Abend nicht gebraucht.

Drei Frauen waschen Gemüse. Das kann das Zaubergerät nicht. »Pünktlich, pünktlich«, begrüßt mich Marita Stösser. Sie ist meine Thermomix-Repräsentantin, hat mir das Gerät auch schon daheim vorgestellt. Denn das ist der übliche Weg, sich den Thermomix ins Haus zu holen: Interessenten melden sich beim Hersteller, vereinbaren einen Termin, dann kommt die Vertreterin und stellt das Gerät vor. Entweder in großer oder kleiner Runde. Man kennt diesen exklusiven und heute etwas altmodisch anmutenden Vertriebsweg aus der Welt der Vorwerk-Staubsauger und der schon erwähnten Tupperware. Da soll sich die Verkaufsveranstaltung zum kleinen gesellschaftlichen Highlight in der Nachbarschaft entwickeln, bei dem endlich mal die Männer nicht dabei sind.

Vorwerk hat aber durchaus erkannt, dass sich die Geschlechterverhältnisse ändern und immer mehr Frauen arbeiten, das heißt Beruf *und* Haushalt organisieren müssen und damit keine Zeit für eine ausgedehnte Thermomix-Vorführung in der heimischen Küche haben. Deshalb gibt es die Kochstudios. Hier ist alles ein wenig unverbindlicher, frau kann bei einer Veranstaltung auch mal kurz vorbeischauen, und es kommen nicht nur die Nachbarinnen und Freundinnen, sondern vielleicht auch Geschlechtsgenossinnen von der anderen Ecke der Stadt. So wie an diesem Abend. Einige Teilnehmerinnen des Basiskochkurses kennen sich, andere nähern sich der Thermomix-Community zum ersten Mal. Nach einer guten akademischen Viertelstunde sind alle da. Ich bleibe der einzige Mann. Und die Frauen, die meisten zwischen 40 und 70, schauen mich an, als hätte ich mich in der Veranstaltung geirrt.

Wir setzen uns an die gedeckten Tische, während die letzten Vorbereitungen laufen. Die Teilnehmerinnen halten Abstand zu mir. Nur Petra nicht. Sie lächelt und fragt: »Sie kochen daheim?« Ich nicke und erwidere das Lächeln. Wir kommen schnell ins Gespräch. Nach fünf Minuten weiß ich Bescheid: Petra ist 42 Jahre, Mutter zweier Kinder, verheiratet mit einem Mann, der oft spätabends nach Hause kommt. Sie arbeitet halbtags als Lehrerin, und seit drei Monaten ist sie stolze Besitzerin eines Thermomixers. Sie möchte noch ein paar Anregungen bekommen. Oder einfach nur die Thermomix-Gemeinschaft genießen. Ja, das hat Petra genau so gesagt. Ich denke: Das ist doch hier keine Sekte, oder doch?

Ich schaue mir das Menü an. Orangen-Apfel-Smoothie, Möhrensalat mit Erdnüssen, Partyähre mit Tomaten-Pesto, mediterrane Putenrouladen, Schokopudding. Ein Menü, das ich niemals kochen würde. Weder mit noch ohne Thermomix. Weil ich nicht weiß, was die Erdnüsse bei den Karotten sollen, weil ich Putenfleisch gegenüber grundsätzlich skeptisch und kein Freund des Puddings bin. Da esse ich lieber ein kleines Stück hochwertiger Schokolade. Aber warum nicht?, sage ich mir, und da meldet sich schon meine Thermomix-Repräsentantin zu Wort. »Ich heiße Stösser, Marita. Verheiratet, zwei Kinder und bin seit sieben Jahren dabei.« Die Begriffe Thermomix und Vorwerk fallen nicht. Stösser, Marita ist einfach nur dabei. Auch die anderen beiden Damen stellen sich vor, indem sie erzählen, wie viele Kinder sie haben und wie lange sie »dabei sind«. Verheiratet sind Simone und Ursula sowieso.

»Die Rezepte der Gerichte, die wir heute Abend zubereiten, finden Sie auch in den Thermomix-Kochbüchern. Beginnen wir mit dem Schokoladenpudding.« Und dann wird Schokopudding gekocht, wie man das eben im Thermomix tut: »50 Gramm Schokolade in den Mixtopf geben, 10 Sekunden in der Mixstufe 8 zerkleinern, Rühraufsatz einsetzen. 500 Gramm Milch, 1 Ei, 20 Gramm Zucker, 20 Gramm Speisestärke in den Becher hinzufügen. Rund 7 Minuten bei 100 Grad mit der Rührstufe 2–3 aufkochen. Die Masse in eine Schüssel füllen und abkühlen lassen.« Kein Hexenwerk, keine Konservierungsstoffe, keine Fertigprodukte. Wer sich ans Rezept hält, bekommt einen echten und ehrlichen Schokopudding. Mit der Qualität der Schokolade kann man den Geschmack ein wenig steuern. Basisküche im Basiskochkurs. Mit ein wenig Erfahrung und langem Selberrühren gelingt der Schokoladenpudding auch im ganz normalen Kochtopf. Aber das ist kein Argument. Denn die sieben Minuten, in denen das Gerät mit dem Puddingansatz für sich allein ist, sind entscheidend. Ganz ähnlich läuft es beim Teig für die Partyähre oder bei den Putenrouladen. Immer geht es um den Zeitgewinn.

Auch Gastrosexuelle erkennen diesen Vorteil. Aber statt in der geschenkten Zeit eine E-Mail zu verschicken oder mit einem Kumpel zu telefonieren, sind Hobbyköche mit drei anderen Elementen beschäftigt, die auch noch auf den Teller kommen: Ich frittiere Fischbällchen, grille Spargel und portioniere ein Rosenblütensorbet, während im Thermomix eine Safranzabaglione entsteht. Ja, auch bei mir ist das Gerät im Dauereinsatz, wobei ich lange überlegt habe, mir den kochenden Mixer überhaupt zuzulegen, denn das Teil sieht – Vorwerk möge mir die Wortwahl verzeihen – einfach scheiße aus. Auf jeden Fall ist dieses schwarz-weiße Plastikobjekt mit den geschwungenen Einfassungen und den vielen Knöpfen ein ästhetischer Fremdkörper in meiner Küche, die von Edelstahloberflächen geprägt ist. Außerdem kann man über die Qualität der Einzelteile streiten. Der transparente Messbecher, den man auf den Deckel des Thermomixes setzt, zeigt schon nach wenigen Wochen Risse, und das weiße Plastik ist bei mir längst mit gelber Safranfarbe und Tintenfischtinte eingefärbt. Fairerweise muss man sagen, dass der Kundendienst phänomenal ist. Nach einer Beschwerde legen sich die Vorwerker wirklich ins Zeug. Ich habe inzwischen schon meinen zweiten Messbecher austauschen müssen. Die Ersatzlieferung kam prompt, und zwar immer mit einem kleinen Rezeptheftchen und der Bitte, ich möge dem Laden doch weiterhin gnädig gestimmt sein.

Der Basiskochkurs nähert sich den nächsten Gängen. In dem einen Thermomix wird Teig geknetet, im anderen die Möhren zerkleinert. Der Geräuschpegel steigt, und die Gespräche verstummen. Kaum sind die Karotten gehäckselt, frage ich in die Runde, ob man sich für das Basismenü besser zwei Thermomixer zulegen solle, und wie viel Zeit man für das Menü benötige, wenn man nur einen habe. Jetzt bin ich nicht nur der einzige, sondern auch der böse Mann im Raum. Denn unangenehme Fragen sind eher unerwünscht in der Thermomix-Welt. Tatsache ist: Ein mehrgängiges Menü ausschließlich im Thermomix zu kochen, ist nicht besonders sinnvoll – es sei denn, man legt sich mehrere Mixbecher zu.

Der Höhepunkt des Basiskochkurses ist selbstverständlich der Hauptgang. Das Gerät dämpft Gemüse und Fleisch gleichzeitig, und im Bodensatz des Mixbechers wird die Basis für die Sauce gelegt. Die Teilnehmerinnen sind begeistert. Auch Petra. Sie hat sich das Gerät gekauft, weil sie die klassische Kombination von Fisch/Fleisch, Gemüse und Kohlenhydratbeilage mit möglichst wenig Aufwand, also in einem Gerät herstellen möchte, ohne dabei Fertiggerichte in die Mikrowelle zu schieben. Dass das Fleisch ohne Röstaromen ziemlich fade und nach einem viel zu langen Dampfbad etwas trocken ist, das Gemüse ein wenig nach Fleisch schmeckt, die Sauce ziemlich pampig geraten ist, dass eine Gewürzraffinesse vollkommen fehlt, spielt für Petra keine Rolle. Denn ihre Kinder, die gesund ernährt werden sollen, würden sich über seltsame Pfefferaromen eher ärgern und präzise ausgearbeitete Texturen gar nicht bemerken.

Der Thermomix steht für Frauenpower, die auf Feinheiten verzichtet. »Haben Sie was gelernt?«, fragt Marita Stösser am Ende des Kurses. Die Teilnehmerinnen nicken brav. Ich denke an die kochenden CC-Männer in Bremen, an das ziemlich ausgefeilte Menü, an die Leidenschaft der Typen, aus guten Produkten eher ausgefallene Gerichte auf den Tisch zu bringen. Ob die sich einen Thermomix in die Küche stellen würden? Eher nicht. Da packen sie lieber zwei oder drei Fische in einen aufwändig gewürzten Teig und diskutieren dann anschließend, ob die Raffinesse vielleicht auch ohne Filo-Mantel möglich gewesen wäre.

Der Thermomix-Kochkurs war kostenlos, und einem geschenkten Gaul schaut man bekanntlich nicht ins Maul. Wer noch keinen Thermomix besitzt, wird jetzt noch einmal von den Repräsentantinnen angesprochen. »Ich muss noch eine Nacht darüber schlafen«, sagt eine Frau, die ihre Putenrouladen auch nicht aufgegessen hat.

Während wir einen Fragebogen ausfüllen, mit dem wir die Veranstaltung bewerten sollen, werden die Mixbecher, Rühraufsätze und Dampfeinsätze gereinigt. Am Ende ist das Kochstudio so sauber, als hätte der Kurs nie stattgefunden. »Vielleicht sehen wir uns mal bei einem anderen Thermomix-Kochkurs wieder«, verabschiedet sich Petra. Ich weiß nicht so recht, was ich darauf antworten soll.

UND EWIG LOCKT DER ZULIEFERER

Wir Gastrosexuellen meiden Nullachtfünfzehn-Supermärkte. Wir sind ja keine Thermomixerinnen, die Rezepten folgen, in denen grundsätzlich nur Zutaten verwendet werden, die es im Nullachtfünfzehn-Supermarkt gibt. Ja, auf dem Wochenmarkt sind wir Stammkunde beim Biostand, weil der auch seltene Kräuter anbietet. Manchmal fahren wir auch zu einem Bauernhof, um dort ein halbes Schwein oder ausgefallene Gemüsesorten zu kaufen. Im Onlinefachhandel für Molekularküche bestellen wir die Pülverchen, über die wir mittlerweile nicht mehr ganz so häufig sprechen, die wir aber weiterhin benutzen, wie etwa das Rotalgen-Andickmittel Carrageen. Wir kennen das Angebot der Fleischversandhändler (einen habe ich bereits vorgestellt), weil uns das Sortiment beim Metzger um die Ecke nicht überzeugt. Wir haben die Erfahrung gemacht, dass insbesondere das technische Zubehör, das wir brauchen, am besten und schnellsten übers Netz zu beziehen ist (zum Glück gibt es ein gutes Dörrgerät auch ohne persönliche Einführung des Herstellers).

Wir Gastrosexuellen sind aber keineswegs nur im Internet unterwegs; wir besuchen gerne einen Winzer und freuen uns über eine fachkundig begleitete Weinprobe. Aber manche Wege sind zu weit. Und nach Neuseeland oder Südafrika kommt man ja auch nicht alle Tage. An den Weinpräferenzen kann man ohnehin sehr schön ablesen, wie sich die Kulinarik in den vergangenen zwanzig Jahren entwickelt hat und welche Rolle die kochenden Männer auf diesem Markt haben.

Weinkauf ist traditionell Männersache, und das wird sich wohl nicht ändern. Frauen bevorzugen zwar oft andere Weine, aber das stört den gastrosexuellen Mann nicht. Zur Not werden zu einem Gericht zwei Flaschen aufgemacht. Während Frauen sich zuweilen weniger für das Zusammenspiel von Essen und Wein interessieren und nach meiner Erfahrung eher vollmundige und säurearme Weißweine (Chardonnay, Sauvignon Blanc etc.) und ebenso kräftige, aber nicht so herbe Rotweine (Syrah, Amarone) mögen, kann sich der ambitionierte Hobbykoch tagelang darüber Gedanken machen, ob dieser oder nicht doch eher jener Spätburgunder aus dem Badischen die Idealbesetzung für den Rehbraten ist.

Es gab eine Zeit, als auch wir Gastrosexuellen auf die Weinbomben aus der Ferne gesetzt haben, aber längst haben wir die heimischen Anbaugebiete wiederentdeckt. Denn wir wissen, dass manche Rotweine aus der Pfalz oder aus Württemberg mindestens so gut sind wie die Spitzengewächse aus Südfrankreich. Weil wir zunehmend auf Fleisch und Gemüse aus der Region zurückgreifen, erhält das oft zitierte Terroir eine konkrete geschmackliche Bedeutung, ist nicht nur Phrase eines sommelierenden Angebers (auch wenn wir jetzt immer häufiger lesen, Mikroklima, Geologie, Gelände- und Bodenbeschaffenheit seien viel unwichtiger als die Arbeit des Kellermeisters): Warum einen schweren Rioja zum Schwarzwälder Ochsenbäckle trinken, wenn das feine Geschmacksspiel eines badischen Spätburgunders viel besser passt? Und trotzdem: Wir Gastrosexuellen mögen keine Begrenzung, und wir bleiben neugierig. Nicht nur auf die erstaunlichen Namen deutscher Rotweincuvées, sondern auf die herausragende Weinproduktion in vielen Ländern der Welt. So möchte ich zum Beispiel immer wissen, wie der neue Jahrgang des libanesischen Weingutes *Chateau Musar* schmeckt.

Diesen außergewöhnlichen Wein, der ohne Holzchips und Filtration hergestellt wird, finde ich weder im Supermarkt noch beim Weinhändler um die Ecke. Da muss ich im Internet nachschauen, welcher Händler die Flaschen zu welchem Preis im Angebot hat. Nun ist *Chateau Musar* ein durchaus prominentes Beispiel, ich könnte auch sehr viel kleinere Weingüter nennen, die überhaupt keinen Zugang zu gewöhnlichen Onlinekaufhäusern haben.

Das Netz eröffnet mir dennoch gute Möglichkeiten, auch mit Önologen in Kontakt zu kommen, die für kleinste Anbaugebiete verantwortlich sind. Ja, ohne das Internet mit seinem schier unüberschaubaren Angebot wäre unsere Gastrosexualiät längst erschlafft. Um eine Vorstellung davon zu bekommen, was ich mit einem unüberschaubaren Angebot meine, nenne ich mal ein paar Adressen in alphabetischer Reihenfolge: *all-bio.de, backen-wie-die-profis.de, backwelt24.de, bakenhus-biofleisch.de, chili-shop24.de, coffeecircle.de, delinero.de, dinsesculinarium.de, dreiball.de, drinkology.de, edelstahl-in-bestform.de, finefoods-online.com, fruit4u.de, gaumenshop.de, gastro24.de, genuss-roesterei.de, gourmet-versand.com, gourmantis.de, genusshandwerker.de, gourmondo.de, grashoff.de, hawesko.de, hbs24.de, hobbybaecker.de, hitmeister.de, japan-gourmet.com, kochform.de, kraeuter-und-duftpflanzen.de, litz-muehle.de, mcc-shop.com, molekularkueche.de, mytexturas.de, nesmuk.de, obstversand.com, orkos.com, orlandosidee.de, pati-versand.de, safran-puetter.de, spirituosen-wolf.de, theobroma-cacao.de, vinexus.de, wildboerse.de.* Und so weiter und so fort.

Ist das nicht unglaublich? Einerseits schon, andererseits nicht. Was auf dem Markt ist, wird auch im Internet angeboten. Gastrosexuelle kennen die genannten Bezugsadressen, die meist als Favoriten im Browser gespeichert sind. Frauen, die wissen wollen, wie es um den eigenen Mann bestellt ist, können ja mal den (heimlichen) Onlineverlaufstest machen. Wenn die Hälfte der angesteuerten Adressen aus dem Gastrobereich kommt, sind alle Ausreden zwecklos. Wobei die Ergebnisse wahrscheinlich noch viel eindeutiger ausfallen müssten, denn die wirklich heiklen Seiten werden in der Regel aus dem Verlauf gelöscht. *mytexturas.de* hingegen klingt ziemlich harmlos, oder nicht?

Noch Anfang der achtziger Jahre gingen Hobbyköche und Hobbyköchinnen, vor allem wenn sie in größeren Städten wohnten, genau wie alle anderen Kunden in die etwas besser sortierten Lebensmittelabteilungen der etwas besseren Kaufhäuser. Aber auch dort bekam man oft nicht, was man wollte. Ich kann mich noch gut erinnern, wie ich mal Anfang der neunziger Jahre in Berlin Kalbsbries suchte. Eine Odyssee, die mich schließlich ins *KaDeWe* führte, und auch hier musste ich den Thymus erst vorbestellen. Aber immerhin, man wusste, wovon ich sprach, und ich bekam, worum ich gebeten hatte (auch nicht selbstverständlich).

Inzwischen ist es leichter, im Internet wirklich exotische Fleischsorten zu bestellen, als beim Metzger vor Ort ein ordentliches Bürgermeisterstück vom Rind zu kaufen. Zehn Filets von der Klapperschlange? Online kein Thema. Kosten bei *gourmetstar.de* rund 50 Euro. Steaks vom Zebra, Kamel, Känguru oder der Antilope? In fünf bis sieben Tagen liegt die Ware auf der Küchenanrichte. Schnelle Lieferung seltenster Pfefferarten und außergewöhnlichster Würzblätter? Kein Problem. Diese Fülle ist natürlich so eine Sache, und naive Hobbyköche lassen sich gerne von Exotischem beeindrucken. Das nenne ich den Krokodil-Komplex. Kein Wunder, dass es längst eine Gegenbewegung gibt: Wer wirklich etwas auf sich hält, macht aus dem vermeintlich Bekannten eine geschmackliche Sensation. Also lieber Blumenkohl vom heimischen Feld in vier Varianten als ein Fleischgang mit einem Tier, das vom Aussterben bedroht ist. Ich werde auf den kulinarischen Exotismus, der auch auf dem Massenmarkt eine wichtige Rolle spielt, noch einmal zurückkommen, wenn ich mich mit den Zukunftsvisionen auf dem Ernährungsmarkt beschäftige. Aber ganz unabhängig, ob wir Gastrosexuellen uns für die Klapperschlange oder seltene Kürbisarten interessieren, der Internethandel profitiert von unserer Neugier. Ja, wir sind ein Wirtschaftsfaktor!

Der Guru unter den Online-Feinkosthändlern, die sich nicht auf ein kulinarisches Thema wie Wein oder Patisseriewaren spezialisiert haben, ist Ralf Bos. Sein Onlinegeschäft heißt demnach *Bos Food*. Seitdem ich diese Adresse kenne, möchte ich wissen, wie der Laden und das Lager dieser Firma aussehen. Hat *Bos Food* wirklich alles vorrätig, was auf der Homepage angeboten wird? Und wenn ja, wie darf ich mir diesen Ort vorstellen? Diese Fragen könnte man vielleicht auch einem anderen Onlinehändler stellen, aber Ralf Bos war ein Pionier, und deshalb habe ich beschlossen, ihn und nicht die Konkurrenz zu besuchen. An einem schönen Wintertag fahre ich nach Meerbusch bei Düsseldorf, wo die Zentrale des Unternehmens liegt.

»Wir verkaufen den Genuss«, erklärt Ralf Bos gleich zu Beginn unseres Gesprächs. »Für die Ernährung sind andere Stellen zuständig. Wenn man sagt, ich möchte jetzt nur kaufen, was ich zum Leben brauche, ist man bei uns an der falschen Adresse. Aber wenn man sagt, ich möchte besser kochen und besser essen, als ich es bisher getan habe, dann ist man bei uns genau richtig. Denn selbst wenn man bei uns einen Sack Reis kauft, dann ist der Reis besser als der Reis, den man im Lebensmitteleinzelhandel kauft.« Bos lächelt. Er ist, wie Fleischhändler Wolfgang Otto, ein sensationeller Verkäufer.

Mit Reis kennt sich Ralf Bos bestens aus. Mit Reis hat er sein Geschäft begonnen. Ob jeder Sack Reis bei ihm besser ist als im Supermarkt, kann man bezweifeln. Aber ich glaube ihm gerne. Er ist der Genussguru. Bis auf Frischfleisch – das überlässt er seinen Kollegen von *Otto Gourmet* – gibt es bei ihm alles, was lecker ist: Asia und Ethno Food, Kuvertüre, Eingelegtes und Eingemachtes, Antipasti, Enten, Gänse, Foie gras, Essig, Öl, Frucht-Pürees, Gebäck, Pralinen, Honig, Konfitüren und Fruchtaufstriche, Kavier, Austern, Fisch- und Meerestierprodukte, Morcheln, Steinpilze und Trüffel, Trockenpilze, Sirup, Gewürze und Aromen, Senf, Saucen, Suppen, Fonds, Spirituosen, Weine, Champagner. Und so weiter.

Wir laufen durch die vielen, vielen Lagerhallen in Meerbusch. Hier werden Trüffel abgepackt. Dort wird Marmelade gekocht. Wenn Spitzenköche ihre eigenen Produktlinien auf den Markt bringen wollen, rufen sie bei Ralf Bos an. Der rührt ihnen dann die besten Gewürzmischungen, Pasten und Chutneys zusammen. Die Promis haben keine Ahnung, wie die Produkte entstanden sind, die unter ihrem Namen verkauft werden. »Macht nichts«, sagt Bos. »Wir wissen, wie das geht. Darauf kommt es an.«

Der Gang durch die Lagerhallen irritiert mich: Die Lebensmittel liegen auf schnöden Paletten oder stehen in schmucklosen Regalen. Hier gibt es keine Werbung und auch kein ausgefeiltes Lichtkonzept. Dennoch bzw. gerade deshalb geht von den Waren eine ungeheure Sogwirkung aus. Am liebsten würde ich mich den Verlockungen hingeben. Hier ein wenig Plantagenschokolade probieren. Dort einen Schluck hervorragenden Cidre trinken. Doch ich konzentriere mich auf das Gespräch – so lange, bis ich von dem abgelenkt werde, was bei *Bos Food* zur »Hardware« gehört.

»Das sind Flywheel-Maschinen«, sagt Bos. »Also Aufschnittmaschinen ohne Elektromotor. Die sind deswegen erfunden worden, weil man Druck und Geschwindigkeit variieren kann, das ist wie bei einem guten Messer, nur dass dieses Gerät viel präziser ist.« Ein Traum jedes Gastrosexuellen, denke ich. »Wie teuer ist so ein Schwungradschneider?«, will ich wissen. Bos braucht nicht lange nachzuschauen. »Diese kleine hier links fängt an bei 2800. Und die große da hinten etwa 6700 Euro. Wir haben aber ein Modell im Angebot, das noch teurer ist.«

Dann doch lieber ein gutes Messer für einen Hunderter, denke ich. Hat Bos natürlich auch im Angebot. Jetzt werden sich manche Leser fragen, ob der Otte dort auch einkauft und für solche Elogen ab sofort Prozente bei Bestellungen bekommt. Nein, nicht einen Cent. Ist auch nicht nötig. Ich kaufe bei *Bos Food* eher kleinere Artikel: Spritzflaschen zum Anrichten, mal ein gutes Arganöl oder Gemüse, das es auf heimischen Märkten nicht gibt. Etwa dieses: »Fiddleheads. Geigenkopfgemüse. Bei dieser grünen Köstlichkeit aus den Weiten Kanadas handelt es sich um die jungen Spitzen einer Farnart, die sehr dekorativ, schneckenförmig zusammengerollt sind, was an einen Geigenkopf (engl. fiddle – Geige) erinnert.«

Als ich bei *Bos Food* zu Gast bin, läuft das Weihnachtsgeschäft. Das heißt, jeden Tag wird die unglaubliche Menge von rund 20 000 Kilo Waren verschickt. Bos nimmt an, dass ein Artikel durchschnittlich ein Kilo schwer ist. Das heißt, wenn der Laden brummt, werden täglich 20 000 Artikel verschickt. Insgesamt sind ungefähr 10 000 verschiedene Produkte jederzeit auf Lager.

Bos Food beliefert vor allem Spitzenrestaurants, und gerade deshalb entscheiden wir Gastrosexuellen uns für diesen Online-Händler. Wenn ein Sternekoch grüne Tapiokaperlen serviert, dann wissen wir, wo wir diese Perlen bestellen können, um beim nächsten Dinner daheim Frau und Freunde zu beeindrucken. Und die Texte im Internet, das merkt der ambitionierte Hobbykoch, sind so verfasst, dass man eben doch kein Profi sein und alles kennen muss: »Tapiokaperlen, bei uns auch als Sago oder Froschaugen bekannt. Hier mit Pandanusaroma, der Duft und der Geschmack einer Kokospalmenart.«

Die Internetseite von *Bos Food* ist (ähnlich wie die vieler anderer Lebensmittelversender) ein wunderbarer Zeiträuber. Manchmal sitze ich mitten in der Nacht am Computer, surfe stundenlang von einem Lebensmittel zum nächsten und stelle mir vor, wie all die Dinge schmecken, die ich mir nicht kaufe: »Blattgoldflocken, klein, 22 Karat. Mit ein paar Goldflocken im Champagner kreieren Sie ein besonderes Highlight und erhalten so einen unübertrefflichen Hauch von Exklusivität. Das Gold ist lebensmittelecht.« Als ich diese Zeilen zum ersten Mal las, dachte ich sofort: Blattgold ist was für Angeber, die nicht kochen können.

Ralf Bos schüttelt den Kopf. Muss er ja auch. Dann legt er los: »Wenn Metall auf dem Teller ist, dann kann man schon davon ausgehen, dass es Gold ist und kein gefärbter Papierflitter. Oder so was

Ähnliches. Man kann da sehr schöne hübsche Dekorationen machen, besonders im süßen Bereich, mit Schokolade und Gold, eine attraktive Geschichte. Ich bilde mir ein, dass das Gold auch nach Gold schmeckt, aber das ist eine Nuance.«

Eine Nuance? Neugierig bin ich schon. Vielleicht doch mal Blattgold bestellen? Ralf Bos, denke ich, muss der glücklichste Gastrosexuelle auf der Welt sein. Ob Blattgold oder Trüffel, ob teure Aufschnittgeräte oder laute Eismaschinen, er kann auf alles, was kochenden Männern Spaß macht, aber wirklich auf *alles* in kürzester Zeit und ohne Mühen zugreifen. Wir gehen die Geräte durch, die uns wichtig sind. »Ja, ja«, sagt er, »wenn ich pacossieren will, kann ich den Pacojet von hier mitnehmen. Ich habe auch alle anderen Elektrogeräte, die es gibt. Vielleicht nicht zu Hause, aber ich habe sie auf jeden Fall. Ich kann wirklich alles ausprobieren.« Er lacht. Und bietet an, mich zum Bahnhof zu bringen.

Ralf Bos scheint zu wissen, dass ich mit öffentlichen Verkehrsmitteln unterwegs bin. Und auch, dass mir Autos nicht wirklich wichtig sind. Wir verlassen sein Lebensmittelwunderland und stehen plötzlich vor einem Flügeltüren-Mercedes, den ich bisher nur aus der Werbung kannte. Klar, der Mann verdient mit seinem Laden viel Geld – und er ist gewitzt genug, die Situation gleich zu thematisieren. Nicht ohne Koketterie nennt er den Flügeltüren-Wagen ein »ziemlich prolliges Auto«. Mich amüsiert durchaus, dass dieser Mann, der im gastrosexuellen Himmel lebt, sich die Freude eines guten alten Fetischs auf vier Rädern erlaubt. Ja, denke ich, es gibt auch noch ein Männerleben außerhalb der Küche. Doch Ralf Bos winkt ab. »Autos sind vollkommen out. Autos machen Lärm. Dreck. Selbst wenn Sie sich ein teures Modell leisten, sagt das gar nichts. Ich bin ein Autonarr. Meine Frau sieht mir das nach. Aber mein Rat lautet: Wenn Sie Junggeselle und auf der Suche nach einer Partnerin sind, kaufen Sie sich bloß keinen protzigen Wagen. Der schreckt nur ab. Legen Sie sich eine gute Küche zu. Das macht viel attraktiver.«

EIN BLICK IN DEN KULINAR-EROTISCHEN BÜCHERSCHRANK

Ralf Bos braucht sich auch kein Kochbuch zu bestellen. Der Mann hat alle wichtigen Werke der Kulinarik auf Lager. Und selbstverständlich auch das: »*Modernist Cuisine*. Die Revolution der Kochkunst, 5 Bände und 1 Rezeptbuch. Ein 2438 Seiten starkes Kompendium mit wissenschaftlich inspirierten Zubereitungsmethoden, die überirdisch bis sublim anmuten. Mit Utensilien wie Wasserbad, Homogenisator, Zentrifuge und Zutaten wie Hydrokolloiden, Emulgatoren und Enzymen gestalten die Autoren und ihr 20-köpfiges Team von The Cooking Lab verblüffend neue Aromen und Texturen. *Modernist Cuisine* erfindet das Kochen neu.«

Modernist Cuisine erfindet das Kochen neu. Dieser Satz ist noch nicht einmal übertrieben. Wenn ein Mann sich dieses Monster von Kochbuch zulegt, dann weiß die Frau: Jetzt ist es so weit. Jetzt befindet er sich nicht mehr im Anfangsstadium. Jetzt ist er endgültig von der Lust ergriffen, die wir mit einem gewissen Stolz und einer Prise Selbstironie *Gastrosexualität* nennen. Ja, ich spreche aus Erfahrung. *Modernist Cuisine* ist eine Leseversuchung, die ein Eheleben durchaus beeinträchtigen kann. Hier wird die Gastrosexualität zum Info-Porn. Einmal hat mich meine Liebste gefragt, was mich denn gerade davon abhalten würde, sie zu verführen, und ich habe geantwortet: Na ja, wenn du es wirklich wissen willst, eine zwanzigseitige Abhandlung, wie man Saucen und Suppen andickt.

Der Wahnsinn beginnt schon mit dem Transport der 2438 Seiten. Glücklich, wer über eine Sackkarre verfügt, um das 25-Kilo-Werk in fünf Bänden von der Buchhandlung nach Hause zu schleppen. Und dann versinkt man in einer Welt von Hochglanzbildern, die einen aufgeschnittenen Dampfkochtopf oder die Funktionsweise von Geräten zeigen, die man sich garantiert nicht zulegen wird. Etwa einen Autoklav, also einen Überdruckkocher, der mit einem gasdicht verschließbaren Behälter und einer vollautomatischen Druck-, Temperatur- und Garzeitregulierung unter anderem zum Konservieren geeignet ist. Ursprünglich kommen Autoklaven in der Medizintechnik, der Glasindustrie und in der Luftfahrtindustrie zum Einsatz. Und jetzt in der modernistischen Küche? Na ja, diesen hochentwickelten Überdruckkocher wird man auch zukünftig nicht in Privatküchen finden. Meine Fußpflegerin spielt mit dem Gedanken, sich ein solches Ding zuzulegen, und ich habe sie gefragt, ob ich es dann zeitweilig für meine Kochexperimente ausleihen könne. Leider fiel diese Anfrage für sie wohl eher in die Kategorie unsittliches Ansinnen.

Aber wie steht es mit einer ordentlichen Zentrifuge »für rasches und gründliches Klären von Flüssigkeiten und Trennen von Fetten«? Die Kochbuchautoren um den ehemaligen Microsoft-Informatiker Nathan Myhrvold haben diese Geräte auf ihre sensationelle Liste »unentbehrlicher Geräte für modernistische Köche« gesetzt, die im zweiten Band von *Modernist Cuisine* abgedruckt ist. Dieser Band ist das Prunkstück des Großwerks und die erwähnte Liste sollte jeder ambitionierte Hobbykoch tatsächlich mal gesehen haben – allein um sich zu amüsieren. Auf schwarzem Grund wird etwa der Nutzen einer Kolloidmühle, eines Hochdruckhomogenisators oder auch eines Rotationsverdampfers erklärt, der es kurioserweise »nur« in die Liste der »praktischen Geräte für besondere Zwecke« geschafft hat. Dass all diese Geräte zwischen 3 000 und 30 000 Dollar kosten, wird übrigens auch erwähnt. Und schon bei der Lektüre der Preise kann einem schwindelig werden. Oder wer hat eben mal 12000 Dollar für einen Gefriertrockner übrig?

Zum Glück gibt es auch die Liste mit »kostengünstigen, aber wertvollen Geräten für modernistische Köche«, die auf weißem Grund gedruckt ist. Jetzt atmen wir Gastrosexuellen auf. Da werden Digitalwaagen genannt und Thermometer. Außerdem: Dampfkochtopf, Gasbrenner, Laborsiebe, Sahnesiphon, Handmixer, Silikonmatten, Chirurgiezange, Fleischzartmacher, Dörrschrank, Vakuumexsikkator, Aufschnittmaschine, Hautpunktiergerät, Druckfilter, Gerät zum Kaltbrühen von Kaffee. Als ich diese Aufzählung zum ersten Mal las, dachte ich: Nun gut, in diesem Sinne war auch meine Mutter eine halbe modernistische Köchin. Immerhin besaß sie schon früh einen Dampfkochtopf, eine Aufschnittmaschine und einen Handmixer.

Es ist natürlich leicht, sich über solche Listen lustig zu machen. Wer aber nachliest, wie die Technologie in den einzelnen Gerichten von Myhrvold und Co. eingesetzt und mit welcher unvorstellbaren Systematik jedes Gerät über die unterschiedlichsten Gar- und Verarbeitungsmethoden beschrieben wird, kann über die umfassende Darstellung nur noch staunen. Denn alles, was jemals in einer Küche gemacht wurde, findet hier Erwähnung: Grillen (über dem Feuer, unterm Salamander, *a la plancha*), Sautieren, Pfannenrühren, klassisches Kochen, Dämpfen, Einmachen, Schmoren, Backen, Garen in Öl, Räuchern, Garen mit und im Dampf, Garen in der Mikrowelle, Sous-vide-Garen, Geschmack extrahieren, Düfte binden, Saft gewinnen, Filtern, Konzentrieren, Zerkleinern, Trocknen, Gefrieren (mit Cryogenen), Karbonisieren, Marinieren, Frittieren, Konservieren, Texturen verändern, Verdicken, Gelieren, Sphären herstellen, Emulgieren und Schäumen … habe ich was vergessen?

Wochenlang bin ich mit *Modernist Cuisine* ins Bett gegangen. Jeden Abend habe ich mir zwanzig bis dreißig Seiten vorgenommen. Nie habe ich besser geschlafen! Tatsächlich beginnt man am besten mit dem ersten Band, mit den »Ursprüngen des Kochens« und den

»Anfängen der Modernist Cuisine«. Man kämpft sich durch 50 Seiten Mikrobiologie für Köche, lernt etwas über Parasiten, von denen man noch nie etwas gehört hat, man überblättert die Ausführungen zu Diäten (ja, auch darauf wird eingegangen), man informiert sich über das »Wesen von Wärme und Temperatur« und taucht ein in die »Physik von Lebensmitteln und Wasser«. Im Grunde umfasst allein schon dieser erste Band zwanzig Werke über die Geschichte des Kochens und hundert Abhandlungen über kulinarische Materialkunde. Als ich es nach vielen Monaten endlich geschafft hatte, mich bis zu den Rezepten der modernistischen Küche durchzuarbeiten, die selbstverständlich erst im fünften Band drankommen, war ich vollkommen erschlagen und zugleich seltsam berauscht. Ich bildete mir ein, allein durch die Lektüre ein halbwegs modernistischer Hobbykoch zu sein, ja, mir kamen berühmte Gerichte von Dreisterneköchen aus der Hochzeit der Nouvelle Cuisine ziemlich trivial vor. Der soufflierte Lachs aus dem Hause Haeberlin? Kein Problem!

Der Rausch hielt nicht lange an. Die Ernüchterung folgte bald. Denn viele der in *Modernist Cuisine* beschriebenen Gerichte konnte ich nicht nachkochen, weil mir natürlich diese verrückten Geräte wie der Rotationsverdampfer oder irgendwelche Zentrifugen fehlten. Aber selbst wenn ich das technische Equipment zur Verfügung hatte, gelangen mir die Speisen nicht so, wie ich erhofft hatte oder wie sie in dem Buch beschrieben werden. Eine Zeit lang dachte ich: In diesem Riesenwerk der modernistischen Avantgarde-Küche steckt ganz viel Schaumschlägerei. Einige Rezepte habe ich mehrfach nachgekocht. Die Ergebnisse wurden besser. Aber nie wirklich gut oder sehr gut. Hatte ich nicht präzise genug gearbeitet? Wahrscheinlich schon. Mit *Modernist Cusisine* begriff ich aufs Neue, wo die Grenzen zwischen einer ambitionierten Hobbyküche und einer professionellen Gastronomie liegen.

Um eine Vorstellung von der Komplexität der modernistischen Gerichte zu bekommen, wähle ich ein Beispiel, das zeigt, in welchen kulinarischen Sphären wir uns hier bewegen. Es geht um die

Zubereitung eines Frühstückseis. Nun könnte man sagen: Warum sich damit abmühen? Wozu gibt es Eierkocher? Oder einen Topf mit heißem Wasser?

Doch für dieses Ei braucht man nicht nur ein Sous-vide-Equipment, einen Sahnesiphon und am besten eine Minibohrmaschine mit Rotierfräse, man wird, so haben es die Kochbuchautoren ausgerechnet, auch nicht drei, fünf oder sieben Minuten an dieser Eierspeise arbeiten, sondern insgesamt vier Stunden und zwanzig Minuten. Zwar wird man nicht die ganze Zeit neben dem Wasserbad stehen müssen, aber die Zubereitung der einzelnen Komponenten (Schaum von gebratenem Eiweiß, eine Gewürzmischung aus Sternanis, Ingwer, Vanillemark, Pfeffer, Zimt und Muskatnuss, ein komprimierter grüner Apfel, eine selbst hergestellte Kaffeebutter und ein bei 67 Grad gegartes Eigelbconfit) kann durchaus an den Nerven des Hobbykochs zehren. Überhaupt die Eiergerichte in diesem Buch! Haben Sie schon mal von einem Pilzomelett gehört, für das man läppische zwei Stunden braucht? Wenn Sie das Foto von dem mit Pilzpüree verfeinerten Omelett sehen, vielmehr einer viereckigen, gelb-schwarz gestreiften Pilz-Eiermatte, muss man erst mal durchatmen (die übrigen Bestandteile dieses Gerichts erwähne ich hier erst gar nicht).

Dieses Kochwerk ist auf bizarre Art absolut vollständig. Eine Zeitlang habe ich mich gefragt, warum der Hinweis fehlt, dass selbst erfahrene Hobbyköche sich den Gerichten nur scheibchenweise nähern sollten. Doch da hatte ich noch nicht begriffen, dass dieses Buch nicht nach der praktischen Umsetzbarkeit seiner Rezepte beurteilt werden kann. Auch ein Sternekoch würde ein Gericht, für das er eine tagelange Zubereitungszeit benötigte, nicht auf die Karte setzen. Inzwischen konzentriere ich mich auf einzelne Komponenten und vermeide grundsätzlich Elemente, in denen Pülverchen genannt werden, von denen ich noch nie etwas gehört habe oder die in Europa nicht bestellt werden können. Selbst wenn damit die Idee der Gesamtkomposition eines Gerichts verloren geht.

Zu Beginn des fünften Bandes, »Chefgerichte« betitelt, wird eine atemberaubende Version eines Cheeseburgers vorgestellt, also dem Klassiker des Fast Food. In *Modernist Cuisine* ist alles selbstgemacht und selbstverständlich Slowfood. Die Brötchen und das Pilzketchup, die (de)konstruierten Emmentalerscheiben und auch die Ultraschall-Pommes. Zubereitungszeit? 30 Stunden. Sehr witzig!

Inzwischen gibt es für den Einsteiger eine abgespeckte Version in einem Band: *Modernist Cuisine at Home.* Nach den Erfahrungen mit der Hauptausgabe weiß ich, dass dieser Titel ein Widerspruch in sich ist. Denn worauf bezieht sich das »at home«? Der Witz der Maxiversion besteht gerade darin, dass man in diesem Werk schmökert und feststellt, was daheim alles *nicht* möglich ist. Der Genuss besteht also in der Lektüre, und die findet ganz bestimmt »at home« statt. Auch in der angeblich auf die Heimküche zugeschnittenen Version werden Geräte eingesetzt, die ein ambitionierter Hobbykoch nicht besitzt. Viele Rezepte, wie das Zebra-Ei, sind in beiden Ausgaben enthalten. Was aber nicht heißt, dass die gestreifte Eiermatte zu den Speisen gehört, die in irgendeine Alltagsküche eingehen werden. So schön sie auf den Fotos auch aussehen mag.

Europäische Gastrosexuelle werden sich gewiss wundern, dass die »Home«-Variante sich noch stärker an der amerikanischen Fast-Food-Küche abarbeitet, immer nach dem Motto: Chicken Wings, jetzt mal modernistisch. Der Vorteil des Bandes ist die praktikablere Struktur. Man muss nicht ständig zwischen mehreren schweren Bänden hin- und herblättern. Selbstverständlich gibt es auch neue witzige Ideen, die dann unter der Überschrift »nebenbei gemacht« laufen, etwa die aufgepuffte Hähnchenhaut. Dabei werden die Häute, die bei einem anderen Rezept nicht gebraucht werden, zwölf Stunden bei 88 Grad sous-vide gegart, mit Speisestärke bestäubt, vier bis acht Stunden im Dörrgerät bei 60 Grad getrocknet und schließlich im heißen Öl gepufft. Dieser Snack, den man mit Salz und Gewürzen sehr individuell abschmecken kann, ist allerdings alles andere als ein »nebenbei gemachter« Gag für einen Teller, dem bislang die knusprige Textur fehlte.

Wer weniger schmunzeln, dafür mehr kochen möchte, dem seien andere Werke empfohlen. Als Freund der französischen Küche verweise ich zunächst mal auf die Klassiker: Bocuse, Ducasse, Haeberlin. Mit den Standardwerken der Dreisternemeister ist man immer gut bedient. Auch weil die Gerichte, vor allem im Vergleich zu *Modernist Cuisine,* gut nachzukochen sind. Aber der gastrosexuelle Hobbykoch möchte sich weiterentwickeln, sich in Spezialthemen vertiefen, und da kommt man bei den großen Franzosen nicht so furchtbar weit.

Heutzutage gibt es eine Reihe von Kochbüchern zu speziellen Themen etwa dem Dörren oder Brotbacken, Pastetenherstellen oder Eismachen, der Molekularküche oder der vegetarischen Kost. Ohne ein Buch herauszugreifen, eint die kulinarische Buchproduktion doch eines: Sieht man von den vielen bunten Bänden ab, in denen »Gute-Laune-Pasta« vorgestellt oder dem neuesten Asiatrend gefrönt wird, steigt das Niveau der seriösen Kochbuchproduktion kontinuierlich, sowohl vom Inhalt als auch hinsichtlich der Aufmachung. Selbstverständlich gibt es eine Reihe von Wiederholungen. Eine Bayerische Creme ist eine Bayerische Creme. Mit welchen Geräten und Zutaten man sie auch immer herstellen mag.

Viele Hobbyköche schauen gar nicht mehr in ein klassisches Kochbuch, wenn sie auf Rezeptsuche sind. Denn zu jedem kulinarischen Thema gibt es unübersichtlich viele Vorschläge zur Umsetzung im Internet. Auch meine Frau lädt sich gerne Rezepte auf ihr Tablet, um dann leider in der Praxis festzustellen, dass die Mengenangaben oder Temperaturempfehlungen nicht stimmen. Der Gastrosexuelle hingegen vertraut ausschließlich den Profis. Meine Eltern haben mir vor Jahren die legendäre Time-Life-Kochbuchsammlung geschenkt, und das Wunderbare an den vielen Bänden aus den sechziger und siebziger Jahren ist ihre völlig antiquierte Präzision. Hier wird noch erklärt, wie man einen Hasen ausnimmt, und man lernt Schritt für Schritt, wie Blätterteig gemacht wird. Das weiß zwar der Hobbykoch mit Bäckerzusatzausbildung, aber im privaten Haushalt beschäftigen sich selbst Gastrosexuelle viel zu selten mit dieser Backspezialität. Jede Ausgabe widmet sich einem Thema, und das wird dann – selbstverständlich auf dem Stand der sechziger und siebziger Jahre – anschaulich und umfassend durchdekliniert.

Ich freue mich jedes Mal, wenn Wolfram Siebeck, der Doyen der deutschen Gastrokritik, diese Kochbuchserie lobt, und das macht er seit den siebziger Jahren regelmäßig! Wenn man alle 28 Bände zusammennimmt, ist dieses Werk dreimal so umfangreich wie *Modernist Cuisine*. Für Siebeck ist es, wie er unlängst im *Feinschmecker* wiederholte, das »weltbeste Kochbuch«. So gut wie alle Rezepte stammen von Profis, und die Professionalität der Buchmacher erkennt man auch daran, dass es zu jedem Rezept eine Quellenangabe gibt. Die sucht man im Internet so gut wie immer vergeblich. Man kann sich vielmehr einen Spaß daraus machen, einmal nachzuschauen, wer sich im Netz mit welchem Rezept brüstet, aber doch nur abgeschrieben hat. Das erkennt man vor allem an den Fehlern, die grundsätzlich übernommen werden.

Die fulminante Time-Life-Reihe ist nur noch antiquarisch zu beziehen, aber inzwischen arbeiten weitere Bücher nach einem ähnlichen Konzept. Natürlich unter Berücksichtigung des Wandels in der privaten Küchentechnik beziehungsweise der geschmacklichen Entwicklung der vergangenen fünfzig Jahre. Ja, es gibt so etwas wie eine kollektive Sozio- und Psychogenese des kulinarischen Geschmacks, einen Zeitstil sozusagen, und es würde sich lohnen, den Leitlinien dieser Entwicklung in einem eigenen Buch nachzuspüren. An dieser Stelle möchte ich nur auf die »großen Bücher« der Teubner Edition hinweisen, die sich immer wieder selbst übertreffen. Ob *Fleisch*, *Fisch*, *Saucen* oder *Desserts* – die im festen Kartonschuber geborgenen Bände werden Generationen von Kochenthusiasten überstehen. Selbst wenn einzelne Ausgaben im Laufe der Jahre überarbeitet werden sollten, weil das von der Designabteilung des Verlages so gewünscht ist, kann man doch sagen, dass diese Kochbücher einen Standard definiert haben, der schwer zu übertreffen ist: Hier sind alle Gerichte von renommierten Küchenchefs entworfen und von zahlreichen Hobbyköchen zigfach getestet worden, und so gut wie alles, was ich bislang aus dieser Reihe nachgekocht habe, gelang auf Anhieb. Dabei liefern die Bände sowohl klassische Kompositionen als auch Ausflüge in die Experimentalküche. Auf wahnwitzige Spielereien mit Gerätschaften aus dem Laborbedarf wird verzichtet (das überlässt man *Modernist Cuisine*).

Wenn ein Gastrosexueller sich eine Kochbuchbasis schaffen möchte, gibt es keine bessere Wahl, als sich diese Bücher zuzulegen, wobei man natürlich wissen muss: Was Umfang und Preis angeht, wird man schnell das beschriebene Monsterwerk zur modernistischen Küche übertreffen. Denn jeder Teubner-Band kostet rund 70 Euro, und der Verlag hat bislang zehn verschiedene Themenbücher herausgegeben.

Es gibt übrigens für ambitionierte Hobbyköche, die grundsätzlich aufs Ganze gehen, den ultimativen Kochbuchtest, den ich hier gerne verraten möchte: Man nehme zum Beispiel *Das große Buch vom Wild* und koche jeden Tag ein Rezept aus dem Band, bis alle Gerichte ausprobiert sind. Wer dann immer noch Appetit auf Wild hat, weiß mit großer Sicherheit, dass dieses Buch auch gastrosexuellen Ansprüchen genügt. Tatsächlich ist man erstaunt, wie schnell viele Kochbücher langweilen. Selbst wenn es keine thematischen Eingrenzungen gibt. Die Variationsbreite in Teubners Wildbuch zum Beispiel ist so beeindruckend, dass selbst Wild-Skeptiker sich auf diesen Test einlassen: Mal wird das Reh im Heu gedämpft, dann wird der Frischlingsbraten pochiert, das Rebhuhn wandert in die Alufolie, aus dem Fasan wird eine Mousse oder eine Galantine, die Wachtelbrust mit einer Sülze veredelt. Es wird ein Pot-au-feu vom Reh gekocht oder Wildkaninchen-Ravioli, dann ein Hasenpunsch. Der Hasenrücken wird mit Wirsing und das Hirschkalb mit einer

Crépinette ummantelt. Da gibt es die unterschiedlichen Füllungen, das Fleisch wird gebeizt und geräuchert, im Salzteig oder unter der Walnusskruste gegart. Die verschiedenen Ragouts, Currys und Gulaschvariationen sind erstaunlich abwechslungsreich. Selbst das Rezept für Dammwildleber mit Tandooripulver überzeugt. Im Grunde habe ich mich gewundert, dass dieses Buch nicht auch noch alle möglichen Wildfleischdesserts präsentiert. Okay, dafür greift man zum Dessertbuch von Teubner (das selbstverständlich im Dessertkapitel noch eingehend gewürdigt wird).

Es soll jedoch Gastrosexuelle geben, die gar keine Kochbücher besitzen. Die auch nie ins Internet schauen, bevor sie sich an den Herd stellen. Alles was sie aufheben, sind die Gebrauchsanleitungen zu ihren Geräten und die eigenen, aus den Anleitungen entwickelten Gerichte. Gerade die etwas anspruchsvolleren Küchenhelfer bieten heutzutage eine umfangreiche Rezeptsammlung. Die sparsam zusammengeheftete Blattsammlung mit dem Charme einer Schülerzeitung aus den achtziger Jahren, die zum Beispiel die Firma Pacojet ihren Kunden mitgibt, ist inhaltlich so ergiebig, dass alle anderen Eisbücher vollkommen überflüssig sind. Wer die Grundprinzipien des Gerätes und damit die Systematik der Materialverarbeitung verstanden hat, wird schnell feststellen, dass selbst die ungewöhnlichsten Eiskreationen mehr oder weniger originelle Ableitungen der Basisrezepte sind.

Ähnlich erging es mir mit dem Dörrapparat. Die derzeit lieferbaren Publikationen zum Trocknen von Lebensmitteln sind um viele Klassen schlechter als die knappen Vorschläge des Herstellers. Wozu sich also mit einem kulinarischen Bilderbuch belasten, dass wenig Essenzielles liefert? Manche Kochbücher haben aber auch Erinnerungswert, und den sollte man auf keinen Fall gering schätzen. Wenn ich ein Restaurant besucht habe, mir die Küche ganz besonders gut gefallen und der Koch ein Buch über seine Arbeit herausgebracht hat, schlage ich meistens zu. Und so kommt in unserer Wohnung ständig ein Kochbuchmeter hinzu.

Dabei hat sich der Ort der Aufbewahrung im Laufe der Zeit verändert. Vor zehn Jahren noch standen die Kochbücher in unserer Küche. Zwischenzeitlich gehörten sie zur Literatur, die im Flur gelagert wird, jetzt haben sie einen Ehrenplatz im Wohnzimmer, also dort, wo früher die Kunstbücher aufbewahrt wurden. Seitdem schaue ich, wenn ich zum Essen bei Freunden eingeladen werde, immer nach, wo die Kochbücher stehen. Und siehe da, ich bin nicht der Einzige, der die aufwändig gestalteten Bände ins Wohnzentrum stellt. Ausstellungskataloge und schön bebilderte Kunstmonografien scheinen allmählich ihre Strahlkraft verloren zu haben: Der schrill aufgemachte Wälzer zur chinesischen Popmoderne wandert ins Flurregal, und die Niedrigtemperatur-Bibel *Under Pressure* von Thomas Keller bekommt einen Ehrenplatz neben dem Esstisch. Dabei ist nicht entscheidend, wie schön das Kochbuch editiert ist. Im Gegenteil. Ein gutes Beispiel ist der im Kleinverlag publizierte Band zum Sous-vide-Thema, aus dem ich schon zitiert habe und der zum Standardwerk für Gastrosexuelle geworden ist (trotz der penetranten Hinweise auf einen Anbieter von Wasserbädern).

Nach der kochtheoretischen Einführung von Professor Vilgis stehen rund 400 Rezeptseiten, die ohne Hochglanzbildchen und Anrichterklärungen auskommen. Die besten Köche der Republik verraten hier kurz und knapp, wie sie Fisch, Fleisch, Gemüse und Obst im Wasserbad garen. Das liest sich, als würden sich die Profis untereinander ihre Geheimnisse verraten. Kochlaien, die den Band, der sich erstaunlicherweise *Sous-vide Grundkochbuch* nennt, zur Hand nehmen, wundern sich zunächst, wie miserabel er gestaltet ist. Aber wen interessiert schon Satz und Layout, wenn darin ein perfektes Rezept mit Kalbsbäckchen und Froschschenkeln zu finden ist? Ja, wir Gastrosexuellen stehen wirklich auf andere Bücher …

WENN GOURMET, DANN AUCH GOURMAND

Wer gut zu kochen weiß, kann nicht zwangsläufig gut übers Essen schreiben. Das ist keine originelle Beobachtung. Ein flüchtiger Blick in die Bücher großer Köche reicht aus, um festzustellen, dass oftmals die Rezepte interessant, die gastrosophischen Ausführungen aber banal sind. Andererseits gibt es Autoren, die herausragende Texte über die Kunst der Kulinarik verfassen, aber nicht in der Lage sind, eine klassische Fleischbrühe herzustellen.

Einer der größten Essschriftsteller aller Zeiten war Abbott Joseph Liebling, der nicht nur so hieß, sondern wirklich ein Liebling des Glücks war: Als Student kam der 1904 Geborene nach Paris, doch statt Bücher zu lesen, konzentrierte sich der 22-Jährige auf die Speisekarten der Stadt. Schon nach wenigen Wochen hatte er die Apanage des Vaters verfressen. Wenn Lieblings Eltern gewusst hätten, dass sich die Schlemmerei des Sohnemanns eines Tages bezahlt machen würde, hätten sie sich wahrscheinlich weniger aufgeregt. Verhindern konnten sie es jedenfalls nicht, dass das Essen zum wichtigsten Fach des Sprösslings wurde. Die professionelle Essschriftstellerei wurde zwar nicht an der Sorbonne gelehrt, doch auch im Selbststudium lernte Liebling die wichtigste Regel seines zukünftigen Berufs, dass nämlich ein Gourmet immer auch ein Gourmand sein muss: »Will man gut über die Küche schreiben, ist die Hauptvoraussetzung guter Appetit. Ohne einen solchen ist es unmöglich, in dem uns zugemessenen Zeitraum hinreichende Erfahrungen zu sammeln, um irgendetwas Mitteilenswertes zu Papier zu bringen. Jeder Tag bringt nur zwei Gelegenheiten zur Feldforschung, und die darf man nicht verschwenden, indem man die Cholesterinaufnahme zu reduzieren versucht.«

Mit leicht pathetischer Ironie brachte er seine Sentenzen zu Papier: »I can write better than anybody who can write faster, and I can write faster than anybody who can write better.« – Ein typischer Satz von Liebling, der von 1935 bis zu seinem Tode 1963 für den *New Yorker* schrieb und nicht zuletzt mit seinen Texten über die französische Küche den Ruhm des Blattes mehrte. Liebling verbrachte die meiste Zeit seiner Karriere im Ausland, am liebsten hielt er sich in Paris auf. Die französische Küche hatte es ihm dermaßen angetan, dass er einfach nicht mehr in seine Heimat zurück wollte. Mein Lieblingsbuch ist vor ein paar Jahren in neuer Übersetzung erschienen: *Zwischen den Gängen* heißt es, und wer die kulinarischen Streifzüge dieses Amerikaners durch das Paris der zwanziger Jahre liest und die aktuelle gastronomische Situation in Frankreichs Hauptstadt kennt, entwickelt sogleich eine starke Sehnsucht nach jener Glanzzeit der französischen Küche.

Auch heute gibt es in Paris selbstverständlich zahlreiche Spitzenlokale, aber die Restaurants im mittleren Preissegment, in denen Liebling seine Geschmacksnerven schulte, verlieren weiterhin an Niveau. Das war in den zwanziger Jahren des letzten Jahrhunderts noch ganz anders. So konnte er die These vertreten, ein Esser solle insbesondere in seiner Lehrzeit nicht allzu reich sein, sonst würde er sich vorwiegend in der lukullischen Luxusklasse aufhalten: »Die optimale finanzielle Ausstattung eines ernsthaften Esslehrlings wäre die, dass er noch Geld für drei Tage hat – mit der guten, aber nicht ganz und gar sicheren Aussicht auf spätere Verstärkung. (…) Der durchgängig reiche Mann wird kaum je die Bekanntschaft der robusten Fleischgerichte machen – der heißen *andouille* und *andouillette*, der prallgefüllten Räucherkuttelwürste, und des *boudin*, der

Blutwurst, mit seiner ganzen Verwandtschaft, die man bei Rabelais und auf den Speisekarten der Marktgaststätten findet.«Auch wenn Kutteln und Blutwurst zuweilen in Paris noch angeboten werden, gehören sie doch eher zu jenen Speisen, die, meist schlecht zubereitet, ahnungslosen Touristen verabreicht werden.

Schon Liebling beklagte sich, dass durchschnittlich begabte Köche in Frankreich kaum noch in der Lage seien, einen anständigen Pot-au-feu zu kochen, eine Hühnersuppe, eine Rinderbrühe, einen Fischfonds. Und doch stellte er süffisant fest: »Das Essen in Frankreich mag sich katastrophal verschlechtert haben; es ist immer noch das Beste, das es gibt.« Heute sieht das übrigens etwas anders aus. Wer gutes, halbwegs bezahlbares französisches Essen sucht, sollte im 21. Jahrhundert besser Frankreichs Provinz aufsuchen, was übrigens mit der zweifelhaften Erfolgsgeschichte des Autos zu tun hat. Wie bereits Liebling feststellte: »In den zwanziger und dreißiger Jahren stieg der Anteil der französischen Restaurants an, die sich *auberge* oder *relais* nannten – Schritt haltend mit der zunehmenden Motorisierung des französischen Schlundes. Die Existenz dieser Lokale hing ab von Sonntagsfahrern und Urlaubsreisenden, die vielleicht niemals mehr dieselbe Landstraße entlangkommen mochten. Ominöserweise wurde der *Guide Michelin*, das Organ eines Herstellers von Autoreifen, zum Geschmacksrichter für die Restaurants – ein deprimierendes Beispiel, wie die Kunst sich dem Geschäft unterordnete.«

Heute ist man froh, dass es den *Michelin*-Führer gibt, denn selbst wer sich in Frankreich ganz gut auskennt, wird in dem roten Buch verlässliche Empfehlungen finden, die auch und gerade in die kleinsten Orte führt. Ein besonders skurriles Erlebnis ist zum Beispiel der Besuch des Restaurants von Michel Chabran in Pont-de-l'Isère. Der Sternekoch gehört seit vielen Jahren zu den Meistern seines Fachs, und vor allem auf dem Weg nach Südfrankreich ist ein Besuch schon allein deshalb so praktisch, weil der Laden ganz in der Nähe der Autobahn liegt. Ansonsten bietet das trostlose

Straßenkaff in der Nähe von Valence gar nichts. Immerhin, Chabran entschädigt in jeder Hinsicht für die unwirtliche Umgebung draußen. Sein Haus ist eine Wohlfühlinsel in der postmodernen Provinzödnis. Sein Menü, wie es im *Michelin* so schön heißt, lohnt tatsächlich einen Umweg. Doch um nach Pont-de-l'Isère zu gelangen, muss man als Deutscher erst mal stundenlang durch Frankreich fahren, und wer macht das schon?

Wer also nicht das Glück hat, an der Grenze zum Elsass zu wohnen, wer viel zu selten nach Bordeaux oder in die Provence kommt, muss entweder selber kochen oder sich mit dem Lesen begnügen. *Zwischen den Gängen* habe ich schon oft verschenkt, und ich werde nicht müde, es zu loben. Ist Ihnen vermutlich schon aufgefallen … Denn es ist ein herrlich überdrehtes Buch über französisches Essen, aus dem wir Hobbyköche viel lernen können. Wenn Liebling etwa von Schnepfen in Armagnac schwärmt oder von einem Grand-Marnier-Soufflé, »das auf einem flachen Teller aufrechtstand«, möchte ich diese Klassiker gleich mal wieder selber kochen.

»Ein Amerikaner in den Restaurants von Paris« lautet der Untertitel des Buches. Kaum vorstellbar, dass ein Franzose über die Pariser Restaurants witziger, scharfsinniger und nachdenklicher schreiben könnte. Ganz nebenbei: Das Buch ist von Joachim Kalka so klug übersetzt und profund eingeleitet worden, dass man die Texte genießen kann wie ein wunderbares Menü. Man schnabuliert sich durch all die verschiedenen Gänge, um dann zum Dessert den Höhepunkt zu erleben. »Passabel« heißt der Schlusstext, und der ist viel mehr als passabel, sondern die wunderbare Geschichte einer Liebeserklärung, die dem Autor gemacht wurde. Die Angebetete erklärte: »Schön bist du nicht, aber du bist passabel« – ein Zugeständnis, das, wie Liebling schreibt, »um mein Ego gelegt ist wie eine diamantenbesetzte kugelsichere Weste.«

Passabel, das hieß bei Liebling auch: Er machte sich keinen Kopf um seinen stattlichen Bauch. Wer heute so aussieht wie der schön gerundete Liebling, bekommt es gleich mit der Krankenkasse oder mit den vielen genussfeindlichen Spießern zu tun, die einem empfehlen, bloß kein durchwachsenes Fleisch, nicht zu viele Kohlenhydrate, keine gebundenen Saucen und Alkohol sowieso nur in Maßen zu trinken. Grauenhaft. Wer mit großem Aufwand kocht, ignoriert solche Vorgaben. Viel essen ist erlaubt. Das heißt nicht: drei Kilo Nackensteaks. Aber durchaus: ein Liter Kartoffel-Espuma (mit extra viel Butter). Wie sagte doch der Kollege Wiglaf Droste einmal so schön? »Diät ist Mord am ungegessenen Knödel.«

So gibt es doch einen entscheidenden Unterschied zwischen uns Gastrosexuellen und dem schreibenden Vielfraß Liebling: Wir gehen zwar gerne ins Restaurant, aber ganz besonders glücklich sind wir in der eigenen Küche, wo wir nach einem Gang, wenn die Teller in die Spülmaschine einsortiert werden, selbstverständlich die Reste aus den Töpfen und Pfannen verputzen. Dieser Nachschlag gehört dem Koch, damit er wieder gestärkt ist für die Zubereitung des nächsten Gerichtes. Die Extraportion muss der Mann am Herd schon allein deshalb vertilgen, weil die Gefahr besteht, dass mit zunehmendem Alkoholkonsum nicht mehr alles ganz so präzise gelingt. Hobbyköche, die nur wenig oder gar nichts trinken, weil sie auch den siebten Gang wie ein Profi hinbekommen wollen, sind mir suspekt. Wir Gastrosexuellen müssen durchaus trinkfest sein, denn betrunken bekommt man einen komplizierteren Fisch- oder Fleischhauptgang nicht hin. Aber ein, zwei Gläser Wein pro Gang kann man mit den übrig gebliebenen Leckereien ausgleichen, die ansonsten in den Kühlschrank abgeschoben würden. Ich freue mich schon beim Essen in großer Runde auf diesen ganz persönlichen Nachschlag, den ich in aller Ruhe und hoffentlich allein in der Küche genießen darf. Das ist, um mal wieder die Erotik zu bemühen, eine Art Nachspiel, das den nächsten Höhepunkt perfekt vorbereitet.

MÄNNER BRAUCHEN ME-TIME

Die Perspektive der Frau: Gastrosexuelle können furchtbar nerven. Sie plündern die Haushaltskasse. Sie reden ständig übers Essen. Und sie glauben auch noch allen Ernstes, der Genuss einer stundenlang gegarten Schweinebacke sei eine Spielart oraler Erotik. Wir kochenden Männer wissen natürlich: Gastrosex ist, letzten Endes, eben doch kein Sex. Besonders heftig ausgeprägte Gastrosexualität kann vielmehr zu einem Leben ohne echten Sex führen.

Hobbykoch Peter Wagner erzählte mir eine Geschichte, die mich sehr amüsiert hat, weil sie eine Warnung ist: »Vor ein paar Jahren habe ich mal ein seltsames Paar kennengelernt. Der Typ hat in der Wohnung den ganzen Tag immer nur seine Harley Davidson auseinandergenommen und wieder zusammengebaut. Es stank bei ihm in der Bude fürchterlich nach Benzin. Die haben sich recht schnell scheiden lassen.«

Wenn wir gastrosexuellen Männer nicht so enden wollen wie der Harley-Typ, sollten wir zumindest bedenken, dass auch Bratfettgestank und Suppendunstwolken eine Partnerin vertreiben können. Auch stundenlange Vorträge über Hochleistungshomogenisatoren oder kochphilosophische Betrachtungen über Gartemperaturen können, wenn sie durch nichts zu unterbinden sind, als Scheidungsgrund durchgehen. Frauen sind ja oft viel zu höflich. Der Mann schwadroniert vom Grillen oder Dörren, die Frau stellt ein paar höfliche Fragen, um Interesse zu simulieren, hofft aber insgeheim, dass er endlich die Klappe hält. Die berühmten Missverständnisse. Da sind sie wieder. Jeder Gastrosexuelle kennt das.

Die Perspektive des Mannes: Wir haben gute Freunde eingeladen, serviert werden Heilbuttbäckchen auf Seeigeltatar und Austernsphären. Doch die Gäste wollen partout weder über die Bäckchen noch über die Sphären reden. Die Gespräche drehen sich ums Wetter, die Kinder und den Job, also weist man noch einmal auf das Seeigeltatar hin. Worauf die eigene Frau lapidar sagt: Wir wollen doch nicht schon wieder übers Essen reden. Worüber denn sonst?, denkt sich der gastrosexuelle Koch. Aber er darf diesen Gedanken *niemals* aussprechen!

Die Heilbuttbäckchen und Austernsphären sollte man also wegessen, als wären sie nicht der Rede wert, als würde man gerade ein belegtes Butterbrot verzehren. Da schwärmt man ja auch nicht: Wow, tolle Butter! Wow, frischer Schinken! Und dieses Graubrot, richtig gut getoastet! Nein, wir Gastrosexuellen müssen lernen, im richtigen Moment zu schweigen. Selbst wenn die Frau oder ein Gast doch nachfragen sollte, wie man dieses Austerndings hergestellt hat, lohnt es sich, bescheiden zu bleiben: »Man muss sich nur ans Rezept halten. Funktioniert ähnlich wie Götterspeise.« Eine solche Formulierung weckt entweder Interesse oder das Gespräch mäandert gleich weiter: »Ja, Götterspeise, wie im Kindergarten, ist das lange her, als wir noch klein waren, und auch unsere Gören sind schon groß geworden …«

Wenn die Heilbuttbäckchen und die Austernsphären im Magen sind, wenn auf dem Teller nicht ein Milligramm Seeigeltatar mehr zu finden ist, erhebt sich der Gastrosexuelle stolz und verzieht sich schweigend in die Küche. Wenn es enthusiastisches Lob geben sollte, was ja auch vorkommen soll, nimmt man das betont bescheiden zur Kenntnis. Die freundlichen Worte der Gäste sind ein soziales Geräusch, auf das es dem Gastrosexuellen letzten Endes nicht ankommt. Denn der schärfste Kritiker ist man ohnehin selbst. Wenn die Heilbuttbäckchen zu lange und bei zu hoher Temperatur gegart wurden, wenn die Kombination mit dem Seeigeltatar doch nicht optimal war, wenn den Sphären eine Kräuternote fehlte, dann bemerkt das der anspruchsvolle Hobbykoch sofort. Wer wirklich gut kochen möchte, stellt alles erbarmungslos auf den Prüfstand, was er zusammengerührt hat. Außerdem wissen wir, dass unsere Gäste niemals unhöflich wären und nach dem Menü sagen würden: »Heilbuttbäckchen? Na, ja. Austernsphären? Die habe ich anderswo auch schon mal besser gegessen.«

Wer nur auf das Lob der Gäste abzielt, wer also vor allem auf Show setzt, verfolgt andere Ziele. Kulinarische Ego-Shooter und kochende Frauenverführer soll es geben. Doch bei diesen Leuten stellt sich bald heraus, dass sie weder von Erotik noch von Kulinarik etwas verstehen. Die Gaumenfreude, die ein im Ölbad pochiertes Heilbuttbäckchen hervorrufen mag, ist durchaus erotischer, zuweilen auch sexueller Natur. Wer aber Lebensmittel einsetzt, weil sie eine angeblich aphrodisierende Wirkung haben, wird sich und die Damenwelt enttäuschen. Selbst einschlägige Stimulanzien wie Chili oder Vanille, eine noch so schmeichelnde Schokolade oder angebliche Liebesfrüchte wie Granatapfel oder Feige bewirken zunächst nicht viel. Weder bei der Angebeteten noch bei einem selbst. Was tatsächlich anregt, sind weniger chemische Substanzen als vielmehr Geschmackserlebnisse, die immer auch auf ein intellektuelles Vergnügen abzielen. Sex findet im Kopf statt, und das gilt meines Erachtens auch für den Gaumensex.

Es ist wie beim Genuss eines Kunstwerks. Auf einer ersten, unmittelbar sinnlichen Ebene muss ein Roman oder ein Gemälde gefallen, empören, irgendein Interesse wecken. Aber nur wer in der Lage ist, ein Werk auch tiefer zu durchdringen, wer Anspielungen und Zitate versteht, wer seine Formensprache einzuordnen weiß, wird sich an seiner ästhetischen Fülle berauschen können. Und diese intellektuelle Einsicht in die innere Notwendigkeit des Kunstwerks ruft ähnliche Glücksgefühle hervor wie der Genuss einer etwas anspruchsvolleren Aromenarchitektur. Doch was für den Genuss von Romanen oder sinfonischer Musik eine Selbstverständlichkeit ist, wird bei der Kulinarik oft bezweifelt. Was auch daran liegt, dass jeder Mensch essen muss, und schon die Aufnahme einfachster Nahrungsmittel, vor allem bei großem Hunger, starke Glücksgefühle hervorrufen kann. Es braucht nicht viel, um den leeren Magen zu befriedigen.

Doch hier geht es weder um dieses vitale Grundbedürfnis noch um den Einsatz von Würzmitteln, die einen ähnlichen Effekt haben sollen wie Viagra. Es werden zwar ständig Bücher wie *Food for love* auf den Markt geworfen, die »Rezepte zum Verführen« anbieten, in denen dann ganz viel Vanille und ganz viel Granatapfel vorkommen, aber das ist natürlich Kochbuchkokolores. Auch der Roman *Der Koch* von Martin Suter erzählt von erotisierenden Speisen. Die Geschichte vom genialischen Molekulardruiden, die außerdem noch mit inhaltlichen Geschmacksverstärkern wie dem Bürgerkrieg in Sri Lanka und dem Schweizer Waffenhandel gewürzt ist, liest sich gut weg. Aber wer die dort angegebenen Rezepte einmal nachgekocht hat, durfte feststellen, dass sich die Gerichte besser lesen als sie schmecken, und damit wird aus dem behaupteten »Love Food« eher eine Frustmahlzeit. Ein guter Schriftsteller muss kein guter Koch sein, und doch verliert der Roman durch diesen Praxistest den entscheidenden Witz.

Auch ich habe in meinen Romanen immer wieder Küchenszenen eingebaut. Es gibt sogar Gerichte, die mehrfach auftauchen, nicht weil mir keine Alternativen einfielen, sondern weil viele Lebensmittel einen ganz bestimmten Assoziationsraum öffnen – ganz unabhängig von den biochemischen Fakten. Wenn der jugendliche Held seiner Angebeteten gratinierte Austern serviert, wird eben eine andere Geschichte erzählt als beim verheirateten Paar, das sich über eine Portion Spaghetti mit Tomatensauce hermacht. Die Austern müssen als orale Stimulanz nicht erklärt werden. Allein die Symbolkraft des Muschelgerichts steuert bereits die Bilderwelt des

Lesers. Bislang habe ich davor zurückgeschreckt, Figuren in meinen literarischen Texten einzuführen, die mit großem technischen Aufwand kochen, weil diese Typen gleich als schräg und seltsam wahrgenommen werden, als Koch-Nerds. Aber wahrscheinlich ändert sich diese Wahrnehmung, und die Gastrosexualität setzt sich als gesellschaftliches Konsensmodell endgültig durch.

Wer sich über klug komponierte Gastrosexgerichte informieren möchte, sollte die schon erwähnte Homepage *Kochmonster.de* aufsuchen, die Gerichte auf sehr ernste und damit wunderbar ironische Weise nach dem »Anmach-Faktor« einteilt. In der Rubrik »Betören« bekommt man etwa einen gedämpften Lauch, mit Trüffeljus, Rübchenmousseline und Mandel-Parmesan-Crunch empfohlen. Dieses Gericht des Sternekochs Andreas Krolik mag zwar irgendwelche Bestandteile enthalten, um deren Betörungsqualitäten bereits die alten Griechen wussten, aber darum geht es gar nicht. Denn das Zusammenspiel von Lauch (mit dem viele Köche gar nichts anzufangen wissen), der weichen Mousseline und der Nuss-Käse-Knusperei, dieses Wechselspiel diverser Texturen und Geschmacksrichtungen (salzige Jus, süßliche Rüben und das Umami vom Hartkäse) ergibt eine Komposition, die nur vollständig erfassen und genießen kann, wer sich schon zuvor mit der gustatorischen Wahrnehmung auf der Zunge beschäftigt hat. Über den oralerotischen Witz dieses Gerichts kann sich amüsieren, wer die intellektuelle Leistung des Kochs nachvollziehen kann. Ansonsten wird der Trüffellauch von Krolik auch nicht »betören«.

Ambitionierte Köche überfordern ihre Gäste regelmäßig mit Gerichten, die dem Laien in ihrer Komplexität völlig unverständlich bleiben. Gerne verwenden berühmte Köche ein solches Unvermögen des Essers auch als Ausrede, um von eigenen Fehlern abzulenken. Da ist jemand, der sich über die versalzene Suppe beschwert, schnell mal ein Dilettant. Aber das ist ein anderes Thema. Zurück zur These, dass der kulinarische Genuss auf hohem Niveau (nichts gegen eine gute Erbsensuppe) immer auch ein Fest fürs Hirn ist und dass die Erotik des Essens nicht davon abhängt, ob Stoffe eingesetzt werden, die angeblich für einen schnellen Ständer sorgen.

Kulinarische Mythen halten sich über Jahrtausende, und im Grunde ist das auch nicht weiter schlimm. Wer glaubt, eine Frau mit etwas Schokoladenmousse oder Feigenkompott verführen zu können, dem soll dieser Mythos nicht genommen werden. Autosuggestion hilft vielleicht beim Rumkriegen. Auf keinen Fall sollte der gastrosexuelle Besserwisser unter seinen Gästen eine Diskussion über die hier angedeuteten Zusammenhänge von ausgebildetem Geschmackssinn und der Fähigkeit zum kulinarischen Lustgewinn anregen, denn die führt schnell zum Streit darüber, ob es bessere oder schlechtere, klügere oder einfältigere, leicht erregbare oder frigide Esser gibt. Und solche Gespräche sind in jeder Hinsicht abtörnend.

Wenn ich bisher in diesem Kapitel die erotischen und damit die kommunikativen Aspekte des Kochens und Essens betont habe, dann möchte ich jetzt nicht versäumen, auf ein anderes, ebenfalls sehr männliches Bedürfnis einzugehen, das mindestens genauso wichtig ist und das früher vielleicht beim Basteln im Hobbykeller befriedigt wurde, nämlich auf den Wunsch, einfach mal in Ruhe gelassen zu werden. Ohne auf irgendwelche Studien verweisen zu können, würde ich nämlich behaupten, dass Frauen durchaus eine größere Sehnsucht nach Klatsch und Tratsch haben als Männer. Frei nach dem etwas pauschalen Motto: Tea-Time ist für Frauen, Männer brauchen Me-Time. Und diese Auszeit von der Dauerkommunikation in Beruf und Familie findet der Gastrosexuelle wiederum in der Küche (wenn die Frau eingesehen hat, dass dieser Raum das Revier des Mannes ist, die Kinder beim Schippeln nicht mithelfen und die Gäste nicht über jeden Schnitt und Schritt des kochenden Gastgebers informiert sein wollen).

Meine Frau wundert sich, dass ich auch die vermeintlich niedrigen Küchentätigkeiten wie Gemüseputzen, Kräuterhacken, ja auch Spülmaschineausräumen sehr gerne übernehme. Denn gerade die etwas langweiligen Schäl- und Putzvorgänge bieten ganz viel Zeit zum Entspannen und Nachdenken. Gastrosexuelle Männer sind, was das Schneiden, Rühren und Braten angeht, so routiniert, dass Kochen eine gute Möglichkeit bietet, im turbulenten Familienalltag einmal abzutauchen. Ich kenne einen Manager, der, wenn er mal nicht um die Welt jettet, am Rechner oder in Meetings sitzt, eine große Freude daran hat, eine Wurstplatte kunstvoll zu drapieren oder viele hundert Gemüsestückchen in eine exakt gleiche Form zu bringen. Als ich ihn einmal gefragt habe, warum er die Karottenrauten einzeln mit dem Messer schnitze und nicht mit einer entsprechenden Reibe herstelle (die er selbstverständlich besitzt), antwortete er trocken: »Das Schnitzen dauert länger.« Als ich dann noch wissen wollte, woran er beim Karottenrautenschneiden denke, gab er zu: »An gar nichts.« Er lächelte, als er das sagte! Und fügte hinzu, dass die meditative Leere im Kopf für ihn ein großes Geschenk sei.

Es gibt nur wenige Orte in unserer Gesellschaft, an denen wir Männer diese Leere im Kopf so genießen können wie in der Küche. Wir könnten natürlich einen Spaziergang machen oder in die Sauna gehen. Aber wer stellt dann das Essen auf den Tisch? Der Vorteil der Küchenarbeit ist, dass alle denken: Toller Mann! Endlich mal jemand, der sich an der Hausarbeit beteiligt und nicht faul auf dem Sofa herumliegt! Das stimmt natürlich auch, aber dass der Kerl sich gerade beim Kartoffelschälen entspannt, bekommen zum Glück nur die wenigsten mit. Außerdem ist es eine große Kunst, beim Kochen den Kopf wirklich frei zu machen.

Mir gelingt das auch nicht immer. Ich denke zwar nicht lange darüber nach, wie ich eine Brühe anzusetzen habe oder mit welchen Aromen ich eine Lammkeule marinieren soll, die nach dem Anbraten 14 Stunden ins Wasserbad gelegt wird. Aber wenn ich brate und abschmecke, wenn ich die Geräte auf Temperatur bringe oder sie wieder in den Schrank räume, dann stelle ich mir oft grundsätzliche Fragen: Warum das alles? Wer bin ich? Und will ich das wirklich sein? Ja, wenn ich Fisch filetiere oder Fleisch pariere, denke ich über Tod und Teufel nach. Das Kochen kann durchaus psychotherapeutische Aufgaben übernehmen. Mal rühre ich eine aufkommende Midlife-Crisis in eine Sauce ein, mal verschwinden Fragen nach dem Ende des Lebens im Dampfgarer. Oft gehe ich banale Alltagsfragen durch: Wer holt das Kind morgen von der Schule ab? Muss der Rasen im Garten gemäht werden? Habe ich den Termin beim Zahnarzt vergessen? Zuweilen nutze ich die Zeit am Herd, um meine Texte im Kopf fortzuschreiben.

Doch im Grunde sollten wir Gastrosexuellen uns frei machen von dieser Gedankenarbeit beim Kochen. Wir sollten stundenlang Kohl putzen und an *nichts* denken. Wir legen den Kaninchenrücken in eine Zucker-Salz-Lösung und sind im wortwörtlichen Sinne absolut gedankenlos. Erst wenn es darum geht, das Kaninchen aus dem Ofen zu holen und es aufzuschneiden, die blanchierten und marinierten Rosenkohlblättchen auf einer Rosenkohlcremelinie zu drapieren, während wir die Friteuse beobachten, weil darin eine Rosenkohlhalbkugel im Teig gebrutzelt wird, ja, dann sind Kopf und Körper wieder voll im Einsatz, dann entwickelt sich eine oral-erotische Sehnsucht, die beim Genuss des Gerichts befriedigt werden kann. Was ein Glück, wenn die Texturen und Aromen harmonieren! Was ein Glück, wenn die Gespräche der Gäste beim Essen dann doch verstummen, wenn die Frau den kochenden Mann anlächelt und sagt: »Nie war dein Rosenkohl besser.«

HÖHEPUNKT HAUPTGANG

Oft ist das, was wir landläufig den Hauptgang nennen, eine große Enttäuschung. Sieht man einmal von Lokalen ab, die sich von der klassischen Speisenfolge verabschiedet haben, bekommt man selbst in guten Restaurants nach dem Fischgang einen klassischen Fleischgang, begleitet von etwas Gemüse und einer Sättigungsbeilage. Kurioserweise wiederholen Hobbyköche auch daheim den überlieferten Hauptspeisendreiklang, weil man annimmt, die Gäste freuten sich darüber. Die pragmatische Langeweile beim Hauptgang hat für uns kulinarische Heimwerker auch handfeste Gründe.

Wer sich spät am Abend noch einmal in die Küche stellt, um die Hauptspeise zuzubreiten, geht oft auf Nummer sicher. Bloß keine Experimente mehr, lautet frei nach Adenauer das Motto. Außerdem will man die Gäste nicht schon wieder eine gute Stunde warten lassen, um sie schließlich mit einem Soufflé von geräucherten Nüssen, fermentierten Kohlsorten und ein paar Tropfen Salatsaft zu überraschen. Da muss dann schon ein ordentliches Stück Fleisch her, nicht wahr? Zumal die Proteinklumpen im Wasserbad nahezu von selbst garen. Wenn die parallel gereichte klassische Schmorvariante des Fleisches ebenfalls vorbereitet ist, wenn im Thermomix eine Zimtbéarnaise auf Temperatur gehalten wird, wenn in der Mikrowelle schnell mal Tapiokaperlen gepufft werden, dann ist der Hauptgang selbst im Vollsuff ein Kinderspiel. Aber was hat das noch mit Gastrosex zu tun? Selbst wenn die Gäste sich am Mahl erfreuen, weil die Technik und das vorhandene Koch-Know-how tatsächlich für ein gutes Essen gesorgt haben, bin ich trotzdem von mir enttäuscht. Weil ich meinen eigenen Ansprüchen nicht gerecht geworden bin. Beim Hauptgang werde ich daher regelmäßig gastrosophisch, stelle mir weltumspannende Fragen zur Ernährung und grübele, wie die Zukunft der Kulinarik aussehen mag.

Ein Thema, von dem ich heute nicht weiß, welche Rolle es in der Küche eines Tages spielen wird, ist der Verzehr von Insekten. Wie schon erwähnt, werden für den unerschrockenen Gastrosexuellen inzwischen auch Insektenkochkurse organisiert, aber solche Angebote sind eher die Ausnahme. In der Haute Cuisine wird das Thema zuweilen belächelt oder zum Medienereignis stilisiert. Cédric Auriol, Jungunternehmer aus der Region Toulouse, züchtet seit 2011 Grillen und Mehlwürmer. Nach eigenen Angaben beliefert er Spitzenrestaurants in Frankreich und inzwischen auch eine Kaufhauskette. David Faure, ein Sternekoch aus Nizza, soll jede Woche 1000 Grillen und 4000 Mehlwürmer aus Auriols Zucht beziehen. Schokopralinen mit Grillen und Kekse aus Mehlwurmpuder kann man direkt bei ihm online unter *micronutris.com* bestellen. Mein Lieblingsprodukt sind bunte, aus Insektenpulver bestehende und mit getrockneten Insekten verzierte Macarons, die Auriol folgendermaßen bewirbt: »Ces macarons sont faits à partir de 20% de poudre d'insectes. Un grillon orne le dessus de chaque macaron. Les insectes sont nés et élevés par Micronutris.« Wie Biobauern, die Obst und Gemüse »direkt vom Bauernhof« anbieten, so ist der Mann, der nicht aus der Lebensmittelbranche kommt, stolz auf die eigene Aufzucht und Vermarktung seiner Produkte.

Als unlängst auch der Pionier der nordischen Küche, René Redzepi, Ameisen auf die Karte setzte, sprachen Kritiker von Effekthascherei, und Köche warnten vor dem Gesundheitsamt. Es begann eine Diskussion, die uns die nächsten Jahrzehnte begleiten wird. Zunächst einmal war es ein Novum in der Sterneküche, das selbstverständlich zum journalistischen Thema wurde, so wie eben alles mediale Resonanz erfährt, was in der Spitzengastronomie passiert. In seriöseren Food-Magazinen wie *Port Culinaire* wurde anhand der Küche von Redzepi der Frage nachgegangen, inwieweit der ökologische Faktor die Lebensmittelgewohnheiten der Menschen künftig bestimmen werde. Weil aber eine naturnahe Küche mit »unseren eingeschränkten Vorstellungen vom Essen, der weit verbreiteten Vorliebe für industrielle Nahrungsmittel und der damit verbundenen Massentierhaltung nicht zu realisieren ist, wird es zu einer erheblichen kulinarischen Umorientierung kommen. Wir werden früher oder später eine Menge Dinge essen, die bisher auf unserem Speiseplan kaum eine Rolle spielen«, schreibt Jürgen Dollase.

Wir werden also Knollen und Kräuter wiederentdecken, die aus den unterschiedlichsten Gründen in Vergessenheit geraten sind. Wir werden von bekannten Lebensmitteln auch jene Teile verzehren, die wir bislang wegwerfen. Und wir werden, falls es tatsächlich zu der »kulinarischen Umorientierung« kommt, auch Insekten und Würmer essen. Warum auch nicht? Wer einmal in Asien unterwegs war und kein kulinarischer Angsthase ist, hat bestimmt frittierte Heuschrecken probiert und festgestellt, dass die Dinger so schlecht nicht schmecken. Aber um den guten Geschmack und die knackige Konsistenz soll es jetzt mal nicht gehen, denn die Insektenküche würde, gäbe es ein offizielles Öko-Ranking, nicht nur jedes tierische Produkt, sondern auch viele Obst- und Gemüsesorten allein in der Energiebilanz schlagen: Insekten leben überall auf der Welt und müssen nicht angeliefert werden. Insekten müssen weder gedüngt noch mit Hormonpräparaten aufgepäppelt werden, um sich rasend schnell zu vermehren. Selbst strenge Vegetarier zögern nicht, im Sommer die Fliegenklatsche aus dem Schrank zu holen und die lästigen Viecher umzubringen. Wäre da nur nicht der Ekelfaktor!

Wir können davon ausgehen, dass es auch in den nächsten Jahren zahlreiche Skandale in der Fleischindustrie geben und dass frischer Meeresfisch zu einer raren Delikatesse wird. Insofern ist es nicht unrealistisch, dass der Mensch sich irgendwann eher vor Gammelfleisch und stinkendem Zuchtfisch ekeln wird als vor einer panierten Waldameise. Und wir werden nicht nur Insekten genießen, unser Verhältnis zu Würmern und Quallen wird sich ebenfalls ändern. Wer einmal einen Strandurlaub mit Quallenplage erlebt hat, hat gewiss seltsame Vernichtungsfantasien gehegt, in denen die massenhaft auftretenden Gallertmonster mittels riesiger Pürierstäbe zu Brei verarbeitet werden. Wenn es um Quallen geht, darf auch der friedliebende Zeitgenosse alle sadistischen Triebe ausleben; niemand würde sich über einen Quallenkiller beschweren. Aber warum gehen wir nicht einen Schritt weiter? Warum essen wir den Glibber nicht? Warum zerschneiden wir diese Dinger nicht in feine Streifen, marinieren sie mit Zitronensaft, Kräutern und Gewürzen, wie es in der asiatischen Küche gemacht wird? Warum Lachscarpaccio, wenn es einen Quallenceviche gibt?

So könnte also ein Hauptgang aussehen, der wirklich mal ein Höhepunkt wäre: Zur eingelegten Qualle reichen wir im Reisweinteig ausgebackene Grashüpfer, und das erwähnte Wurmmehl mischen wir unter ein dickflüssiges Püree von Roter Bete, so dass ein rosafarbener Brei entsteht, den wir wie eine Polentaschnitte im Ofen ausbacken. Was ist dagegen schon ein Kalbsfilet mit Pfifferlingen? Zugegeben, das mag ich auch. Aber was halten wir von einem In-vitro-Burger, dessen Fleisch aus im Labor gezüchteten Rindermuskelzellen besteht? Dann doch lieber mein Quallengericht! Die eigenen kulinarischen Wertmaßstäbe werden sich ändern. Es wird, auch im Zuge zunehmender Individualisierung, sich weiter ausdifferenzierende Ernährungskonzepte geben. Trendforscher meinen einen Typus schon ausgemacht zu haben: den Flexitarier, der auf die Hauptspeise Fleisch grundsätzlich verzichtet und der, wenn er doch mal Hunger auf ein Filet hat, nicht zum Massentiermetzger geht, sondern Premiumprodukte beim Erzeuger um die Ecke oder bei Online-Anbietern wie *Otto Gourmet* kauft.

Auch die Lebensmittelindustrie wird sich möglicherweise auf die wachsende Gruppe der Flexitarier einstellen. Ähnlich wie die Etiketten »veggie«, »bio« und »regional« zum Verkaufsargument geworden sind, könnte es bald auch Märkte für den Flexitrend geben. Und dann kommen die Insekten, Würmer und Quallen ins Spiel. Die sind zwar nicht »veggie«, möglicherweise nicht mal »bio«-zertifiziert, stellen aber für den flexiblen und bewussten Esser ein Angebot dar, das in puncto Nachhaltigkeit die Höchstwerte erreicht.

Wir werden, wenn wir Lebensmittel kaufen, zukünftig immer häufiger die unterschiedlichsten Plus- und Minuspunkte eines Produkts abzuwägen haben: Wie teuer, wie regional, wie biologisch korrekt, wie vegetarisch beziehungsweise vegan und wie nachhaltig soll unsere Nahrung sein? Wie sieht es mit dem Nährstoffgehalt und wie mit dem Geschmack aus? Es wird wohl wenig Essbares auf der Welt geben, das allen Anforderungen gleichermaßen entspricht. Vielmehr werden wir sehr widersprüchliche Antworten erhalten, wenn wir am konkreten Beispiel den Kriterienkatalog durchgingen, der sich übrigens beliebig erweitern ließe.

Nehmen wir einmal einen unverdächtigen Sojaquark. Dieses Lebensmittel ist vegan und verhältnismäßig preiswert. Wenn der Tofu nicht gerade mit irgendwelchen Mittelchen gestreckt wurde, ist er in einer abwechslungsreichen Ernährung auch gesund, selbst wenn er nicht nach europäischen Bionormen erzeugt wurde. Allerdings wird der Sojaquark wahrscheinlich nicht von einem regionalen Anbieter stammen, und wegen der langen Transportwege und der oft zweifelhaften Produktionsbedingungen wird Tofu auf der Nachhaltigkeitsskala eher schlecht abschneiden. Ein anderes Beispiel. Die Karotte vom Biobauern auf dem Wochenmarkt wird in allen Bereichen Höchstnoten erzielen. Aber wir können doch nicht nur Möhren futtern, wir sind ja keine Hasen!

Selbst für gut informierte Kunden ist es nicht leicht, Kaufentscheidungen zu treffen. Aus diesem Grund werden konservative Einkäufer bei dem bleiben, was sie schon immer in den Warenkorb gelegt haben, und daheim dann, mit einem mehr oder weniger ausgeprägten schlechten Gewissen, Pferderestfleischbouletten und Genmais in sich hineinstopfen. In dieser neuen kulinarischen Unübersichtlichkeit könnte die Bedeutung von sogenannten »Foodkuratoren« wachsen, wie Hanni Rützler und Thomas Huber im vom Zukunftsforscher Matthias Horx herausgegebenen Blatt *trend update* formulieren. Denn wie soll der Lebensmittellaie wissen, ob die Label-Versprechen auch eingehalten werden: »Wenn glückliche Weidekühe auf der Verpackung zu sehen sind, der Hersteller aber nicht garantieren kann, dass die gesamte Milch auch von Weidekühen stammt, fühlen sich zwei von drei Verbrauchern getäuscht.« Weil viele Testinstitutionen an Glaubwürdigkeit verloren haben, könnten wirklich unabhängige und nicht-ideologisierte »Foodkuratoren« über das beliebte Greenwashing der Lebensmittelindustrie aufklären, detaillierte Hintergrundinformationen zu den verschiedenen Lebensmittel liefern und mit klaren Kaufempfehlungen einen wachsenden Einfluss auf die Konsumenten erhalten und ausüben.

Ob das die Freude und die Freiheit beim Kochen einschränkt? Ob die anstehenden Debatten über die Zukunft der Ernährung auch den Zuschnitt des heiligen Hauptgerichts grundlegend ändern? Ob wir Hobbyköche vielleicht im Zweitberuf als »Foodkuratoren« arbeiten? Prädestiniert wären wir für diesen Job. Aber wollen wir das? Ich weiß es nicht. Möglicherweise erweitern die Analysen unseren kulinarischen Horizont, und wir Gastrosexuellen hätten, wenn unsere Gäste mit einem zarten Hauptgangfleisch rechnen, wir aber die viel zartere Qualle mit knuspriger Heuschrecke servieren, am Tisch viel zu erzählen, von wegen nachhaltig und so.

DER BAUER IN UNS

Wenn man sich mit der Zukunft des Essens beschäftigt, sollte man sich vor Verallgemeinerungen hüten. Trendforscher sprechen gerne von Ausdifferenzierungen, von großen Entwicklungslinien und aktuellen Themen, die mal auftauchen und schnell wieder verschwinden. Es sind auch Phänomene zu beobachten, die sich nur wenig ändern. Eine solche Konstante ist das Essen auf dem Lande. Wer sich beispielsweise die Speisekarten der durchschnittlichen Landgasthäuser in Deutschland ansieht, dem bietet sich das immer gleiche, meist sehr trostlose Bild. Oft gibt es Gulaschsuppe aus dem Eimer, die übliche Schweineschnitzel-mit-Pommes-und-kleinem-Salat-Kombination und zum Nachtisch Eis aus der Fabrik. Zuweilen wird die Karte mit regionalen Angeboten angereichert (»Spezialitäten« möchte ich das nicht nennen), im Süden wären das zum Beispiel Maultaschen und Fertig-Wild-Gerichte und an der Küste bekommt man in fast jedem Landgasthaus Dorsch mit Senfsauce. Immerhin ist der Fisch meistens frisch, nur die Sauce verdient den Namen nicht, weil oft nur Senf und Sahne zusammengerührt werden. In Süddeutschland werden zu fast jedem Gericht (nicht immer selbst gemachte) Spätzle aufgetischt, im Norden sind es die Einheitsbratkartoffeln. Das war vor zwanzig Jahren so und wird sich auch in den kommenden zwanzig Jahren nicht ändern. Wolfgang Abel, der energische Verfechter einer badischen Küche, die auf Folklore und Fertigprodukte verzichtet, wettert seit Jahrzehnten gegen das mittelmäßige Angebot vor allem in jener Region, die sich das gute Essen auf die Fahnen geschrieben hat. Seine bissigen Bücher über die Gastronomie im äußersten Südwesten erscheinen immer wieder in neuer Auflage, aber eine Verbesserung der kulinarischen Basis ist nicht in Sicht. Diese Nichtentwicklung im niedrigen bis mittleren Preissegment provinzieller Lokale (die es übrigens auch in der Stadt gibt) entspricht freilich dem durchschnittlichen Einkaufsverhalten im Supermarkt: Warum sollten Kunden, die im Restaurant am liebsten Fritten essen, daheim plötzlich Kartoffel-Espuma herstellen? Selbst wenn sich ein Landstrich kulinarisch entwickelt, weil es zunehmend Spitzenlokale, aber auch sehr viel bessere Landgasthäuser gibt, wird das die Koch- und Ernährungsgewohnheiten der breiten Masse nicht wesentlich beeinflussen. Nehmen wir Schleswig-Holstein. Hier konnte man in den vergangenen Jahrzehnten eine erstaunliche Entwicklung beobachten.

Nicht mal ein halbes Jahrhundert ist es her, da zählte man in Süddeutschland die Sterne, während der hohe Norden eine kulinarische Wüste mit nur wenigen Oasen war. Mittlerweile finden Gourmettouristen in den Küstengebieten nicht nur Restaurants der Spitzenklasse. Auch regionale Qualitätsoffensiven wie *Feinheimisch* sowie engagierte Genussführer wie *Mohltied!* sorgen dafür, dass auch die Basis sich verbessert und kleine und gute Landgasthäuser wie der *Riesby Krog* bei Eckernförde entsprechend vermarktet werden. Selbstverständlich stehen auch im *Riesby Krog* die Klassiker der norddeutschen Küche auf der Karte (ansonsten könnte der Laden gleich schließen), doch die kochende Autodidaktin Maria von Randow, die mich, was ihre Leidenschaft fürs Essen angeht, stark an meine gastrosexuellen Freunde erinnert, wird selbst den Senfsaucendorsch niemals so langweilig kochen, wie man das von den Lokalen in dieser Region gewohnt ist. Trotzdem bleiben der *Riesby Krog* und ähnlich gehobene Landgasthäuser eine Ausnahme. Kulinarische Innovationen und Ernährungstrends sind eher im urbanen Umfeld zu beobachten – selbst wenn die meisten Lebensmittel immer noch auf dem Land und unter Bedingungen wachsen, die dem anspruchsvollen Bio-Städter nicht zusagen.

Dieses Missverhältnis hat dazu geführt, dass einige Stadtbewohner partiell zur Selbstversorgung übergegangen sind. Der Kommunikationswissenschaftler Christian Schindler, der den informativen Blog *zukunftessen.de* betreibt, glaubt an eine stetige Zunahme von Projekten, die sich als »Urban Gardening« beschreiben lassen: Brachliegende Flächen, die es gerade in nicht ganz so entwickelten Stadtteilen gibt, werden in Anbaugebiete für Obst und Gemüse umgewandelt. Ein Beispiel ist der Prinzessinnengarten in Berlin-Kreuzberg. Die Salate, Kräuter, Früchte und Knollen, die hier angepflanzt werden, können entweder im angeschlossenen Gartencafé gegessen oder selber geerntet und zum guten Preis gekauft werden. Sympathisch-auffällig dabei ist, dass diese Lebensmittel vielen EU-Richtlinien nicht entsprechen und durch alle bürokratisch festgelegten Handelsklassen fallen.

Wer sich im Prinzessinnengarten umschaut, stellt fest, dass »Urban Gardening« für sehr unterschiedliche Zielgruppen attraktiv ist. Mit Sicherheit freuen sich junge und alte Ökos über eine Landidylle in der Großstadt, aber auch für uns Hobbyköche sind ernte(!)frische Zutaten ein großer Genuss. In meinem Garten zum Beispiel (der nicht wirklich »urban« ist) betreibe ich eine kleine Kräuterzucht. So kann ich auf alle wichtigen Blättchen, die ich in der Küche nicht bevorraten kann, zumindest saisonabhängig zugreifen: Bärlauch, Waldmeister, Salbei, diverse Minzesorten, Estragon, Zitronenmelisse, Schnittlauch, Petersilie. Wobei wir Gastrosexuellen uns nicht zu viel auf den Bauern in uns einbilden sollten. Nur weil wir im Garten oder auf dem Balkon ein bisschen Grünzeug anpflanzen, werden wir die Zukunft des Essens nicht wirklich beeinflussen.

Neben den innerstädtischen Gartenprojekten gibt es eine Reihe von Höfen, die – mal stadtnah, mal fern auf dem Lande – immer häufiger von Hobbyköchen und Reisenden besucht werden, die miterleben wollen, wie gute Lebensmittel entstehen: Vor den Toren von Wiesbaden liegt die Domäne Mechtildshausen, bei Hamburg das schon erwähnte Gut Wulksfelde in Tangestedt, in Berlin kann man mit der S-Bahn zur Domäne Dahlem fahren. Und die Münchener besuchen die Herrmannsdorfer Landwerkstätten in Glonn. Diese Vorzeigebetriebe bieten das Kontrastprogramm zur sonst üblichen Massentierhaltung und Monokultur auf deutschen Feldern. Molkereien, Käsereien und Backstuben, Keltereien und Imkereien, Ställe und Gehege sind zu besichtigen; in Hofläden, Cafés und Restaurants werden die eigenen Produkte angeboten. Das interessiert nicht nur den kochenden Papi, sondern die ganze Familie.

Georg Schweisfurth, dessen Vater die Hermannsdorfer Landwerkstätten gründete, hat unlängst ein Buch herausgebracht, in dem die »erfolgreichsten Bio-Pioniere Europas« vorgestellt werden. Betriebe in Dänemark, Italien, Frankreich, Spanien, der Schweiz und Österreich sind dabei. Selbstverständlich geht es bei Schweisfurth auch um Schweisfurth, denn als Mitgründer der Bio-Supermarktkette *basic* gehört er ganz bestimmt zu den erfolgreichsten »Bio-Pionieren«. Die Geschichte dieser Firma zeigt aber auch die Grenzen dieses Booms, denn als die böse Discounterkonkurrenz bei den guten Bioleuten einstieg, zogen sich viele Zulieferer zurück, so zum Beispiel die Hermannsdorfer Landwerkstätten, die heute von Georgs Bruder Karl Schweisfurth geleitet werden.

Einen anderen Trend, der sich einreiht ins »Urban Gardening« benennt Hanni Rützler, Autorin des *Food Report* 2014. Es geht dabei um Müllvermeidung und Wiederverwendung von Lebensmitteln, die den Handelsnormen nicht entsprechen und möglicherweise gar nicht in den Handel gelangen. Weil Neuerungen, die auch als solche daherkommen sollen, immer mit einem englischen Terminus versehen werden, wird diese Entwicklung unter dem Stichwort »Re-Use« zusammengefasst. Auf *culinarymisfits.de* handeln Lea Brumsack und Tanja Krakowski zum Beispiel mit Gemüse, das nicht perfekt aussieht: »Knapp die Hälfte der Ernte landet täglich im Müll, d. h. sie bleibt entweder gleich auf dem Feld zurück, wird vom Händler entsorgt oder an Tiere verfüttert.« Regionaler und saisonaler als die beiden kann man kaum kochen, und weil dieses Konzept eine starke Botschaft enthält und auch optisch gut zu inszenieren ist, bieten die Misfits-Macherinnen auch ein Catering mit »sich umarmenden Möhrchen mit drei Beinen oder überdimensionalen Zucchini« an.

Was früher weggeschmissen wurde, tritt jetzt als kulinarisches Highlight auf. Ähnlich wie das Nose-to-Tail-Prinzip erfüllt Re-Use-Food also diverse Kriterien für das Essen der Zukunft: Es ist nicht nur gesund und lecker, sondern auch nachhaltig und bietet einen Gesprächsmehrwert. Dass Spitzenköche und ihre gastrosexuellen Adepten nur mit optisch perfekter Ware kochen, dabei Fisch, Fleisch und Gemüse zu kleinen Kunstwerken zurechtschneiden und formen, also viel Ausschuss produzieren, ist übrigens Schnee von gestern. Umfängliches Re-Use setzt nämlich voraus, dass man weiß, wie auch der kleinste Lebensmittelrest zu verwerten ist. Für den gastrosexuellen Mann ist es eine wunderbare Nebenbeschäftigung, den vermeintlichen Müll, also Schalen und Kerne, Fleischabschnitte und Fischköpfe weiterzuverarbeiten.

Schon aus Gründen der essayistischen Dialektik möchte ich drei Trends auf dem Lebensmittelmarkt erwähnen, die wenig mit der hier vorgestellten Idee gastrosexueller Kulinarik zu tun haben. Zunächst soll es um sogenanntes »Functional Food« gehen: Sven Gábor Jánszky, der sich auf seiner Homepage »Deutschlands innovativster Trendforscher« nennt, ist der Meinung, dass wir künftig immer mehr Nahrungsmittel konsumieren werden, die uns gesunder, schöner und leistungsfähiger machen: »Zunächst unterscheidet sich Functional Food in drei Bereiche: Beauty Food, Performance Food und Medical Food. Im Bereich Beauty sind es Drinks, die versprechen, die Haut zu bräunen, oder Schokolade, die zwar glücklich, aber nicht dick macht. Performance beschreibt jenen Bereich der Nahrungsmittel, die einen wacher, fitter und kreativer sein lassen. Medical Food sind Nahrungsmittel, die unser Immunsystem stärken, uns gesünder leben lassen. Diese Nahrungsmittel geben uns konzentriert die Stoffe, die uns nach Analyse unseres digitalen Gesundheitsassistenten im Körper fehlen.«

Was mich an derlei Trendforschung amüsiert, ist die gelungene Mischung aus Seriösität und Banalität. Denn einerseits ist der Befund, der auf *trendforscher.eu* nachzulesen ist, nicht von der Hand zu weisen, andererseits ist er auch nicht gerade neu: Als Kinder mussten wir Spinat essen, weil darin angeblich ganz viel Eisen enthalten war, und natürlich empfehlen Ärzte seit Urzeiten den Verzehr von Obst, frei nach dem englischen Sprichwort: »An apple a day keeps the doctor away.« Und wenn kein Obst zur Hand ist, dann werfen wir spätestens seit den siebziger Jahren irgendwelche Multivitamintabletten ein.

Ein anderes Schlagwort klingt jung und cool, bezieht sich aber auf Menschen mit Gebiss: »Smooth Food« werden Lebensmittel für die letzte Lebensphase eines Menschen genannt. Sie müssen von weicher Konsistenz sein, weil die Beißerchen wackeln. Sie sollten – anders als beim Babybrei – etwas intensiver gewürzt sein, weil die Geschmacksknospen kaum noch etwas wahrnehmen. Wir Gastrosexuellen haben, was das Essen angeht, keine Angst vorm Alter. Denn wir kennen uns mit dem Weichkochen, Schäumen und Pürieren bestens aus. Breiartige Konsistenzen sind sozusagen unser Spezialgebiet. Auf diese Erfahrung wird die Lebensmittelindustrie zurückgreifen, und wir können nach der Rente vielleicht noch als Smooth-Food-Berater arbeiten, zum Beispiel für ein Seniorenstift, in das wir dann irgendwann selbst einziehen.

Ähnlich überflüssig ist der Begriff »Comfort Food«. Gemeint sind Gerichte, die beim Esser ein gutes Gefühl hervorrufen, indem sie etwa nostalgische Erinnerungen auslösen. Die kulinarische Komfortzone ist natürlich eine höchst subjektive Angelegenheit: Die einen essen Sahnetorte, um sich besser zu fühlen, die anderen greifen zu Currywurst, andere gehen wiederum zum Asia-Imbiss und bestellen bei Stress T8, weil das Thai-Curry mit Tofu schon im Studium die perfekte Nervennahrung war. Wahrscheinlich gehört jedes Essen für irgendeinen Menschen zum Comfort Food. Womit der Begriff völlig sinnentleert ist.

Der letzte Trend, auf den ich hier kurz eingehen möchte, weil er in letzter Zeit oft beschrieben wird, ist ebenfalls keine kulinarische Neuigkeit, sondern ein altbekanntes Phänomen in der Kulturgeschichte. Es geht um die Sehnsucht nach Exotischem, die bei vielen Gastrosexuellen durchaus stark ausgeprägt ist. Erinnern Sie sich, als die ersten Kiwis in Supermärkten auftauchten? Und als es in den achtziger Jahren irgendwann Basilikum im Topf zu kaufen gab? Ja, das Lebensmittelangebot erweitert sich ständig. Der Markt der seltsamen Südfrüchte scheint unbegrenzt zu sein. Da selbst Billigdiscounter frische Litschis und Kumquats anbieten, müssen andere Früchte herbeigeschleppt werden, die zwar gut aussehen, aber oft langweilig schmecken, etwa Drachenfrüchte (Pitaya) und Sternfrüchte (Karambole). Gastrosexuelle lehnen solche Exoten ab, schon allein weil wir nicht mit Desserttellergarnituren arbeiten und Früchte ignorieren, die für die Frühstücksbuffetverzierung im Hotel garni eingesetzt werden.

Aber natürlich gibt es ständig Neues zu entdecken. Vor allem auf heimischen Feldern. Warum in die Ferne schweifen, wenn man noch nicht alle hiesigen Apfelsorten kennt und längst vergessene Kohlvarianten wiederentdecken kann. Ich möchte hier keinem kulinarischen Konservatismus das Wort reden, aber mich darüber wundern, dass sich einige Medien auf Leute stürzen, die sich »Foodhunter« nennen (leicht zu verwechseln mit »Foodkuratoren«, weil beide Bezeichnungen ähnlich doof klingen) und von gebratenem Schweinerüssel, den es wohl in Ecuador zu essen gibt, oder einem Igel berichten, der angeblich in Ungarn überm Feuer gegart wurde.

Vor allem in Lateinamerika und in Asien sind Foodhunter wie Karl Röske oder Mark Brownstein unterwegs, und wenn sie nach langen, ausgedehnten und abenteuerlichen Reisen wieder zurückgekehrt sind, erzählen sie gutgläubigen Journalisten (vorzugsweise im Fernsehen) von ihren großen Entdeckungen: »Wochenlang lebte Karl Röske etwa schon bei dem Stamm der Waorani in Ecuador, die Tiere noch mit Bambusrohren erlegen und auf ihren langen Jagdtouren den Hunger mit dem roten Saft des Drachenbaums betäuben. In Südamerika hat er auch seine interessantesten kulinarischen Funde gemacht: das Stachelgewächs ›guanabana‹ in Ecuador etwa, die Pfefferblüte in Kolumbien, die ›cho-cho‹-Bohne in Peru.«

Wer solche Zeilen im *Feinschmecker* liest, wird zunächst einmal denken: Donnerwetter! Waorani! Guanabana! Das hört sich alles sehr exotisch an. Wer aber ins Internet geht (uralte Kulturtechnik in Krautland), wird nach einer Minimalrecherche feststellen: Guanabana heißt hierzulande Sauersack. Die Frucht lässt sich sehr gut industriell verarbeiten, und so gibt es diverse deutsche Anbieter, die Sauersacksaft oder den Samen der Frucht vertreiben. Die Frucht ist so exotisch, dass der unbekannte Raritätenhändler *Amazon* mehr als ein Dutzend Sauersackprodukte gelistet hat. Wenn man weiß, dass Guanabana auch unter Graviola und Stachelannone firmiert, wird man zighundert Angebote finden, vor allem in Tablettenform, denn die Frucht gilt unter Heilkundlern als Medikament gegen Krebs. Der Export der frischen Frucht ist etwas schwierig, weil sie im reifen Zustand ziemlich druckempfindlich ist. Mein Feinkosthändler aber versprach mir, ein solches Teil innerhalb von drei, vier Tagen zu beschaffen. So weit, so exotisch.

Kurz noch zur Chocho-Bohne. Die ist hierzulande auch als Andenlupine bekannt. In Bolivien und Peru wird sie wegen ihrer essbaren Samen angebaut. Dort kennt sie jeder. Man nennt sie auch Altramuz, Tarwi oder Tawri. Die Samen müssen vor dem Verzehr mehrfach gewässert werden, wobei die Brühe, die nach dem ersten Wässern entstanden ist, in den Herkunftsländern oft als Insektizid verwendet wird. Wer gerne mit toxischen beziehungsweise hochallergenen Lebensmitteln experimentiert, kann die Samen der gar nicht exotischen Andenlupine im gut sortierten Kräuterhandel jederzeit kaufen. Eine Handvoll kostet nicht mal fünf Euro.

»Was der Bauer nicht kennt, (fr)isst er nicht.« Doofer Spruch, der wie alle doofen Sprüchen einen Wahrheitskern enthält. Im Fall der Andenlupine bin ich gerne ein Bauer. Ambitionierte Hobbyköche sollten sich von sogenannten Foodhuntern nicht blenden lassen. Stattdessen empfiehlt es sich Reportagen in Thomas Ruhls *Port Culinaire* lesen, in der es zum Beispiel um die Andenküche und um Zutaten geht, die wirklich exotisch sind: Cushuro, Huacatay, Maca, Mamey, Pacay, Tumbo. Schon mal probiert? Wenn wir Gastrosexuellen von echten Neuigkeiten auf dem kulinarischen Markt erfahren, möchten wir sie möglichst bald auch in unserer Küche einsetzen, werden demnach ziemlich schnell herausfinden, ob der Exot wirklich exotisch ist. Die Zukunft des Essens entscheidet sich allerdings ohnehin nicht durch den Import vermeintlicher oder echter Exoten, sondern in der Wahl jener Lebensmittel, die in nächster Nähe gedeihen.

GASTROSEXUALITÄT ALS EINSTELLUNGSKRITERIUM

Neulich hatte ich auf einer Party das Vergnügen, mit dem Personalchef eines mittelständischen Unternehmens zu sprechen, der sich bitter über die mangelnde Qualifikation der meisten Bewerber beklagte, mit denen er sich herumzuschlagen habe. Diese Beschwerden kennt man zur Genüge, werden sie doch ständig in allen Zeitungen von den unterschiedlichsten Betrieben aus den unterschiedlichsten Branchen wiederholt. Der Mann, dessen Namen ich versprochen habe nicht zu nennen, konnte aus produktionstechnischen Gründen eine Reihe von Stellen nicht unbesetzt lassen, nur weil die Kandidaten keine optimalen Einstellungsvoraussetzungen mitbrachten. Er musste sich entscheiden, gab im Gespräch unter vier Augen allerdings zu, dass es schwierig sei, sich auf das Bauchgefühl zu verlassen. Oft habe er erlebt, dass die Bewerber, gerade wenn ihnen die nötige Fachkompetenz fehlte, nur im Gespräch eine gute Performance lieferten. »Die versagen im Job, weil sie nicht in der Lage sind, die mangelnde Kompetenz wettzumachen und sich in das neue Arbeitsgebiet schnell und mit dem nötigen Elan einzuarbeiten.«

Beim nächsten Treffen schlage ich dem Personalchef vor, die Kandidaten über deren Hobbys besser kennenzulernen. Sein Gesicht gibt mir zu verstehen, wie wenig originell meine Idee ist. Er müsse nach den wirklich aussagekräftigen Freizeitaktivitäten fragen, beharre ich, und entwerfe ein kleines Psychogramm des Gastrosexuellen, versuche ihm klarzumachen, dass wir Hobbyköche auch in schwierigen Situationen (Hollandaise gerinnt) immer nach einer Lösung suchen (Eiswürfel in die Sauce), dass wir Perfektionisten also das Improvisieren gelernt haben, (weil wir eben nicht perfekt kochen können), dass wir uns als wahre Familienmenschen verstehen, also eine gewisse soziale Kompetenz mitbringen, dass wir Spaß am spielerischen Umgang mit Krisen haben und dass wir uns in kurzer Zeit in die aberwitzigsten Themen einarbeiten können. Und dass wir darauf brennen, erworbenes Wissen sofort in die Praxis umzusetzen. Mein Vorschlag also lautet, er solle das Bewerbungsgespräch eher zufällig aufs Kochen lenken. Wer dann mit einer flapsigen Bemerkung zugebe, nicht mal ein Spiegelei braten zu können, müsse sofort aussortiert werden.

Der Personalchef ist von meinem Vorschlag nicht auf Anhieb überzeugt. Also erzähle ich von meiner neuen Saftpresse und warum ich mich für ein Modell entschieden habe, das mit Zwillingskolben arbeitet. Ich zeige ihm das Gerät, das ich via Smartphone schnell im Internet finde, und er will wissen, mit welcher Presstechnik konkurrierende Geräte arbeiten. Ich erläutere die Entsafter mit Zentrifuge, aber bevor ich die Nachteile dieser Technik herausstellen kann, schießt er sich auf den deutlichen Preisunterschied ein. Warum sei der Zwillingskolben denn so teuer und brauche er den überhaupt, Saft sei doch Saft, meint der Schwabe, woraufhin ich erkläre, ja, wer nur mal eine Orange oder vielleicht noch eine Möhre auspressen möchte, solle sich im Supermarkt ein Gerät zulegen, das aus zwanzig Einzelteilen bestehe, das schwer zu reinigen sei und nach der ersten Benutzung garantiert im Schrank verstauben werde.

Und dann lege ich los: Mein Entsafter (den Markenname nenne ich nicht, weil es in diesem Segment tatsächlich konkurrierende Modelle gibt), sei ein Edelstahlschmuckstück, das auf der Anrichte steht. Bei diesem Gerät müssten – an dieser Stelle mache ich eine kleine rhetorische Pause, um dann so richtig auftrumpfen zu können – nur *vier* Teile gereinigt werden. Die Saftausbeute könne nicht besser sein. Der Trester sei absolut trocken; kein Saft werde verschwendet (das interessiert den Schwaben). Die Qualität des Saftes sei sensationell. Im Zwillingskolbengetränk würden nämlich keine Stückchen herumschwimmen (jetzt verlangt der Personalchef nach weiteren Details, denn er hasst selbstgepresste Orangensäfte mit Schlabberfruchtfleisch). Ich zitiere den einschlägigen Saftpressenverkäufer im Internet (der natürlich Zentrifugen ablehnt): »Entsafter mit Zwillingspresswalzen wringen den Saft aus, d. h. mit dem Stopfer wird das Pressgut zwischen die in einem sehr geringen Abstand laufenden Presswalzen gedrückt und dann mittels Sieb gefiltert. Durch den geringen Abstand von nur 0,1 mm zwischen den beiden Presswalzen ist die Saftausbeute erstaunlich hoch.« Der Personalchef nickt.

Jetzt ist die Gelegenheit, etwas ausführlicher zu beschreiben, worauf es einem Gastrosexuellen wie mir bei einem Entsafter ankommt (ich bin ja kein Fruchtsaftfetischist): Dieses Gerät sei in der Lage, auch Kopfsalat und Spinat, Sprossen und Weizengras, Rosmarin- und Tannennadeln zu entsaften. »Wer braucht denn so was?«, will der Personalchef sofort wissen, und ich erkläre ihm, warum es ein großes Vergnügen ist, aus chlorophyllhaltigen Säften hochkonzentrierte Saucen zu machen (etwa Feldsalatemulsionen), und wie eine Lammschulter schmeckt, die vor dem Garen mit Rosmarinsaft eingerieben wurde.

Der Personalchef, der (noch) nicht selber kocht, aber gerne gut essen geht, hört mir nun gebannt zu. Und ich bin nicht zu stoppen. Denn ich schwärme von Smoothies, die zur Hälfte aus Gemüse und zur anderen Hälfte aus Obst bestehen, etwa der inzwischen legendäre »Hulk«, ein grünlicher Cocktail, der aus Spinat, Apfel und Gurke hergestellt wird. Im Geiste presse ich Beerenobst-Bananen-Kohlrabi-Drinks, wobei ich merke, dass der Personalchef sich weniger über diese sonderbaren Getränkemischungen als vielmehr über meinen Vortrag amüsiert.

Es gibt tatsächlich Leute, die aus dem Smoothie-Genuss eine Religion machen und dem gläubigen Kunden predigen, man solle um der Gesundheit willen sich mehr oder weniger ausschließlich von grünen Smoothies ernähren. Das ist natürlich Quatsch. Damit würde man auch bei einem Personalchef nicht weit kommen. Ich berichte also davon, wie ich Brennnessel und Löwenzahn entsafte und die dunkelgrüne Flüssigkeit in einen Champagner träufele. Das überzeugt den Mann. Das Brennnessel-Löwenzahn-Perlgetränk und die Feldsalatemulsion wolle er gern mal probieren, sagt er. Ich spüre, wie seine Skepsis verschwunden ist. Er scheint darüber nachzudenken, ob es nicht doch einen Zusammenhang zwischen Kochbegeisterung daheim und der Leistungsbereitschaft im Job geben könnte. Dann tische ich ihm ein Thema auf, das unter Gastrosexuellen derzeit ganz besonders intensiv diskutiert wird, nämlich die erstaunliche Welt der Fermentation.

Für Lebensmittelproduzenten gehören die Gärungsvorgänge, bei denen organische Stoffe durch Zugabe von Enzymen, Bakterien, Pilzen oder biologischen Zellkulturen veredelt, haltbar beziehungsweise erst konsumierbar gemacht werden, selbstverständlich zum Alltag. Man denke an die Herstellung von Joghurt, Käse und Sauerteig, Bier, Wein, Tee und Kaffee, außerdem Sauerkraut, Salami und Matjes sowie asiatische Produkte wie Tsukemono (japanische Gemüse-Pickles), Miso, Natto (mit Reisstrohbakterien geimpfte Sojabohnen), Kimchi und Tofu. Alles Lebensmittel, die es ohne Fermentation nicht gäbe. Wie wichtig diese Gärprozesse sind, kann man auch ohne Chemiestudium erahnen, wenn man weiß, dass Biogas- und Impfstoff-Hersteller auf kontrollierte Fermentation angewiesen sind. Man könnte sogar noch einen Schritt weitergehen und sagen, ohne das Gären und Fermentieren existierte auf der Welt gar kein Leben, denn diese Abbauphänomene, welche durch zahlreiche Mikroorganismen betrieben werden, sind für den gesamten Stoffwechsel verantwortlich.

Jetzt lege ich dem Personalchef ein Fermentation-Themenheft der Zeitschrift *Effilee* auf den Tisch, in dem man nachlesen kann, warum das Gärthema gerade unter Gastrosexuellen derzeit reüssiert. Weil der Personalchef von dem Blatt noch nie etwas gehört hat, erzähle ich ihm zunächst, dass die *Effilee* mit einem variablen Ausgabenmotto aufwartet. Wenn es in dem Heft um Wein geht, dann wird die Nummer als »Magazin für Essen und Leber« verkauft, und wenn der Festtagsbraten durchdekliniert wird, liest man ein »Magazin für Brust und Keule«. Nur folgerichtig, dass die Fermentier-Ausgabe ein »Magazin für Gärung und Garung« ist. Der Personalchef lacht und ist erstaunt, wie kreativ diese Kochszene auch jenseits vom direkten Herdeinsatz ist.

»Unter uns Hobbyköchen«, sage ich, »zirkuliert dieses Heft auch deshalb, weil es zu diesem Thema kaum deutschsprachige Literatur gibt.« Dann halte ich ihm einen kleinen Vortrag: Was für das Sous-vide-Kochen viele Jahre Thomas Kellers *Under Pressure* war, ist derzeit Sandor Ellix Katz' Grundsatzwerk *The Art of Fermentation* für die private Gärküche. Beide Titel sind nur auf Englisch lieferbar, was aber nur auf den ersten Blick stört. Vor allem *The Art of Fermentation* lebt von der schönen und emphatischen Sprache des Autors. Wer sich ein paar Wochen lang durch *Modernist Cuisine* gearbeitet hat, mag kaum glauben, dass es eine Freude ist, ein Kochbuch zu lesen, das auf Hochglanzbilder verzichtet. Dieses Werk ist eine atemberaubende Textwüste, und leider kann ich dem Personalchef nicht einmal den schönen Anfang des Buches aus dem Kopf zitieren: »Little could I have imagined, as a New York City kid, who loved pickles, that those delicious, crunchy, garlicky sour pickles would lead me on such an extraordinary journey of discovery and exploration. (…) Yet, as my path through life led me to various nutritional ideas und dietary experiments, I did learn about the digestive benefits of bacteria present in living fermented foods and began to experience their restorative powers. And when I found myself with a garden, faced with a surplus of cabbages and radishes, sauerkraut beckoned me. Our love affair endures.«

Diese Liebeserklärung an das Fermentieren hat mich hineingezogen in einen Text, in dem sehr genau beschrieben wird, wie sich fast alles Essbare vergären und verwandeln lässt: Gemüse und Obst, Kräuter und Blattwerk, Milch und Eier, Getreide, Körner und Hülsenfrüchte, Fisch und Fleisch. Es entstehen leichte Limonaden und harte Schnäpse, Bier und Wein, Saucen und Brei. Das Saure wird gefeiert, als hätten die vielen Kohlsorten der Welt nur darauf gewartet, milchsauer eingelegt zu werden. Der Personalchef schaut mich an, als hätte ich zu oft und zu viel saure Milch getrunken.

Doch ich bin noch längst nicht am Ende meines Vortrags angelangt: Wer sich nicht auf diese allumfassende Darstellung des Fermentierens einlassen möchte, die den zutreffenden Untertitel »An in-depth exploration of essential concepts and processes from the world« trägt, ist mit der *Effilee*-Gärnummer gut bedient. Da die Hefte wie die meisten etwas hochwertigeren Food-Magazine nachzubestellen sind, durch ihre monothematische Ausrichtung und auch vom Preis her eher an Bücher erinnern (eine Ausgabe von *Port Culinaire* kostet rund 20, *Effilee* und *Beef* rund 10 Euro), stehen diese Zeitschriften inzwischen im Kochbuchregal, oftmals sogar im schicken Schuber. Das Sammeln lohnt sich auch aus Unterhaltungsgründen, denn was der Frankfurter Biologe Thomas Junker im *Effilee*-Gespräch über die Fermentation mitteilt, ist noch in hundert Jahren amüsant. Daher zitiere ich den Mann, auch wenn mich der Personalchef davon abhalten möchte: »Wir haben verschiedene Möglichkeiten, um Rohkost ein wenig bekömmlicher zu machen. Rohkost ist ja mal ganz nett, man isst schon mal einen Salat und 'ne Möhre, wenn's unbedingt sein muss, aber das Zeug liegt ja eigentlich vergleichsweise schwer im Magen. Und im Gegensatz zu den Gorillas, die nur Rohkost essen, sind wir daran nicht mehr gut genug angepasst. Wir müssen die Sachen bekömmlicher machen, ehe wir sie unserem Verdauungstrakt zuführen. Im Prinzip machen wir nichts anderes als die Kuh, die das Gras frisst und im Pansen fermentieren lässt. Dann erst kommt es in den richtigen Magen, und weil wir keinen Pansen haben, machen wir das in einem Gefäß außerhalb des Körpers.«

Der Personalchef lacht, als ich die Ausführungen des Biologieprofessors vorlese. Wenn die Fermentierung eine Art Vorverdauung, also ein Zersetzungsprozess sei, wundere ihn auch nicht, dass der saure schwedische Hering, den er mal in Skandinavien probiert habe, so höllisch gestunken habe. Wir sprechen noch eine Weile über die Möglichkeit, wie man den Abbau von Kohlenhydraten steuern kann, und das weiß der Mann, der gerne Champagner trinkt, sehr genau, denn er hat mal eine Führung bei einem Schaumweinhersteller in Reims besucht: Wenn die Hefe keinen Sauerstoff mehr hat, dann ist Schluss mit dem Fermentieren.

In der Spitzengastronomie wird schon seit ein paar Jahren mit spontanen und wilden Gärprozessen experimentiert, wie sie auch Sandor Ellix Katz in seiner Fermentierbibel beschreibt. Gerade die nicht immer planbaren Vorgänge und die dann nötigen Möglichkeiten zum »Troubleshooting« (Katz) sind für den neugierigen Gastrosexuellen interessant. Denn hier wird kein Rezept nachgekocht, sondern mit Lebendkulturen improvisiert. Das klingt gefährlicher als es tatsächlich ist – nur geruchsempfindlich darf man wirklich nicht sein. Wenn es auf der Fensterbank gärt und blubbert, sollten zumindest Frau und Kinder, aber auch die Haushaltshilfe oder alle anderen Gäste eingeweiht sein. Ansonsten wird das merkwürdig aussehende und übel riechende Zeug schnell mal entsorgt.

Es gibt allerdings auch geruchsneutrale Anwendungen. Wer ein paar Hygieneregeln beachtet und ein elektronisch gesteuertes Wasserbad einsetzt, sich also um konstante Temperaturen keine Gedanken machen muss, kann zum Beispiel Joghurt im Dauerbetrieb herstellen. Dabei ist der eigenfermentierte Joghurt, der besser schmeckt als jedes Supermarktprodukt, nicht nur fürs morgendliche Müsli interessant, auch für die ambitionierte Hobbyküche erschließen sich so ungeahnte Möglichkeiten: Denn wenn ich in den Joghurtansatz beispielsweise entsaftetes Radieschengrün mische, erhalte ich ein Lebensmittel, das unsere Geschmacksgewohnheiten einerseits unterläuft, andererseits aber mit geräuchertem Rindfleisch perfekt zu kombinieren ist. Die Kombination schmeckt, als hätte es radieschengrünen Joghurt schon immer gegeben.

Es ist kein Zufall, dass es in diesem Kapitel sowohl um das Entsaften als auch um das Fermentieren geht. Denn beide Techniken sind keine Innovationen aus der modernistischen Küche (wie etwa das Cryopochieren), sie haben in den vergangenen Jahrzehnten vor allem in der Ökonische eine wichtige Rolle gespielt. Jetzt bieten die traditionellen Methoden der Lebensmittelverarbeitung ein Feuerwerk ungeahnter Möglichkeiten für die gastrosexuelle Kochwerkstatt. Man muss nur neugierig sein und ein wenig herumexperimentieren. Die Fähigkeit zu dieser Transferleistung, erkläre ich dem Personalchef, ist das große Kapital eines ambitionierten Hobbykochs. Ergo: Wer sich radieschengrünen Joghurt ausdenkt, wird auch in der Marketingabteilung eines Schraubenherstellers nicht fehl am Platz sein. Nach dem Ende meines Vortrags denkt der Personalchef ernsthaft darüber nach, bei der nächsten Bewerbungsrunde alle Kandidaten, die hinsichtlich ihres Anforderungsprofils nicht optimal passen, doch zu fragen, wer denn daheim das Essen auf den Tisch stellt. Als wir uns verabschieden, lächelt er. »Ich melde mich«, sagt er noch, bevor er in einer dunklen Limousine entschwindet. Drei, vier Monate höre ich nichts von ihm. Kein Anruf, keine E-Mail, keine SMS. Ich befürchte schon, er habe einen Gastrosexuellen in seine Firma geholt und sei nun dazu verdammt, sich mit den seltsamen Experimenten seines neuen, überambitionierten Mitarbeiters zu beschäftigen. Dann wird mir eine Flasche Champagner zugestellt. Der Personalchef ist begeistert. Er hat einen Hobbykoch eingestellt, der sich im Vertrieb hervorragend bewährt. Auf der beiliegenden Karte lese ich: »Die Flasche trinken wir bei unserem nächsten Treffen. Ich freue mich schon auf den Brennessel-Löwenzahn-Spritzer.«

HOT, ABER HERZLICH

Diese Frage ist ein Dauerbrenner: Werden wir Gastrosexuellen überhaupt noch von Leuten zum Essen eingeladen, die sich am Herd nicht verausgaben, die sich weder mit der Physik des Kochens noch mit der Frage beschäftigen wollen, wie man Kalbsleber am besten pulverisiert oder Fischreste geruchsneutral fermentiert, die sich aber gerne mal ein Steak in die Pfanne hauen oder eine Forelle in den Ofen schieben, die regelmäßig ins Wirtshaus um die Ecke gehen und wirklich nur essen wollen, ohne dabei ständig über Qualität der Lebensmittel und Kochtechnik zu reden? Auf diese Frage gibt es keine allgemeingültige Antwort. Wer hätte das gedacht? Es kann schon vorkommen, dass ich Gäste, die ich zum ersten Mal bekoche, etwas verschrecke, vor allem wenn sie herausbekommen, dass die Vorbereitungen für das Menü mehrere Tage in Anspruch genommen haben. Aber die meisten wollen wiederkommen und würden sich freuen, noch einmal zu einem ähnlich aufwändigen Menü eingeladen zu werden, aber sie wissen auch, dass Einladungen – nicht nur des guten Stils wegen – erwidert werden sollten, auf welche Weise auch immer.

Ich hatte mal einen Freund, der nicht einmal ein Spiegelei braten konnte. Wir trafen uns grundsätzlich in Cafés oder auf ein Glas Wein. Übers Essen sprachen wir nie. Dann lud er mich in ein gutes, aber nicht übertrieben teures Restaurant ein, weil die Geburt seines jüngsten Sohnes gefeiert werden sollte. Ein paar Monate später übernahm ich unsere Rechnung in einem Sternerestaurant. Das war ein lustiger Abend, und so dachte ich, dass wir nun regelmäßig losziehen würden. Doch bevor es wieder um die Häuser ging, bekochte ich ihn. Er war begeistert. Ich kochte ein zweites und ein drittes Mal. Dann hörte ich lange Zeit nichts von ihm, traf ihn auch nicht auf der Straße, auf meine E-Mails antwortete er nur, er habe derzeit viel zu tun. Schließlich eine Zufallsbegegnung: Wir standen gemeinsam in der Schlange beim Bäcker, und er fragte mich, wann ich ihn denn wieder mal bekochen wolle, und ich antwortete ehrlich: »Nachdem du mich eingeladen hast.« Er schaute mich verwundert an und sagte, ich wisse doch, dass er nicht kochen könne. Also gab ich ihm ein wenig Nachhilfeunterricht in Sachen sozialer Interaktion. Er müsse ja nicht selber kochen, erklärte ich, es gebe genügend Restaurants, die man besuchen könne. Der Mann, ein erfolgreicher Wirtschaftsprüfer, gehört zu den klassischen Besserverdienern, aber ins Restaurant würde er, wie er mir nun zu verstehen gab, nur bei ganz besonderen Anlässen gehen. »Verstehe«, sagte ich und lächelte freundlich. »Welcher Anlass hat uns denn in das Sternerestaurant geführt, das dir so gut gefallen hat?« Etwas verärgert über meine direkten Fragen, wechselte er das Thema, sprach von ziemlich teuren Sanierungsarbeiten am Dach des Hauses, das er unlängst für sich und seine Familie gekauft hatte, und dann war er froh, dass er endlich an der Reihe war. Er bestellte in einer badischen Backstube im strengen Schwäbisch »zwoi Weggla«. Die Verkäuferin hatte durchaus verstanden, tat aber so, als spräche der Kunde chinesisch. Nachdem er seine Bestellung auf Hochdeutsch wiederholt hatte, bekam er die Brötchen und zog ohne Gruß davon.

Die Erfahrung mit dem Klischeeschwaben war für mich Halbbadener durchaus lehrreich, zeigte sie mir doch, dass manche Leute gar nicht ermessen wollen oder können, was für ein zeitlicher und finanzieller Aufwand eine anspruchsvolle Bewirtung in den eigenen vier Wänden bedeutet. Der geizige Schwabe allerdings – davon bin ich überzeugt – ist eine Ausnahme. Denn meistens erlebe ich, wie Freunde sich erstaunliche Mühe geben, wenn ich bei ihnen zu Gast bin – so wie auch ich mich für sie anstrenge. Es geht dabei nicht um ein Aufrechnen der Ausgaben, sondern um die kommunikative Symbolik. Lieber möchte ich darum von Bernd erzählen, der nicht kochen kann, sich aber vor einem gemeinsamen Abend so gründlich in ein kulinarisches Thema eingearbeitet hat, dass mir aus verschiedenen Gründen die Tränen in den Augen standen.

»Das wird ein Männerabend«, hatte er angekündigt, und tatsächlich war seine Frau nicht daheim, als ich aufschlug. Auf dem gedeckten Tisch standen weiße Schälchen mit unterschiedlichen frischen Chilis. Es gab außerdem getrocknete, geschrotete und gemahlene Chilis sowie diverse rote und grünliche Tinkturen. Bernd hatte nach einem Zeitschriftenrezept eine Kürbissuppe gekocht, wobei es natürlich nicht um die Suppe ging, sondern um die vorbereitete Chili-Probe. »Wenn man eine Fertigbrühe benutzen darf, kann man bei einer Kürbissuppe ja nicht viel falsch machen«, sagte er und lachte. Ich hatte Bernd von meinem Buchprojekt erzählt, woraufhin er sich sofort nach den Chiliheads erkundigte, also den Typen, die aus dem Konsum der scharfen Schoten ein großes Brimborium machen. »Wenn du über Gastrosexualität schreibst«, sagte er, »dann musst du dich auch um diese scharfen Dinger kümmern.« Bernd gehört zu den Leuten, für die das Wort »Schärfe« immer noch und vor allem eine erotische Dimension hat. Mir ist dieser Bedeutungssinn völlig abhanden gekommen, fast schon ein wenig peinlich. Niemals würde ich, wenn ich eine attraktive Frau auf der Straße sähe, zu einem Kumpel sagen: Hey, was für eine scharfe Braut! Eine solche Formulierung würde ich nicht einmal denken. Nicht weil es in meinem Gehirn immerfort politisch korrekt zugeht, sondern weil mir diese Wortwahl piefig und antiquiert vorkommt. Für mich gibt es scharfe Messer und scharfes Essen. Meinem Freund Bernd kommen, wenn es um Schärfe geht, eher Hotpants in den Sinn.

Gerade weil wir uns in nahezu jeder Hinsicht unterscheiden, bin ich froh, mit ihm befreundet zu sein. Der geizige Schwabe hätte niemals einen Chiliabend organisiert. Bernd freute sich, ausgerechnet mir etwas Exotisches aufzutischen, und er hatte tatsächlich viele rote Beeren besorgt, die ich noch nie gesehen hatte. Ich nahm eine kugelige Chilifrucht in die Hand und fühlte mich an jugendliche Drogensessions erinnert, bei denen die unterschiedlichen Haschvarianten bis zum völligen Delirium ausprobiert wurden. Vielleicht ging es ja auch an diesem Abend darum, einen Rausch zu erleben. »Das ist eine superscharfe Tepinschote«, erklärte Bernd und korrigierte sich sofort: »Ich meine: Tepinbeere. Chilis sind ja in botanischer Hinsicht keine Schoten. Tepin ist übrigens die älteste Chilisorte der Welt.« Bernd war wirklich gut informiert, man könnte auch sagen, er hatte sämtliche Lexikonartikel zu diesem Thema inhaliert. Als er mir erklärte, dass alle Paprikapflanzen ähnlich wie die Tomaten zu den Nachtschattengewächsen gehören, dachte ich: Im Grunde bist du genau wie die Espressophilosophen oder Schokoladenfans. Wenn du dich mal mit einem Nahrungsmittel beschäftigst, dann willst du wirklich *alles* wissen. So unterschiedlich sind wir beide wahrscheinlich doch nicht.

Nachdem wir also darüber gesprochen hatten, dass der Stoff Capsaicin die Chilis scharf macht, gingen wir ziemlich ins Detail, betrieben also den üblichen Wikipediaschnack: Die Schärfe der Früchte ist eine Art evolutionärer Abwehrmechanismus, der gegen die Säugetiere gerichtet ist und den Vögeln zugute kommt. Warum? Weil die Nomaden der Lüfte nicht auf Capsaicin reagieren, ihre Verdauungsenzyme die Samen nicht zersetzen und sie in aller Regel weitere Strecken als Säugetiere zurücklegen, ist durch das Federvieh schon mal sichergestellt, dass sich die Paprikapflanzen überall auf der Welt ordentlich verteilen. Hätte man sich gleich denken können! Die menschlichen Geschmacksrezeptoren auf der Zunge reagieren auf das Capsaicin so heftig wie bei allen anderen Säugern, nur macht uns der Chilischmerz trotzdem irgendwie Freude, hihi, und deshalb haben wir uns vor allem Beeren auf den Tisch gestellt, die auch schön auf der Zunge und im Rachen brennen.

Bernd und ich kennen natürlich die Scoville-Skala, benannt nach dem Pharmakologen Wilbur L. Scoville, nach der auch heute noch die Schärfe von Chilis angegeben wird. Wir wissen auch, dass diese Skala nicht ganz ernst zu nehmen ist, denn sie bemisst den Grad der Verdünnung, bei dem keine Schärfe mehr festzustellen ist. Da jeder Mensch eine unterschiedliche Toleranz gegenüber Capsaicin besitzt, werden die Werte schwanken, aber weil das Spiel mit den Schärfezahlen seinen ganz eigenen Reiz hat, gehört es zum Chiliexpertenwissen, dass milde Gemüsepaprika den Scoville-Grad null aufweist und reines Capsaicin bei 15000000 Scoville liegt. Man müsste demnach 15 Millionen Milliliter aufbringen, um einen Milliliter des hochprozentigen Teufelszeugs aufzulösen. Erst dann wäre keine Schärfe mehr festzustellen. Der Test ist unpraktisch, das leuchtet jedem ein, denn wer will schon zigtausend Liter Wasser verschwenden, nur um den Schärfegrad einer Chili zu bestimmen? Es ist daher auch nicht verwunderlich, dass viele Scoville-Rekordmessungen bei schlimm-scharfen Züchtungen wie Red Savina angezweifelt werden.

Bernd zieht sich weiße Plastikhandschuhe an, öffnet eine Serranochili und führt aus, es komme auch darauf an, aus welchem Pflanzenteil die Proben entnommen werden. »In den Samen ist kein Capsaicin, und in dem weißen Wulst, der auch Plazenta heißt, werden die höchsten Werte gemessen.« Mein chilibegeisterter Freund lächelt, ja, das hatte ich nicht gewusst. Im kulinarischen Bereich – diese Info kann ich beisteuern – gibt es eine nützliche Schärfeskala von 1 bis 10, die bei einigen unfassbar scharfen Habanerochilis noch um ein oder zwei Pluszeichen ergänzt wird.

Bernd stellt mir sechs kleine Suppenschüsselchen vor die Nase und füllt sie mit Kürbissuppe. Wir einigen uns darauf, dass wir nicht alle Chilis ausprobieren, die er aufgetischt hat. Ich habe die Befürchtung, dass mein Magen auf so viel Schärfe etwas sensibel reagiert. Unser Test beginnt mit Piment d'Espelette. Schärfegrad 4. Das grobe Pulver ist nussig und süßlich im Geschmack; es gehört zu den wichtigsten Gewürzen in fast jeder Profi- und Hobbyküche. In der dickflüssigen Kürbissuppe geht es aber unter. Bernd meint, dieses Schrot sei etwas für Softies.

Wir wechseln zu frischen Chilis der Serranosorte, die aus Mexiko kommen und nichts mit dem gleichnamigen Schinken zu tun haben. Da Bernd schon Handschuhe trägt, fragt er mich, wie ich die Serranos gerne kosten wolle. Für die übersichtliche Suppenportion reichen mir wenige Stückchen. Bernd nimmt die doppelte Menge. Wir sind beim Schärfegrad 6. »Das geht gut ab«, grinst er und auch ich spüre die frische, brennende Schärfe. Aber sie fügt sich gut ein in die Suppe. Ein erster Favorit?

Dann steht gemahlener Cayenne auf dem Programm. Ist eine Chilisorte, auch wenn das Pulver als Pfeffer verkauft wird. Schärfegrad 8. Bernd und ich nehmen beide eine Messerspitze. Cayenne hat einen beißenden, leicht rauchigen Geschmack. Serrano hat uns beiden besser gefallen.

Wir wechseln zum Thaichili, den es in Asiasupermärkten zu kaufen gibt. Ebenfalls Schärfegrad 8. Kommt uns aber schwächer vor. Sind wir schon abgestumpft? Schmecken wir überhaupt noch irgendeinen Unterschied? Wir machen die Probe aufs Exempel und gehen über zu einer orangefarbenen Habanero. Schärfegrad 10.

Ich beginne mit zwei mikroskopisch kleinen Stückchen auf drei, vier Löffeln Suppe. Andächtig rühren wir in der Schale herum. Wer traut sich? Bernd beginnt. Verzieht keine Miene. Ich berühre die Suppe auf dem Löffel mit der Zungenspitze, kann keine Schärfesteigerung feststellen und nehme den ganzen Löffel in den Mund. Plötzlich habe ich das Gefühl, dass sich meine Mundschleimhaut auflöst. Der Schmerz fährt mir durch alle Glieder. Ich beginne zu schwitzen, und zugleich fröstelt es mich. Tränen rinnen mir übers Gesicht. Dann lässt der Schmerz langsam nach, und nun schmecke ich nicht nur die Schärfe. Diese Chili-Kürbis-Variante ist erstaunlich fruchtig. Wenn schon superscharf, denke ich, dann Habanero. Bernd hat einen roten Kopf und sagt gar nichts mehr.

Wir sind noch nicht am Ende der Testreihe. »Gibst du auf?«, frage ich. Er schüttelt den Kopf und trinkt ein Glas Milch. In einem Zug! Da Capsaicin nicht wasser-, sondern fettlöslich ist, würde ein Glas Wasser die Höllenqualen verschlimmern. Hochprozentige Drinks können wiederum helfen, da Capsaicin sich auch in Ethanol löst. Von einem kühlen Bier, das zu scharfen Gerichten bestimmt gut schmeckt, rate ich allerdings ab, wenn denn allzu heftiges Chilibrennen gelindert werden soll. Es ist schon erstaunlich, dass selbst kulinarische Fachblätter die aberwitzigsten Vorschläge unterbreiten, das Schärfegefühl zu minimieren. Unlängst empfahl das Genießerblatt *Falstaff* doch tatsächlich: »Eiswürfel lutschen! Mythen wie Brot essen oder Milch trinken stimmen hingegen nicht.« Dazu hätte Ernst Jandl gesagt: Werch ein Illtum! Eiswürfel kühlen zwar im ersten Moment, aber das Capsaicin bleibt dort, wo es ist, und zwar in voller Schärfe. Fett hilft sehr wohl, und das ist auch der Grund, warum viele Chiligerichte mit Kokosmilch beziehungsweise diversen Käsesorten abgemildert werden.

Bernd beißt in ein Stück Schweizer Appenzeller. Seine Gesichtsfarbe ändert sich nicht wirklich, aber er ist bereit für den nächsten Test: geräucherte und getrocknete Bhut Jolokia, die zu den schärfsten Chilisorten der Welt gehört. Bis vor wenigen Jahren waren diese Früchte im Westen gar nicht bekannt; in der wissenschaftlichen Literatur tauchen sie erst um die Jahrtausendwende auf. Und jetzt liegen sie auf unserem Tisch. Wir sind ziemlich ehrfürchtig, weil uns der Habaneroschmerz noch in den Gliedern steckt und weil uns eine schnelle Internetrecherche darüber aufklärt, dass die indische Rüstungsforschung aus diesen Chilifrüchten einen Reizstoff zur Kontrolle von Unruhen entwickeln will. Sogar eine Handgranate, die das Bhut-Jolokia-Capsaicin enthält, sei in der Erprobung. Und so ein Zeug wollen wir essen? Was hat das noch mit Gastrosex zu tun? Ist das die SM-Variante? Bernd meint, es gebe sogar noch schärfe Chilisorten, etwa der Trinidad Moruga Scorpion – *nomen est omen*. Wir sollten uns mal nicht so anstellen. Giftig sei Bhut Jolokia nicht.

Die meisten Frauen würden jetzt innehalten und das Spiel beenden. Männer machen weiter, bis der Arzt kommt. Dabei möchte ich nicht unerwähnt lassen, dass meine Frau bei indischen Gerichten grundsätzlich die schärfere Variante bestellt, also Ausnahmen auch hier die Regel bestätigen. Bernd und ich aber sitzen nicht im Restaurant, um uns einen netten Abend zu machen. Wir befinden uns in einem Experiment, in dem es auch darum geht, sich gegenseitig eine gewisse, ja, nennen wir es: gustatorische Härte zu beweisen. Bevor wir uns an die indische Kampfchili wagen, machen wir uns Mut. Bernd sagt, er habe von einer koreanischen Studie gelesen, nach der ein erhöhter Chilikonsum mit einer Verringerung des Körperfettanteils einhergehe. Allerdings, so ehrlich ist er, erwähnt er auch, dass allzu scharfes Essen im Verdacht stehe, die Magenschleimhaut zu reizen, Durchfall und Inkontinenz hervorzurufen. Chili killt Bakterien. Das ist gut, um Chorizo haltbar zu machen. Aber wollen wir wirklich unseren Verdauungstrakt ruinieren? Schon beim Gedanken an den nächsten Toilettengang wird mir schwindelig vor Schmerz.

Doch es gibt kein Zurück. Bernd zerschneidet eine getrocknete Bhut Jolokia mit Pinzette und scharfem Messer. Rein in die Kürbissuppe. Rein in den Mund. Eines ist nach Sekunden klar: Kürbis schmecken wir nicht mehr. Da die Schärfe alles übertrifft, was wir bislang probiert haben, ist es schwer bis unmöglich, über den »Geschmack« dieser Chili zu reden. Nun schütte auch ich einen halben Liter Milch in mich hinein. Wir sind im wahrsten Sinne des Wortes am Ende, auch wenn weitere Chilisorten und auch ein Fläschchen mit einer Sauce auf dem Tisch stehen, die ich garantiert nicht mehr testen will: »DaBomb Final Answer Chili Sauce«, die mit dem Schärfegrad 13 (den es in der klassischen Zehnereinteilung gar nicht gibt) und sagenhaften 1 500 000 Scoville eingestuft wird! Die Kampfbombenchilis aus Indien sind demnach nicht einmal halb so scharf wie diese letzte Antwort auf alle Geschmacksfragen! Ein 60-Milliliter-Fläschchen des Wahnsinnszeugs kostet, wie Bernd berichtet, rund 36 Euro. Ich frage mich, warum so etwas überhaupt frei verkäuflich ist. Die Werbung ist eine lustige und doch sehr ernste Warnung: »Wo diese Bombe fällt, bleibt niemand unbeschadet, aber meist ohne Folgeschäden.«

Ich bin ein friedfertiger Mensch. Auch in kulinarischen Dingen. Bomben kommen mir nicht auf die Zunge. Bernd sagt sowieso nichts mehr. Zum Abschied lächeln wir uns zu und schütteln beide die Köpfe. Wir können immer noch nicht glauben, was wir getan haben. In den folgenden Tagen werde ich schmerzhaft an unseren Chilitest erinnert. Keine Sorge, ich werde das hier nicht ausführen. Immerhin haben wir jetzt eine gute Geschichte zu erzählen, die immer mit der Frage endet, ob wir die ganz große Chilibombe nicht doch mal platzen lassen sollen. Bislang haben wir uns nicht an die »Final Answer« herangetraut. Ich habe Bernd zu seinem Geburtstag in Erinnerung an unser Erlebnis das *Chili Pepper Buch* von Harald Zoschke geschenkt. Zoschke kommt aus der Softwarebranche und hat Mitte der neunziger Jahre die scharfen Früchte für sich entdeckt und mit der Vermarktung unterschiedlicher Chiliprodukte begonnen. Wenn man ihn fragt, was er denn ganz besonders gerne esse, dann sagt er tatsächlich Chilikürbissuppe!

Inzwischen gibt es im Netz neben Zoschkes *Pepperworld* zahlreiche Chilidealer wie etwa der Shop von Michael Dietz, die alle nach dem Motto »Enjoy the fire« um Kunden werben. Angeboten werden Kekse, Fruchtgummi, Lutscher, Schnäpse und natürlich Schokolade mit Chili. Die scharfen Waren erleben eine erstaunliche Inflation. Mit Kulinarik hat das wenig zu tun. Wobei ich eines zugeben muss: Als ich nach dem Chilitest nach Hause ging, hatte ich das Gefühl, in meinem Körper würden irgendwelche Glückshormone freigesetzt, und als ich meine Frau zur Begrüßung küsste, war sie sehr angetan, dass meine Lippen noch nach Chili schmeckten. Insofern hat die eine Schärfe vielleicht doch etwas mit der anderen zu tun.

DER ERFOLG DER KOCHSHOWS

Alfred Biolek, Frank Buchholz, Kolja Kleeberg, Vincent Klink, Otto Koch, Johann Lafer, Horst Lichter, Léa Linster, Tim Mälzer, Stefan Marquard, Jamie Oliver, Cornelia Poletto, Christian Rach, Armin Roßmeier, Alfons Schuhbeck, Sarah Wiener, Ralf Zacherl. Was verbindet diese Männer und Frauen? Rhetorische Frage. Alle kochen im Fernsehen. Wobei die Antwort eigentlich noch mehr Fragen provoziert: Ist Fernsehkoch überhaupt ein Beruf? Wer schaut sich die vielen Kochsendungen im TV an? Und warum? Kann man das, was vor laufender Kamera zusammengerührt wird, wirklich essen? Hat das Dauerkochen im Fernsehen dazu geführt, dass die Deutschen häufiger in bessere Restaurants gehen oder sich daheim mehr Mühe bei der Zubereitung von Speisen geben? Und was hat das alles wiederum mit der hier beschriebenen Gastrosexualität zu tun? Verhält sich die Kochshow zum Kochen wie Porno zum Sex?

Der geneigte Leser ahnt es: Auch diese Fragen sind mit einem Augenzwinkern formuliert. Trotzdem möchte ich es mir und den Lesern nicht ganz so leicht machen und das Phänomen der Kochshows etwas genauer analysieren als manche Kollegen aus dem Feuilleton und der Gastronomiekritik. Vielleicht ist es hilfreich, sich zunächst mit der Geschichte dieses Fernsehformats zu befassen, aus der man viel über die aktuellen Kochsendungen lernen kann. Eine lapidare Feststellung: Kaum war das Fernsehen eingeführt, rührte und brutzelte auch schon der Fernsehkoch auf dem Bildschirm. Die erste Kochsendung wurde in Großbritannien nach Aufnahme des experimentellen Programmbetriebs bei der BBC am 21. Januar 1937 ausgestrahlt. Der französische Koch, Restaurantbetreiber und Kochbuchautor Marcel Boulestin zeigte in der ersten Ausgabe seiner neuen Show die Zubereitung eines Omeletts. Darüber mag man heute lächeln, aber es sollten viele Fernsehköche folgen, die ihre TV-Karriere ebenfalls mit einer Eierspeise beginnen sollten. *Cook's night out* hieß die 15-minütige Sendung, in der Boulestin über die Feinheiten der französischen Küche dozierte und mit heftiger Kritik an britischen Essgewohnheiten nicht sparte. Die wenigen Engländer, die damals ein Fernsehgerät besaßen und das Programm sehen konnten, mochten den Mann vom Festland, wahrscheinlich wegen seines putzigen Akzents.

Zwei Jahre lang durfte Boulestin die privilegierten Inselbewohner belehren, dann wurde *Cook's night out* eingestellt. Für das Genre der Kochsendung hatte er Maßstäbe gesetzt, vor allem mit seinem Motto, dass sich wahre Kochkunst nur aus der Armut entwickeln könne. Nur wer wenig zur Verfügung habe, so Boulestins kulinarische Maxime, werde auch Kreativität entwickeln. Dass freilich in seinem eigenen Restaurant, seinerzeit das teuerste und anspruchsvollste in London, nach ganz anderen Maßstäben gekocht und gegessen wurde, war kein Widerspruch, denn schon Boulestin schien zu wissen, dass der Fernsehbildschirm vor allem eine Bühne ist, auf der es weniger um Authentizität als um Selbstvermarktung geht. Dabei gehörte der ausgestellte Anspruch des kulinarischen Volkserziehers von Beginn an zur Inszenierung. Ob der Auftritt tatsächlich zur besseren Ernährungslage und geschmacklichen Weiterbildung bei den Zuschauern führte, war und ist vollkommen unerheblich.

Der erste deutsche Fernsehkoch übernahm Boulestins Lob der Einfachheit und machte es zu einem massenmedialen Erfolgsrezept: Der Schauspieler Clemens Wilmenrod brauchte bei diesem

Ansatz auch gar keine Ausbildung zum Koch mehr, um im Fernsehen als solcher zu reüssieren. Schon der Name Wilmenrod war ein Marketingwitz. Der Mann wurde 1906 als Carl Clemens Hahn geboren, benannte sich aber nach seinem Heimatort: Willmenrod. Der Künstlername verlieh dem Schauspieler kurioserweise eine gewisse Bodenständigkeit und auch etwas Geheimnisvolles, denn auf das zweite »l« im Namen hatte Clemens Wilmenrod doch bewusst verzichtet, oder etwa nicht?

Am 20. Februar 1953 trat er mit der Sendung *Bitte in zehn Minuten zu Tisch* zum ersten Mal vors Fernsehpublikum. Seine Kochsendung, die nur wenig mit professionellem Kochen und viel mit kollektiver Identitätsstiftung zu tun hatte, war schon bald ein großer Erfolg, weil er das Publikum dort abholte, wo es saß, nämlich in der gemütlichen deutschen Wirtschaftswunderwelt. Bis zum 16. Mai 1964 strahlte der NWDR beziehungsweise später der WDR 185 Folgen der Sendung aus. Zum Erfolg der Show gehörte auch, dass sie nicht viel kostete. Und das gilt bis heute: Kochfernsehen ist billig herzustellen und bei Programmverantwortlichen auch deshalb sehr beliebt.

Die Zuschauer konnten sich darauf verlassen, dass der freundlich-überdrehte Moderator stets von seiner Ehefrau Erika und einem Infrarotgrill namens Heinzelkoch unterstützt wurde (nicht zu verwechseln mit Loriots Heinzelmann, der eine absurde Kombination aus Staubsauger und Fön war). In der ersten Sendung servierte er einen frischen Fruchtsaft, wie sein großes Vorbild Boulestin ein Omelett, eine gebratene Kalbsniere mit Gemüse aus der Dose und zum Abschluss einen türkischen Mokka. Alle Gerichte wurden live während der Sendung zubereitet, und wann immer sich die Möglichkeit bot, schwärmte der Mann, der nicht kochen konnte, von seinem Heinzelkoch, so wie wir Gastrosexuellen vielleicht vom Pacojet. Wilmenrods »Schnellbräter« hatte schon bald Kultstatus, was sich sehr zur Freude des Herstellers äußerst positiv auf die Verkaufszahlen auswirkte. Und zur Freude des Moderators, denn der war ein guter Geschäftsmann und hatte für alle Produkte, die er während der Sendung bewarb, Werbeverträge abgeschlossen. Das war durchaus bekannt, schien das vor allem weibliche Publikum aber nicht zu stören, denn die Reklame war genauso ehrlich-dreist-charmant wie alles, was der Mann von sich gab.

In seinem ersten Kochbuch *Es liegt mir auf der Zunge* schrieb Wilmenrod: »Wenn ich vor der Kamera stehe, hilft mir kein Gott, sondern nur mein Gerät, denn es ist mein Partner. An ihm darf nicht der mindeste Makel haften, sonst ist die Blamage unverzüglich da.« Der Heinzelkoch wurde übrigens im Gegensatz zur Gattin im Abspann der Sendung erwähnt, obwohl anzunehmen ist, dass seine Erika und nicht dieses obskure Grillgerät die wirklich peinlichen Pannen verhindert hat.

Tatsächlich prägte der Kochdarsteller die Essgewohnheiten der Deutschen mehr als die Profis und Gourmets, die es in Deutschland natürlich auch damals schon gab. Kurios-kulinarische Meilensteine wie »Toast Hawaii« oder »Arabisches Reiterfleisch« hat Wilmenrod erfunden. Mit seinen übertriebenen Namenskreationen bewies er durchaus Humor. Das »Arabische Reiterfleisch« war ein einfaches Hackfleischgericht, ein paniertes Schnitzel adelte er gar zum »Venezianischen Weihnachtsschmaus«. Was den Einwohnern der Lagunenstadt vermutlich bis dahin unbekannt gewesen sein dürfte … Ernährungsdogmen und Frischevorschriften? Fehlanzeige. Der Kochmoderator verwendete Dosengemüse und Ketchup, pries aber auch Olivenöl und Knoblauch.

Wilmenrods Sendungen waren Straßenfeger. Wenn er am Abend Kabeljau kochte, war der Fisch am nächsten Morgen bundesweit ausverkauft. Dabei schreckte er vor keinem Quatsch zurück. In einer Sendung im Mai 1956 entfernte er den Stiel einer Erdbeere, drückte eine Mandel ins Fruchtfleisch, zitierte Hölderlin und erklärte feierlich: »Wenn die Kirsche einen Kern hat, den wir wegwerfen müssen, und die Pflaume auch, warum soll nicht mal die Erdbeere einen Kern von uns erhalten?« Als aber ein Zuschauer behauptete, der Meister habe seine legendäre gefüllte Erdbeere gar nicht selbst erfunden, legte er sich während der Ausstrahlung ein Küchenmesser auf die Brust und schwor, sich vor laufenden Kameras umzubringen, wenn irgendein Zuschauer »auf der Kruste dieses Planeten« anrufen würde, der schon einmal vorher eine gefüllte Erdbeere gegessen habe. Wer diese sensationell irre Szene noch nie im Original gesehen hat, dem sei das Filmchen auf *youtube* empfohlen. Ich habe den Clip schon ziemlich oft aufgerufen, und jedes Mal, wenn Wilmenrod vom »entzückenden kleinen Hohlraum in der Erdbeere« schwärmt, falle ich fast vom Stuhl.

Wilmenrod war ein Fernsehstar, der provozierte, weil er auf unterhaltsame und radikale Weise affirmativ war. Er hielt sich nicht für den großen Sternekoch, sondern nutzte den Bildschirm, um möglichst viel Geld zu verdienen. Die *Hörzu* beschimpfte ihn einmal als »Wilmenrotz«. Weil sein Konterfei auf Fischdosen abgebildet wurde und er in seiner Sendung den Rumtopf propagierte, nachdem er einen gut dotierten Vertrag mit einem Rumhersteller unterschrieben hatte, bescherte er Deutschland den ersten Grundsatzstreit über Schleichwerbung und offensives Product Placement (auch wenn man das damals noch nicht so nannte). Mit der Debatte brachte es Wilmenrod sogar auf den Titel des *Spiegel*, der mit der Schlagzeile »Werbung in Gelee« aufmachte.

Wilmenrods berühmteste Auftritte können bei den einschlägigen Internet-Videoportalen goutiert werden, wobei schon eine Ausgabe reicht, um zu begreifen, dass die aktuellen Brutzel-Werbeshows im TV eine konsequente Fortentwicklung der historischen Vorbilder sind. Die ernst-irre Komik, auf die sich Wilmenrod verstand, ist allerdings bis heute unerreicht. Nach dem Kochdarsteller aus dem Westerwald versuchte es übrigens der Schweizer Vico Torriani mit gesungenen Kochtipps, aber das überzeugte das Fernsehpublikum dann doch nicht.

Im DDR-Fernsehen kochte mit Kurt Drummer seit 1958 ein Profi. Der Mann war nicht nur in die Kochlehre gegangen, er hatte auch

Ernährungswissenschaften studiert. Von 1958 bis 1983 produzierte das kochende SED-Mitglied sagenhafte 650 Folgen der Sendung *Der Fernsehkoch empfiehlt.* Wenn man Drummer und Wilmenrod vergleicht, ist man über die Seriösität des Ostkollegen erstaunt. Da schien jemand wirklich etwas vom Kochen zu verstehen. Drummer zeigte, wie auch in der sozialistischen Mangelwirtschaft abwechslungsreich gekocht werden konnte. Dem DDR-Freizeitgriller gab er Ratschläge, wie das Feuer schnell zu entfachen und warum es gesund und lecker sei, nicht nur Wurst und Kotelett, sondern auch Paprika und Fisch auf den Rost zu legen. Gegen die schleimig-verwegene Moderatoren-Chuzpe der Westkonkurrenz kam der brave Staatskoch nicht an – auch die Ossis liebten Wilmenrod. Doch das wird Drummer, für den die Fernsehtätigkeit nur ein Nebenjob war, nicht allzu sehr gestört haben. Jahrzehntelang leitete er die Küche eines renommierten Hotels, das auch vom Westpublikum gerne besucht wurde, er gewann zahlreiche internationale Kochwettbewerbe und erhielt auch nach dem Fall der Mauer viele Ehrungen. 1999, ein Jahr vor seinem Tod, wurde er mit der *Kulinarischen Medaille* des Verbands der Köche Deutschlands ausgezeichnet.

Mitte der sechziger Jahre trat im Westfernsehen zum ersten Mal ein ausgebildeter Koch vor die Kamera, nämlich Max Inzinger, der in der ZDF-*Drehscheibe* versuchte, die Küchenarbeit zum großen Freizeitspaß umzudeuten. Sein Spruch »Ich hab da mal was vorbereitet« machte ihn populär, und er buhlte auch ums männliche Publikum. Aber die Jungs waren noch nicht so weit. Erst mit Alfred Biolek wurde das Kochformat zum Unterhaltungsprogramm für Mama *und* Papa. Das jüngere Publikum konnte mit dem näselnden Moderator und dem drögen Fernsehgebrutzel allerdings wenig anfangen. Das änderte sich erst, als Leute wie Tim Mälzer im Fernsehen den Löffel schwangen und behaupteten: »Schmeckt nicht, gibt's nicht«. Zu Beginn des neuen Jahrhunderts wurde der Fernsehkoch quasi zum Popstar, und zwar nicht nur hierzulande. Manche Köche wurden sogar weltberühmt, etwa Jamie Oliver, der es mit seinem medialen Feldzug gegen Fast Food zwar auch nicht schaffte, die Ernährungsgewohnheiten seiner Landsleute zu ändern, der sich aber bis heute der Zustimmung einer Mittel- und Oberschicht gewiss sein kann, die ein schlechtes Gewissen hat, wenn es um die Ernährung der eigenen Kinder geht.

Im Laufe der Koch-TV-Geschichte hat sich nicht viel geändert: Auch die jungen Wilden setzen auf »wunderbar simple Gerichte« und zitieren gerne Sätze wie, man solle bloß nichts essen, was die Großmutter nicht als Essen erkannt hätte, und ähnliche Weisheiten, die schon länger auf dem Markt sind, aber nach wie vor als frisch gelten. Der moderne Fernsehkoch geriert sich als Underdog, der in Jugendzeiten Mitglied einer Döner-Gang war und seine Fast Food-Wurzeln sprachlich wie kulinarisch niemals verraten würde: »Komm, wir machen mal einen echt geilen Drehspieß!«, heißt dann die Parole. Wenn Mälzer Brathähnchen mit Kartoffeln zubereitet, teilt er dem Zuschauer mit, dass für das Gericht »wenige Kochkenntnisse« erforderlich seien. Es wäre aber zu einfach, über den Fernsehkoch mit der Schnodderschnauze die Nase zu rümpfen, denn Mälzer nutzt die Hähnchensendung auch, um über die schlimmen Zustände in deutschen Geflügelzuchten aufzuklären. Das Publikum im Saal applaudiert, selbst wenn viele beim nächsten Einkauf wieder auf Biliggeflügel zurückgreifen werden.

Eine Kochsendung ist erfolgreich, wenn die Ansprache des Fernsehkochs stimmt, und die ist im Fernsehen des 21. Jahrhunderts auf die verschiedenen Zielgruppen zugeschnitten. Denn die Ausdifferenzierung der Lebensstile erfordert auch in diesem Bereich unterschiedliche Moderationsprofile. Wer sich bei Vincent Klink und seiner schwäbisch-handfesten Mundart zu Hause fühlt, wird mit dem locker-rotzigen Tonfall eines Steffen Henssler nicht klarkommen. Die Vielzahl und der anhaltende Erfolg der Kochsendungen haben dazu geführt, dass der allen Trends hinterherlaufende Deutsche Fernsehpreis ab 2007 ein paar Jahre lang auch in der Kategorie »beste Kochshow« verliehen wurde, den Leute wie Lafer und Mälzer selbstverständlich gewonnen haben. Genauso abzusehen war, dass der (neue) Hype um die Kochshows auch ein Thema für die kulturpessimistischen Gastrokritiker sein würde.

Im Restaurantführer *Gault Millau* war über den Fernsehkoch Steffen Henssler zum Beispiel zu lesen, er sei ein »Prolet mit sexistischen Sprüchen«. Gastrokritiker Jürgen Dollase meckerte in der *Frankfurter Allgemeinen* über die Banalisierung der Kochkunst als »kulinarischen Breitensport«: »Qualitätsbewusstsein kann nicht aus einem Verständnis von mäßig guten Produkten und mittelmäßigen Zubereitungen bestehen und Instrumentalisierungen aller Art (schnell, billig, spaßig) zum alleinigen Programm erheben. Ein Zugewinn an Wissen, das nicht Strukturierung der Wirklichkeit, sondern Versicherung eines trivialisierten Verständnisses zum Gegenstand hat, wird schnell zu einem der typischen Mechanismen postpädagogischer Blockade: Wenn es schwieriger wird, machen wir uns vom Acker. So gesehen, hat man – im übertragenen Sinne – nicht die Musik, sondern nur den Schlager entdeckt. Eine trivialisierte Popularisierung zieht in der Regel keinen soliden Übergang zum Interesse an der Sache selbst nach sich.«

Das ist eine etwas umständlich formulierte, aber keine neue Erkenntnis: Kochshows im Fernsehen sind mehr Show als Kochen, doch angesichts des medialen Mülls, mit dem sich die Zuschauer ansonsten unterhalten, müssen Mälzers Auftritte (und die seiner Kollegen) durchaus als kulturelle Leistung gewürdigt werden. Vielleicht lassen, angeregt vom Fernsehkoch, doch ein paar Zuschauer das Masthähnchen im Kühlregal liegen. Möglich wäre es. Strukturierung der Wirklichkeit hin, trivialisierte Popularisierung her. Ich habe mich bei allen Interviewpartnern, die ich nach ihrer Gastrosexualität befragte, auch erkundigt, ob sie sich Kochshows im Fernsehen anschauen oder vielleicht sogar mit dem Gedanken spielen, bei einem Wettstreit wie *Das perfekte Dinner* mitzumachen. Die Antworten waren einhellig: Wie ich denn darauf käme? Das habe doch mit Kochen nichts zu tun. Nein, völlig undenkbar. Die ablehnenden

Reaktionen haben mich nicht gewundert. Auch ich würde niemals mit Leuten um die Wette kochen, denen es weniger um guten Geschmack als um die Frage geht, wie die Wohnung im Fernsehen rüberkommt. Der Erfolg der Kochsendungen hat kaum Berührungspunkte mit einer gesellschaftlichen Entwicklung, die ich in diesem Buch zu beschreiben versuche: Der Mann, der die heimische Küche erobert und sich ernsthaft mit kulinarischen Themen auseinandersetzt, verfügt weder über die Zeit, sich die bekannten TV-Shows anzusehen, noch wird er sich amüsieren, wenn ihm erklärt wird, wie man Kartoffeln schneidet und ein Hühnchen in Stücke zerteilt. Was nicht heißt, dass er zum Beispiel beim Sport im Fitnessstudio nicht doch ein Kochprogramm wählt, weil auf den anderen Kanälen seichte Regionalkrimis oder tränenreiche Seifenopern laufen.

Der ambitionierte Hobbykoch ist weniger ein mediales als vielmehr ein gesellschaftliches Phänomen, das aus einem veränderten Geschlechterverhältnis, sich verschiebenden Rollenmustern und einem Wandel in der Freizeitkultur resultiert. Für den Hobbykoch sind weniger die Schaum schlagenden Fernsehköche interessant, sondern die großen Meister der Zunft, die man so gut wie nie im Fernsehen sieht. Weil es nun aber tatsächlich immer mehr Hobbyköche gibt, die durchaus etwas vom Fach verstehen, weil sie nicht nur zigtausend Seiten Profiliteratur gewälzt haben, sondern die Theorie auch umzusetzen versuchen, verändert sich auch das Verhältnis zu den Göttern des Gewerbes.

Gastrokritiker, die bislang eine gewisse Diskurshoheit beanspruchen konnten, sehen sich einer neuen Konkurrenz ausgesetzt und fühlen sich berufen, den umtriebigen und mitteilsamen Hobbykoch in die Schranken zu weisen. Während *Kochmonster*-Gründer Peter Wagner mit dem Hobbykochstatus auf *Spiegel Online* zu kokettieren weiß, reagiert sein *FAZ*-Kollege Jürgen Dollase erstaunlich herablassend: »Es gab gute Gründe dafür, der Förderung des Hobbykochens durch Presse, Bücher und Fernsehen und dessen Folgen für das Kulinarische – von einem veränderten Warenangebot bis zur Gastronomie – zunächst in der Hoffnung auf positive Transfereffekte zu folgen. Es hätte ja sein können, dass sich eine veränderte Wertstruktur oder eine größere Sensibilität ergibt, die letztlich auch zu einer qualitativen Verbesserung der Essenskultur führt. Nun aber scheint es an der Zeit, einen grundlegenden Paradigmenwechsel ins Auge zu fassen und die vielen negativen Auswirkungen der oberflächlich-hektischen Herdaktivitäten als etwas zu erkennen, das der Sache mehr schadet als nützt. Die Bilanz ist ernüchternd. Die oft erwünschte Nähe des Hobbykochs zur besseren Küche wird mehr und mehr zur Fiktion. Weil die Medien weitgehend unsystematisch arbeiten, ergibt sich kein wachsender Sockel an Kenntnissen, sondern eine Perpetuierung der Oberflächlichkeit. Laien beherrschen oft nach wie vor nicht einmal die harmlosesten Grundtechniken wie etwa eine zuverlässig zarte Garung für alle Fleischsorten. Dieser Stagnation gegenüber steht eine sich sprunghaft entwickelnde professionelle Kochkunst, deren Rezepte von Laien buchstäblich nicht mehr verstanden werden. Ein besonderes Problem ist mittlerweile in der Gastronomie das vermehrte Auftreten eines klassischen Hobbykünstlersyndroms. Der trügerische Glanz der Eigentätigkeit mit einigen kleinen Anfangserfolgen lässt Laien oft jedes Maß verlieren. Immer wieder klagen Köche über durchmediatisierte Besserwisser und Besserkönner unter den Gästen, die das alles natürlich zu Hause auch hinbekommen und sich fragen, warum sie dann in ein Sternerestaurant gehen sollen. Sie erinnern in ihrer Verblendung an den Hobbymaler, der partout nicht erkennen will, dass seine Van-Gogh-Kopie ein ästhetisches Grauen ist und mit der Qualität des Originals nichts zu tun hat.«

Jürgen Dollase gefällt sich in der Rolle des anspruchsvollen Kochkunstkritikers, der das Essen auf dem Teller wie ein Gemälde an der Wand zu bewerten vermag. Das ist zuweilen erhellend, wirkt manchmal etwas weit hergeholt und schießt in diesem Fall über das Ziel hinaus. Denn ein Hobbymaler, der einen Meister kopiert und sich einbildet, er sei ebenfalls ein großer Künstler, hat wenig mit einem Hobbykoch zu tun, dem es in der Regel nur darauf ankommt, in heimischer Runde Frau und Kind und ein paar Freunde glücklich zu machen. Hobbyköche pflegen in aller Regel zudem – und das unterscheidet sie sowohl von verbitterten Hobbymalern als auch von schlecht gelaunten Profikritikern – ein hohes Maß an Selbstironie und noch mehr Demut gegenüber den Profis (wie wir im nächsten Kapitel »Der Restaurantbesuch« sehen werden). Wenn es eine Fiktion gibt, dann ist es nicht die erwünschte Nähe des Hobbykochs zur besseren Küche, sondern das »vermehrte« Auftreten des »durchmediatisierten Besserwissers«, der ein Sternerestaurant aufsucht und den Koch beim abschließenden Rundgang belehrt. Dollase hat seine Pauschalkritik im August 2009 veröffentlicht, und seitdem mache ich mir einen kleinen Spaß daraus, nach jedem Essen im Restaurant (und das waren seitdem ziemlich viele) den Chefkoch zu fragen, ob es diese »durchmediatisierten Besserwisser« tatsächlich gibt. Möglicherweise liegt es an der Höflichkeit der Befragten, aber bislang hat kein Koch die Dollase-Diagnose bestätigen wollen. Im Gegenteil. Die Köche freuen sich, dass die interessierten Laien sich für die Arbeit der Profis interessieren.

Die Schelte des Gastrogurus hat, wie man sich vorstellen kann, viele schreibende Hobbyköche verärgert. Stellvertretend sei Wiglaf Droste zitiert, der sich nach vielen feuilletonistischen und zuweilen auch handgreiflichen Kämpfen mit der deutschen Linken dem leiblichen Wohl zugewandt und dem breiten Publikum mit schmucken Büchern über Wein und Wurst bekannt wurde: »Dollase will die Voraussetzungen für eine hoch entwickelte Küche ergründen. Das macht er seriös, aber wie viele deutsche Intellektuelle ist Dollase kein scharfer und präziser Denker, sondern ein eher verquollener.« Da ich hier aber keine Sprachkritik betreibe, möchte ich auf die Argumente eingehen, die Dollase vorträgt. Für ihn ist ein guter Koch, wer in der Lage ist, »sensorische Zusammenhänge« wahrzunehmen, der eine »entwickelte Geschmacksvorstellung« besitzt. Die handwerklichen Fähigkeiten, die von Laien »fetischisiert« würden, seien hingegen »ohne viel Talent und im Prinzip von jedem« zu erlernen. Laien würden die »Geschmacksentscheidung« an ein Rezept delegieren, »tun dies aber in der Fehlannahme, dass dies automatisch zu einem guten Ergebnis führt«. Und leider würden die »oberflächlichen und hektischen Aktivitäten im Fernsehen« eine geschmackliche Weiterbildung des Essers verhindern.

Bestimmt gibt es Laien am Herd, die sich sklavisch ans Rezept halten und erstaunt sind, warum das Gericht am Ende doch nicht schmeckt. Oder es schmeckt ihnen sogar, nur der kulinarisch versierte Freund wundert sich über die Euphorie des Anfängers. Das ist aber alles halb so schlimm. Ob jemand eine »entwickelte Geschmacksvorstellung« hat oder nicht, ist außerdem schwer zu bestimmen. Es existieren zwar durchaus objektive Kriterien für ein gelungenes Gericht, ansonsten enthielten die einschlägigen Führer weitaus mehr widersprechende Bewertungen, aber es gibt eben auch äußerst subjektive Geschmacksurteile. Vor allem in der professionellen Gastrokritik. Die Feststellung, dass eine kulinarische Kultur von einer differenzierten Fähigkeit zu schmecken abhängt, ist genauso zutreffend wie banal, denn ohne anspruchsvolle Esser wäre eine anspruchsvolle Kochkunst für den Gast bloßer Statusgewinn, und für den Koch eine Art berufliche Selbstbefriedigung. Ein Irrtum aber ist, dass Fernsehen, selbst wenn es ambitioniert daherkäme, für Geschmackskompetenz sorgen könnte. Denn Fernsehen ist kein Restaurantbesuch. Der Zuschauer schmeckt beim Fernsehen nichts, und selbst wenn der Esser im Mittelpunkt aller Kochshows stünde, würden sich die sensorischen Fähigkeiten der Zuschauer nicht verbessern. Deshalb braucht man sich selbst über Sendungen wie die *Küchenschlacht*, in der Hobbyköche antreten, die ständig behaupten, das Fernsehen hätte bei ihnen die Kochleidenschaft entfacht, nicht weiter aufzuregen. Das Lob des Genres gehört zu diesem Format wie der Heinzelkoch zu Wilmenrod.

Deutsche Gastrokritiker verweisen gerne auf die »klugen und publikumsnahen« Fernsehauftritte des französischen Sternekochs

Joël Robuchon, der mit Sendungen wie *Cuisinez comme un grand chef* und *Bon appétit bien sûr* einen kulinarischen Bildungsauftrag verfolge. Es macht natürlich große Freude, dem Meister zuzuhören, allein seiner eleganten Kochsprache wegen, aber auch in dieser Show wird getrickst, Vorbereitungen und Zwischenschritte nicht gezeigt, Kritik am Gekochten nicht geübt. Außerdem ist die visuelle Inszenierung – das kann man nun als Vor- oder als Nachteil sehen – auf dem Stand des DDR-Kochfernsehens der siebziger Jahre. Ob die Sendungen auf *France 3* die kulinarische Landschaft in Frankreich nachhaltig beeinflusst haben, kann ich zwar letzten Endes nicht beurteilen, bezweifle es aber: Laut einer aktuellen Studie der Unternehmensberatung *Gira Coseil* haben Schnellimbisse in Frankreich längst mehr Marktanteile als traditionelle Restaurants. Der Markt für Fast Food ist demnach seit 2004 mit einem Wachstum von 74 Prozent geradezu explodiert. Für *McDonald's* ist Frankreich mit deutlich über 4 Milliarden Euro Umsatz der zweitwichtigste Markt nach den USA.

Die Kochsendungen von Robuchon sind längst eingestellt, aber das ist natürlich nicht der Grund für die rasante Fast-Food-Entwicklung in Frankreich. Tatsächlich fehlt im Land der Grand Cuisine eine ordentliche Hobbykochbewegung, und das hängt mit einem erschreckend konservativen Männerbild und generell sehr starren Gesellschaftsstrukturen zusammen. Außerdem hat sich auch die Esskultur in den städtischen Restaurants auf so unvorteilhafte Weise verändert, dass entspannte Genusserlebnisse kaum mehr möglich sind: Auch in Zweisternelokalen wie dem *Atelier de Robuchon* in Paris werden Tische zweimal am Abend vergeben, und selbst wenn man das Glück hatte, ein Plätzchen in der zweiten Runde zu bekommen, wird man mit einer gewissen Hektik konfrontiert. So bildet sich spätabends eine Schlange vor der Tür, warten zwanzig, dreißig Leute mehrere Stunden, um vielleicht beim dritten Durchgang berücksichtigt zu werden. Hier bekommt der Begriff »Fast Food« eine ganz andere Bedeutung. Das Essen war gut, keine Frage, und ich habe mir noch eine Extraportion des berühmten Robuchon-Kartoffelbreis bestellt, doch das Gefühl, den Abend nicht in aller Ruhe begehen zu können, wird man trotz der immer freundlichen Kellner nicht los. Wer sich aber keine Zeit nimmt für sein Essen, wird nur ungenügend schmecken können. Tatsächlich erinnern die zeitliche Begrenzung und die daraus resultierende Unruhe an die Hektik der TV-Kochshows, in denen auch nur wenige Minuten zur Verfügung stehen, um ein Gericht präsentabel zu machen. Ob Schmorgericht oder marinierter Fisch, ob Saucenreduktion oder Mehlschwitze, ob Marillenknödel oder Eiskonfekt – alles soll in der durchs Format festgelegten Zeit auf den Tisch gezaubert werden. Allein dieser fixe Rahmen, der im krassen Gegensatz zur Küchenrealität steht, zeigt in aller Deutlichkeit, dass es beim Kochen im Fernsehen nicht um einen profunden kulinarischen Genuss gehen kann.

DER RESTAURANTBESUCH

Einmal im Jahr treffe ich mich mit meinem Bruder. Es ist ein fester Termin, meistens um den 1. Mai herum. Weder Frauen noch Kinder begleiten uns, nahe oder entfernte Verwandte dürfen auch nicht mitkommen, selbst beste Freunde sind nicht dabei. Wir treffen uns immer an einem anderen Ort. Wobei ich präzisieren möchte: Wir treffen uns immer in einem anderen Restaurant. Die Stadt, die schöne Landschaft oder irgendwelche touristischen Attraktionen in der Nähe des Restaurants interessieren uns nicht. Oft übernachten wir in einfachsten Herbergen, aber die Küche, die wir am Abend kennenlernen wollen, sollte hervorragend sein.

Vor dem Restaurantbesuch kommt die Recherchephase: Selbstverständlich kaufen wir im Spätherbst eines jeden Jahres die neuen Ausgaben der Restaurantführer, denn die Wahl des Reiseziels will wohl überlegt sein. Dennoch gehören wir nicht zu den klassischen Gourmettouristen, die grundsätzlich nur Lokale besuchen, deren Köche gerade zu den Aufsteigern des Jahres gewählt wurden. Die Zahl der Sterne, Hauben und Punkte ist nicht entscheidend, eher der Ruf eines Kochs, die Gäste mit einem ausgefallenen Gesamtkonzept zu überraschen. Das Studium der Führer und Zeitschriften wie *Falstaff* und *Feinschmecker* in denen Reisen und Essen zusammengedacht und nicht nur Restaurants, sondern auch (Super-) Märkte, Cafés, Weingüter, Hotels und Bars, im Grunde also die gesamte kulinarische Welt bewertet werden, bietet nicht mehr und nicht weniger als gute Unterhaltung, vor allem wenn die Urteile sich widersprechen und man den Eindruck bekommt, dass diese oder jene Bewertung vielleicht etwas übertrieben ist. Aber nein, wer denkt hier schon an Korruption! Manchmal hilft es schon, die Anzeigen in einem Blatt zu studieren. Oder sich die Online-Kommentare auf den gängigen Foodportalen anzusehen. Zumal es immer jemanden gibt, der etwas zu meckern hat.

Da Ende April meistens die sogenannte Pellegrino-Liste der angeblich besten Restaurants der Welt erscheint, haben wir zu Beginn unseres Restaurant-Rituals ein passendes Gesprächsthema: »Sag mal, das *Noma* hat es wieder geschafft, obwohl dort neulich viele Gäste unter Durchfall und Erbrechen litten.« Diese Geschichte ist natürlich wunderbar geeignet, um alle Ressentiments gegen die Edelküchen und jede Art von Restaurant-Ranking zu pflegen. Tatsächlich sind wir große Fans der nordischen Kochexkurse von Réne Redzepi, auch wenn wir bestreiten, dass man ein Menü im *Noma* überhaupt mit einer klassisch-französischen Küche etwa von Dreisternekoch Klaus Erfort in Saarbrücken vergleichen kann. Nur in einer Hinsicht vielleicht: Mein Bruder litt nach dem Erfort-Menü am 30. April 2014 ebenfalls unter Durchfall und Erbrechen (ich habe alles vertragen und das Menü sehr genossen).

Was auch immer wir erleben, wir freuen uns trotzdem aufs nächste Jahr und den nächsten Restaurantbesuch, und das liegt auch daran, dass wir in den ausgezeichnten Lokalen immer häufiger Gleichgesinnte, also Gastrosexuelle treffen – und immer seltener Leute, für die der Besuch eines Spitzenrestaurants vor allem Ausdruck eines wie auch immer ausgerichteten Luxuslebens ist. Für uns haben Restaurantbesuche nichts Pseudoheiliges. Niemals würden wir das Lokal eines Spitzenkochs einen »Gourmettempel« nennen. Nein, das Essen ist keine kulinarische Variante des Kirchgangs. Selbst wenn es dabei gewisse Regeln und Rituale gibt. Wir erstarren nicht in Ehrfurcht, wenn ein hübsch arrangierter Teller serviert wird, und wir sparen auch nicht mit Kritik, wenn meinem Bruder ein Curry serviert wird, obwohl er zu Beginn des Menüs wie immer mitgeteilt hat, dass er keinen Knoblauch verträgt, nicht einmal in homöopathischen Dosen. Solche Kritik hat auch nichts mit der angeblichen Besserwisserei von eingebildeten Hobbyköchen zu tun; für meinen Bruder entscheidet sich nämlich mit dem Einsatz, das heißt mit dem Weglassen der weißen Knolle, ob er den Rest des Abends im Krankenhaus verbringt oder noch einen Absacker in der Hotelbar genießt. Im Münchener *Tantris* wollte ein Kellner partout nicht glauben, dass in fast jedes Curry auch Knoblauch gemischt wird, und erst eine Nachfrage beim Chefkoch überzeugte die unprofessionelle Servierkraft. Das Curry verschwand endlich wieder in der Küche, die schwere Knoblauchallergie des Gastes aber war sofort wieder vergessen, denn nicht einmal eine Stunde später wurde meinem Bruder ein ganz besonders intensiver Knoblauchkäse serviert.

Das *Tantris* ist möglicherweise eine Ausnahme, denn hier wird die Gourmettempelei noch gepflegt, auch wenn das legendäre Siebziger-Jahre-Interieur eher an einen coolen New Yorker Club erinnert. Ich konnte mich des Eindrucks nicht erwehren, dass um uns herum ziemlich viele Leute saßen, die vom Essen wenig verstanden, aber ganz stolz waren, in einem Raum mit allerlei Fernsehprominenz zu sitzen. Schon als das Haus 1971 eröffnet wurde, schrieben die Journalisten nicht über das Essen, sondern über die Betonfassade und die in Schwarz und Rot gehaltene Einrichtung. »Fresskirche« nannte man den Laden schon bald, und der Bau erinnert tatsächlich an die vielen evangelischen Gotteshäuser aus den siebziger Jahren, die heute seltsam unmodern wirken. Kein Wunder, denn Architekt Justus Dahinden hatte sich zuvor vor allem mit Kirchenbauten einen Namen gemacht. Es ist Eckart Witzigmann, aber auch der langjährigen Sommelière Paula Bosch zu verdanken, dass das *Tantris* kulinarische Geschichte schrieb. Heute lebt der Zweisterneladen vor allem seine Fresskirchentradition. Die Kellner sind nicht wirklich aufmerksam, weder beim Begrüßen noch beim Servieren, und die Gerichte sind wirklich nicht originell: Etwas Linsen zum Lachs, Langustinenravioli mit Hummer-Chilifond, Konfierter Rochenflügel mit Zitronenkapern. Bekommt man alles auch beim guten Italiener. Nur dass bei Chefkoch Hans Haas mehr Champagner in die Menüfolge eingebaut wird. Wir haben uns ein Sorbet mit Dom Pérignon aufgießen lassen. Das musste zwar extra bezahlt werden, aber wo wenn nicht im *Tantris* steht eine geöffnete Flasche des Edelschaumweins im Kühlschrank? Trotzdem war dieser Zwischengang großer Unsinn. Das feine Getränk hätten wir besser ohne Eiseinlage genießen sollen.

In Restaurants, in denen nicht die Show, sondern das Essen im Mittelpunkt steht, bietet sich ein anderes Bild. Wieder ein Beispiel: Die *Villa Merton* in Frankfurt am Main könnte man, wenn man das schmucke Haus betritt, vielleicht ebenfalls für eine kulinarische Weihestätte halten, aber wenn man die ersten Knabbereien verzehrt hat, vergisst man das Ambiente schnell, so sonderbar sind die Dinge, die serviert werden. Fichtensprossen und Bucheckern stehen auf der Karte, Sonnenblumen und Haferwurzel. Welsleber und sogar Handkäs mit Musik! Statt Champagner werden Weine aus dem Rheingau oder Rheinhessen angeboten. Auch hier bat mein Bruder um knoblauchfreie Kost. Die schlichte Antwort: »In unserer Küche wird Knoblauch ohnehin nicht verwendet. Wir arbeiten ausschließlich mit regionalen Produkten. Und da Knoblauch bei uns nicht wächst, kommt er auch nicht auf den Teller.« Der Ankündigung haben wir nicht getraut, aber das Menü war absolut knoblauchfrei. Chapeau!

Obwohl in der *Villa Merton* äußerst ambitioniert gekocht wird, ist die Atmosphäre dennoch angenehm locker. Der junge Küchenchef Matthias Schmidt scheint gerne mit den Gästen zu sprechen. Hier quält es den Küchenkünstler nicht, Kontakt mit den Kunden aufzunehmen. Im Gegenteil. Unsere Freude an seinem Kochstil hat auch ihn gefreut. Kein Wunder, dass wir in dem Restaurant schnell mit den ebenfalls sehr entspannten Tischnachbarn ins Gespräch kamen. Wir haben über Wurzeln und Blüten gefachsimpelt und uns über die schlimmsten Restauranterlebnisse ausgetauscht – ein dermaßen ungezwungenes Miteinander in einem sogenannten Gourmettempel wäre noch in den neunziger Jahren vollkommen undenkbar gewesen.

Der klassische Luxusgourmet scheint, sieht man einmal von Luxusstädtchen wie München ab, tatsächlich auszusterben, was die Restaurantbetreiber durchaus vor große Herausforderungen stellt. Es ist nicht so leicht, die neuen und jungen Gäste mit einer gewissen Regelmäßigkeit in die Lokale zu locken. Wir haben es in den vergangenen Jahren oft erlebt, dass in einem Zwei- oder Dreisterne-Restaurant die Hälfte der Tische nicht besetzt war, und das an einem Freitag- oder Samstagabend! Auch die *Villa Merton* war an dem Abend (ich glaube, es lief parallel irgendein Fußballspiel im Fernsehen) nicht ausgebucht.

Thomas Ruhl, Herausgeber der schon erwähnten Zeitschrift *Port Culinaire*, erklärt den Wandel so: »Einst füllte der klassische Gourmettourist die noch wenigen deutschen Sternehäuser gut. Es war eine homogene Zielgruppe, die perfekt zu beschreiben und zu greifen war. Die Dimension Luxus war stofflich an materielle Werte gebunden. Der Gast liebte Etikette. Die Herren trugen dunkle Anzüge und Krawatten von Nobelmarken und fuhren in teuren Limousinen vor, die Damen – elegant gekleidet – trugen edlen Schmuck. Ebenso wie durch das Tragen solcher Accessoires wollte man auch mit dem Besuch eines Toprestaurants die Zugehörigkeit zu einer erlesenen Gesellschaftsschicht demonstrieren.« Noch immer verstehen sich viele ausgezeichnete Restaurants in Deutschland als Gourmettempel, und ganz bestimmt wird es solche Läden auch in Zukunft geben. Der edle Schmuck und die Nobelkrawatten wollen immer noch ausgeführt werden. Die Sehnsucht nach luxuriöser Selbstinszenierung verschwindet keineswegs, doch auch und gerade auf den großen Restaurantbühnen ist ein ästhetischer Wandel zu beobachten. Als ich mit meinem Bruder beim Avantgardekoch Juan Amador in Mannheim zu Gast war, staunten wir nicht schlecht, als neben uns ein Rockerpärchen in Lederkluft saß und wir als einzige an diesem Abend einen dunklen Anzug trugen. Wir waren vollkommen »overdressed«. Auf die Krawatte hatten wir in weiser Voraussicht verzichtet. Die Kellner, so war unser Eindruck, schienen uns wahlweise für ein schwules Pärchen oder für Restauranttester zu halten, aber auf keinen Fall für Gäste, die gerne mal einen schönen Anzug anziehen – ganz unabhängig von irgendwelchen Etiketteregeln.

Auch das *Amador* war nicht ausgebucht. Zwei Tische blieben leer. Im November 2012 meldete die Aktiengesellschaft, die das Dreisterne-Etablissement betrieb, Insolvenz an. Das Restaurant läuft trotzdem weiter. Wenn man sich die Online-Kommentare der Gäste anschaut, dann wird immer wieder bemängelt, dass der Eingang dieses Kulinariklabors schlecht zu finden sei. Tatsächlich liegt eines der ungewöhnlichsten Lokale der Republik in einem trostlosen Industriegebiet, irgendwo am Ende eines Parkplatzes zwischen einem Großhandel und einem Baumarkt. Dieses Nicht-Entrée scheint für den deutschen Gourmettraditionalisten, den es natürlich immer noch gibt, nicht akzeptabel zu sein. Auch über die radikal moderne Inneneinrichtung, die mich an Filme wie *Solaris* oder *Avatar* erinnert und sehr gut zum Küchenstil passt, wird zuweilen gemeckert: Ziemlich unterkühlt komme dieses weiß-rote Farbenkonzept daher, man fühle sich wie in einem Krankenhaus. Die Mehrheit der Gäste allerdings ist begeistert von Amadors Restaurantkonzept, das es nirgendwo sonst in Deutschland gibt: Allein die gereichten Tapas und dekonstruierten Snacks (Flammkuchen, Strammer Max, Handkäs mit Musik, geeiste Beurre blanc mit Malzbrot und Haselnussmilch, Kalbskopf mit Seegurke, Entenleber mit Räucheraal und Holzkohleöl, Kabeljaukutteln und Austernkraut) dokumentieren das außergewöhnliche Niveau dieser Küche. Wobei nicht unerwähnt bleiben soll, dass konservative Esser Amadors Experimente hassen. Kaum ein Koch in Deutschland wird so oft bepöbelt wie der Mann, der als Sohn südspanischer Gastarbeiter im schwäbischen Strümpfelbach geboren wurde. Ein mittelbekannter TV-Journalist, der nebenberuflich als Gastrokritiker arbeitet, betrat vor Jahren, als Amador noch in Langen kochte, das Restaurant mit, wie er später in der *Frankfurter Rundschau* schrieb, »hässlichen Vorteilen«, die er offenbar bestätigt wissen wollte. Ohne sich mit den Details der Kompositionen zu beschäftigen, befand der Gourmetrüpel: Alles viel zu süß, zu viel Schaum, zu viel Brei, er sei doch kein Kind. Amador verabreiche Alete-Kost. Der Rundumschlag, der bekannte Ressentiments bediente und damit vor allem gegen den Autor sprach, regte den Küchenchef dermaßen auf, dass er dem Kritiker Hausverbot erteilte. Der Streit amüsierte damals die Gastroszene, und wer Artikel und Replik heute noch einmal nachliest, lacht vor allem über den Journalisten, der Kritik mit Kotzen verwechselte. Tatsächlich hat Amador das kulinarische Deutschland nachhaltiger verändert, als dies zu Beginn des 21. Jahrhunderts abzusehen war. Die kulinarischen Ideen und Techniken, die von Leuten wie Ferran Adrià, Juan Mari Arzak und eben auch Juan Amador perfektioniert wurden, gehören inzwischen zum Standardrepertoire der gehobenen Gastronomie.

Im *Amador* sprachen wir auch über den Musikteppich in Restaurants. Es gab eine Zeit, da liefen in Spitzenlokalen die immergleichen Klassikhits im Hintergrund – falls ein Gast nicht darum bat, das Gedudel endlich auszustellen. Heute wird in den gastronomischen Institutionen der Republik auf die akustische Belästigung weitgehend verzichtet. Das ist ein Fortschritt. Allerdings gibt es Situationen, vor allem wenn nur wenige Tische belegt sind, in denen wäre eine angemessene Musik doch nicht schlecht. Bei absoluter Stille im Speisesaal lässt sich weder gut essen noch gut übers Essen reden. Aber was ist angemessen? Peter Wagner empfiehlt in seiner Hobbykochkolumne immer auch Musik, die vielleicht zum Essen passen könnte. Dabei kommt ihm zugute, dass er viele Jahre als

Musikkritiker gearbeitet hat. Auch Juan Amador sehnt sich nach einem Arbeitsumfeld, in dem mehr als nur der Geschmackssinn angesprochen wird: »Ich bin jetzt 45 und möchte sicherlich nicht bis 60 hinter dem Herd stehen. Mir schwebt noch ein Konzept vor, bei dem Genuss, Lässigkeit und Musik zusammenkommen.«

Im *La Belle Epoque* in Lübeck-Travemünde habe ich die bislang beste Musikmischung erlebt. Die sphärischen Klänge waren perfekt auf den schönen Ausblick abgestimmt. Vom Tisch aus sieht man hinaus aufs Meer, und mit der eigenwilligen Musik werden Wind und Wetter ins Lokal geholt. So unterstreicht die Akustik auch das kulinarische Programm, denn die »weltoffene Kreativküche von Kevin Fehling«, wie es in der Speisekarte heißt, holt sich auf verschiedene Weisen die Welt auf den Teller: Da wird Gänseleber in Pharaoform mit Couscous und Datteln serviert, da bekommt man eine Jakobsmuschel nach »indischer Art«, was wirklich ein Witz ist, denn mit diesem Chutney, Curry und Naanbrot kann kein indisches Restaurant mithalten, in dem ich bislang gegessen habe, nicht einmal die indischen Sterneküchen in London. Fehling bietet tatsächlich alles in einem: deutsche Perfektion, französische Tradition, spanische Avantgarde, italienische Leidenschaft, japanische Demut. Und das alles in Travemünde! Durchaus erstaunlich war, dass ich anderthalb Stunden allein in dem schönen Gastraum saß, bis eine Großfamilie mit Kleinkind auftauchte, die in dem Hotel zu übernachten schien. Insofern war ich ganz besonders froh, dass zum gastronomischen Gesamtkunstwerk im *Belle Epoque* auch ein ausgefeiltes Musikprogramm gehörte.

Der konservative Gourmettourist meidet Orte, wie sie Amador und Fehling realisiert haben, aber wer glaubt, die Hochburgen der kulinarischen Klassik blieben von den Zumutungen der Moderne verschont, täuscht sich gewaltig. Meinen Bruder habe ich bislang nicht überreden können, die *Schwarzwaldstube* von Harald Wohlfahrt zu besuchen. Die unfassbar altbackene, pompös-schwarzwälderische Architektur und Inneneinrichtung des Gesamtkomplexes der *Traube Tonbach* hielt uns bislang von einer Reise nach Baiersbronn ab. Dann aber fragte mich meine Frau, in welches Restaurant sie mich denn an meinem 38. Geburtstag einladen dürfe. Im Scherz antwortete ich. »Ich bin jetzt im richtigen Alter für die *Schwarzwaldstube*.« Die Liebste ließ sich das nicht zweimal sagen und reservierte rechtzeitig (nämlich ein Jahr im Voraus). Wir hatten Glück. Mein Geburtstag fiel auf den letzten Termin vor der Sommerpause.

Wir reisten mit unserer damals zweijährigen Tochter an, die sich darüber freute, dass die hoteleigene Tennishalle zu einem Spielparadies umgebaut worden war und dass es im Badebereich auch diverse Kinderbecken gab. Sogar Schwimmwindeln waren in der *Traube Tonbach* vorrätig! Das Haus, von dem ich annahm, dass es vor allem von unangenehm vornehmen und aggressiv alten Gästen besucht würde, erwies sich als freundliches Familienhotel. Immerhin sahen die Zimmer und Speisesäle genauso geschmacklos aus wie angenommen. Dass die *Traube* auch mal ein Vorurteil bestätigte, beruhigte mich dann doch. Was ich allerdings beim Abendessen in der *Schwarzwaldstube* erlebte, beeindruckte mich nachhaltig. Schon die Begrüßung war eine Sensation.

Ein gutaussehender Kellner um die Zwanzig begleitete uns zum Tisch, und bevor ein anderer Mitarbeiter, der ähnlich gut und ähnlich jung aussah, uns die schweren Speisekarten überreichte, schwebte der Chef de Rang herbei und drehte sich zum Erstaunen aller im Saal vor unserem Tisch mehrfach um die eigene Achse. »Wir wissen«, sagte er mit einem Lächeln auf den Lippen, »dass Sie heute Geburtstag haben, und wir wissen auch, dass Sie eine Torte mit Kerzen zum Auspusten nicht mögen. Aber auf meine kleine Geburtstagspirouette wollte ich trotzdem nicht verzichten. Ich wünsche Ihnen im Namen des ganzen Teams alles Gute.« Diese Einlage war ein Gag, den ich *wirklich* nicht erwartet hatte. Bis heute frage ich mich, ob die Pirouette zum Standardrepertoire für Geburtstagsgäste in der *Schwarzwaldstube* gehört oder ob der gewitzte Kerl sich im Vorfeld über mich informiert und geplant hatte, den Autor des ironisch-morbiden Kurstadtromans *Sanfte Illusionen*, in dem ein herzkranker und schrecklich erschöpfter Grand-Hotel-Kellner eine wichtige Rolle spielt, mit ein paar Drehungen gleich zu Beginn darauf aufmerksam zu machen, dass man nicht von blass-blauen Vorhängen und wuchtigem Mobiliar auf die Gesamtperformance eines Restaurants schließen sollte.

Tatsächlich haben wir in der *Schwarzwaldstube* eine in jeder Hinsicht perfekte Serviceleistung erlebt. So aufmerksam und zugleich absolut unaufdringlich wurden wir noch nie bedient. *Alle* Gänge, die serviert wurden, hätte ich mir besser nicht vorstellen können. Sie waren ideenreich und harmonisch. Dabei hätte ich mir bis auf das »Mosaik von Entenleber, Gemüse und Trüffel, Banyulsgelee sowie Apfel-Ingwer-Confit« keinen der Gänge des großen Degustationsmenüs à la Carte bestellt. Bei einem »Salat von Meeresfrüchten und Schalentieren mit Artischocken und Limonendressing« denke ich an die vielen Meeresfrüchtesalate, die mir gar nicht bekommen sind. Auch eine »Wolfsbarschschnitte mit Gewürztomaten und Auberginen dazu Fenchelcoulis« gehört nicht zu den Gerichten, die mich normalerweise in Ekstase versetzen. Aber gerade diese beiden Gänge waren überzeugend. Alle Produkte waren unfassbar frisch, perfekt gegart und zubereitet. Ich hatte das Gefühl, ich esse zum ersten Mal in meinem Leben eine wirklich gute Aubergine. Und das im Schwarzwald! Das Dessert war ein Kunststück, denn obwohl der Aufbau des Schokoladenobjekts furios kompliziert war, fügten sich die Elemente zu einem süß-herben Gesamtwerk. Als wir uns von dem Tisch erhoben, fühlte ich mich glücklich und zufrieden, angeregt und müde zugleich – wie nach einer wilden Bettorgie. Wenn dieses Essen kein Gaumensex war, was dann?

Ich habe immer wieder mal versucht, einzelne Teile des Menüs nachzukochen. Es ist mir natürlich nicht gelungen. Was nicht nur daran lag, dass mir meine Händler derart frische Meeresfrüchte, wie ich sie in der *Schwarzwaldstube* serviert bekam, nicht liefern können. Harald Wohlfahrts Kochperfektion, die seit 1992 (!)

mit drei *Michelin*-Sternen und im *Gault Millau* seit 2005 mit der Höchstnote von 19,5 Punkten ausgezeichnet wird, ist ein wenig unheimlich. Auf jeden Fall zeigt sie dem ambitionierten Hobbykoch ziemlich deutlich, dass alle Ambitionen – da wiederhole ich mich gerne – nichts mit dieser kulinarischen Genialität und höchster Professionalität zu tun haben.

Ganz nebenbei: Ich gehörte mit meinen gerade mal vierzig Jahren tatsächlich zu den älteren Gästen. Und mit Anzug und Krawatte war nicht mal die Hälfte der Männer erschienen. Die *Schwarzwaldstube,* die sich nicht nur auf dem Teller seit Jahrzehnten ständig neu erfindet, darf man auch in Jeans, Sakko und Turnschuhen betreten. Und noch etwas muss korrigiert werden: Es gibt ein hartnäckiges Gerücht, nach dem ein Gast, der vom Teller der Gattin probiert hatte, nach dem Menü in einer schriftlichen Mitteilung gebeten wurde, das Restaurant nicht ein zweites Mal zu beehren. Eine böse Geschichte. Ich habe mich vor Ort danach erkundigt. Der Pirouettenkellner konnte über solche Verleumdungen nur milde lächeln. Harald Wohlfahrt höchstpersönlich gab zu, er nasche regelmäßig vom Teller seiner Frau. Die rote Karte fürs Naschen existiert nicht. Weder in der Schwarzwaldstube noch in anderen Spitzenrestaurants. Bislang konnte auch noch niemand eine solche Verwarnung fotografisch dokumentieren. Und das will was heißen in einer Welt, in der so gut wie jeder Gang eines Sternekochs in diversen Gastroblogs abgelichtet und analysiert wird (was kurioserweise in Frankreich verboten werden soll). Es soll Restaurantbesitzer geben, die eine hohe vierstellige Summe ausgeschrieben haben, damit sich endlich einmal ein abgemahnter Gast mit dem ominösen Kärtchen meldet.

Die *Schwarzwaldstube* war übrigens ausgebucht. Wie jeden Abend.

MEIN FREUND, DER STERNEKOCH

Viele Gastrosexuelle sind mit Köchen befreundet. Das ist kaum verwunderlich. Wir Hobbyköche bewundern die Profis, und wenn uns ein Kochstil gefällt oder wir den Koch sympathisch finden, kommen wir immer wieder. Köche wiederum freuen sich, wenn Gäste nicht nur ins Restaurant kommen, weil es gerade schick ist, sondern die Arbeit am Herd wirklich zu schätzen wissen. In einem Geschäft, das großen Schwankungen ausgesetzt ist, sind die gastrosexuellen Freunde eines Kochs nicht selten die letzten emotionalen Stützen. Erst recht, wenn die Familie wegen der heftigen Arbeitszeiten zerbrochen und zu allem Übel auch noch ein Stern verloren ist.

Nun gibt es solche und solche Freundschaften. Als Meister der Einbildungskraft glauben Gastrosexuelle nicht selten, sie seien mit einem Koch dick befreundet, nur weil sie dem Patron schon zwanzigmal die Hand geschüttelt haben. Ich möchte hier von einer langen gastrosexuellen Freundschaft erzählen, die mich beeindruckt, und zwar die außergewöhnliche Beziehung zwischen Vincent Klink und Wiglaf Droste. Der eine ist Sternekoch in Stuttgart, der andere ein zart besaiteter Autorenrabauke, der es noch mit jedem aufgenommen hat. Zusammen haben die beiden die wohl lustigste und kreativste »kulinarische Kampfschrift« herausgegeben, die es jemals gab: *Häuptling Eigener Herd* war ein Blatt, das laut Impressum »so vierteljährlich wie möglich« erschien. Wie ein gutes Menü aber irgendwann beendet ist, wurde auch der Häuptling eingestellt, nämlich Ende 2013. Eine Arbeit war beendet, die Freundschaft blieb. Oft geschieht das nicht. Weder in der Gastroszene noch im Medienbetrieb.

Um zu verstehen, was Droste und Klink über Jahrzehnte verbindet, muss man eintauchen in die Lebensgeschichte der beiden, die immer wieder vom Glück des guten Essens handelt. Ich habe Klink mehrfach interviewt, und viele Gespräche fanden in einem Kabuff neben der Küche seines Restaurants *Wielandshöhe* statt. In fast allen Interviews haben wir zunächst über seine Kindheit und Jugend gesprochen.

»Also«, pflegt Vincent Klink zu sagen, wenn es um seine Vergangenheit gehen soll. Er redet lieber über die Zukunft, legt dann aber trotzdem los: »Ich bin in Schwäbisch Gmünd aufgewachsen, das war ein Tierarzthaushalt, da kam mein Vater immer mit den Mikroskopproben von den Hausschlachtungen. Es war dauernd irgendetwas los, jeden Tag fünf Liter warme Milch, von der Kuh direkt, was mich damals grauste und was heute vielleicht eine seltene Delikatesse ist. Und es war natürlich auch die Zeit der Fresswelle. Ich glaube, der erste Wienerwald hatte schon aufgemacht, und bei uns zu Hause war das ein ganz zentrales Thema, diese ganze Esserei, durch die Eltern geprägt, die durch die Kriegszeiten kürzer treten mussten und dann in den fünfziger Jahre reingehauen haben, was die Schwarte ausgehalten hat. Mein Vater warnte mich immer, ja nicht Tierarzt zu werden. Da muss man ja nachts raus, nur weil ein Pferd hustet. Der schönste Beruf wäre eigentlich Koch oder überhaupt etwas in der Gastronomie. Und das betrieb mein Vater hobbyweise: extrem könnte man sagen. Der war in den sechziger Jahren schon in allen Gourmettempeln in Frankreich unterwegs und hatte da einen Überblick, der vielleicht zu dieser Zeit in Deutschland relativ ungewöhnlich war. Ich wusste mit dreizehn, vierzehn Jahren, wer Escoffier war oder Carême, diese ganzen Altmeister aus Frankreich, weil mein Vater auch eine Kochkunstbibliothek hatte, wo also all die alten Schinken standen. Heute sind sie leider nicht mehr da, weil ich damals als junger Koch gesagt habe, du mit deinen scheiß Büchern, und zack, da hatte er sie alle verkauft. Diese Aussage bereue ich heute natürlich sehr.« Punkt. Vincent Klink hat diese Geschichte schon oft erzählt. Im Fernsehen, im Radio, Leuten von der Presse und ganz privat in der *Weinstube Fröhlich*, einem Stuttgarter Lokal, das mitten in der Innenstadt authentische schwäbische Küche bietet. Ich höre mir die Geschichte von seinen Lehrjahren immer wieder gerne an, weil er mich mit sehr unterschiedlichen Varianten überrascht und immer neue Pointen auf Lager hat.

Wenn wir über seinen Vater reden, spreche ich ihn grundsätzlich auf seine Mutter an. Ob sie den Sohn kulinarisch geprägt habe, will ich dieses Mal wissen, und Vincent Klink nickt. Ja, ja, die Mutter habe schon am meisten gekocht. Aber entschieden habe letztendlich der Vater. Und wieder sind wir bei dem Mann, der auch in der Küche der Herr im Hause war: »Er hat wie ein Küchenchef gewütet, in gewisser Hinsicht diktatorisch über meine Mutter verfügt, und das grenzte manchmal an Terror, was der an Vorgaben da machte. Das wurde morgens besprochen und dann fuhr er zu den Bauern, um seinen Job zu machen, und wenn er zurückkam, musste das Essen auf dem Tisch stehen, und es kam nie vor, dass irgendein Mittagessen kommentarlos verzehrt wurde, sondern es gab immer Kritik. Einmal habe ich eine Suppe für nicht gut befunden, die mein Vater für gut befand, und dann schrie er: Raus hier! Verschwinde! Da habe ich meine Klamotten eingepackt. Nur wegen der komischen Suppe bin ich dann ein Dreivierteljahr ausgezogen. Also es war extrem leidenschaftlich, der Umgang mit Essen, paranoid fast.«

Eigentlich ein Wunder, dass der junge Vincent trotzdem eine Kochlehre begonnen hat – in der es nicht viel anders zuging als im Elternhaus. »Da kommt es natürlich auf deine Kondition an. Dass du nicht aufgibst. Meine Lehrzeit fand in Lörrach statt, bei einem damals großen Meister der Kochzunft. Der Mann führte ein Regiment, das ja, wie ich heute weiß, notwendig ist, in das ich mich aber nur schwer eingelebt habe. Ich hätte am liebsten fliehen mögen. Habe es mich aber nicht getraut, sonst hätte ich von meinem Vater wieder eine draufgekriegt. Also habe ich das durchgestanden. Obwohl ich nichts kapiert habe vom Kochen.«

Wir gastrosexuellen Hobbyköche sind im Grunde Weicheier. Wir bewundern die Profis auch für ihre harten Lehrjahre, die wir selbst wahrscheinlich nicht durchgestanden hätten. Ich kann mich noch gut an meine eigenen Erfahrungen mit den rauen Umgangsformen in einer Profiküche erinnern. Da hatte ich gerade den Kriegsdienst verweigert, stellte mich mit großen Plänen an den Herd, wurde sofort zum Schnippeln abkommandiert und musste nach einigen Wochen feststellen, das ich doch auf einem Exerzierplatz gelandet war. Nein, nein, diesen Kommandoton habe ich nicht lange durchgehalten und schnellstmöglich Philosophie studiert.

Vincent Klink ertrug die übelsten Beschimpfungen. Ein Lehrmeister nannte ihn monatelang nicht einmal beim Namen. Sondern einfach nur: Scheißhaus! Das muss man sich mal vorstellen. Hey, Scheißhaus, die Bohnen müssen noch geschnippelt werden. »Das war in München, als ich im Humpelmayr gearbeitet habe. Dort aßen Curd Jürgens, der Aga Khan und diese Leute. Und für mich war es eine große Auszeichnung, als der Küchenchef mich eines Tages nicht mehr Scheißhaus nannte. Der konnte sich keinen Namen merken. Und jeden Koch, der eingestellt wurde, den nannte er eben Scheißhaus. Und so nach einem halben Jahr hatte er sich meinen richtigen Namen gemerkt, und das war wie ein Ritterschlag. Ich wollte schon aufgeben und sagen: Ich halt das nicht mehr aus. Aber dann war ich anerkannt und in der Hierarchie dieser Küche integriert.«

Vincent Klink verließ trotzdem die feine Scheißhausgesellschaft und machte sich 1977 zusammen mit seiner Frau selbstständig. Ein Jahr später folgte der erste *Michelin*-Stern. Klink probierte viel aus in seiner Küche, es gab Höhen und Tiefen, kurze Zeit war der Stern auch mal weg, aber irgendwann setzte eine kluge und folgerichtige

Entwicklung ein, denn der Mann, der seine Prominenz auch seinen Fernsehauftritten zu verdanken hat, verzichtete in seinem Restaurant zunehmend auf allen modischen Schnickschnack. Er wurde zu einem der bodenständigsten und ehrlichsten Spitzenköche der Republik. Regionale Spezialitäten kamen wieder auf den Teller, die nicht mal mehr in kleinen Dorfgasthäusern serviert wurden.

Der Schriftsteller Wiglaf Droste hat diesen Weg begleitet, man könnte auch sagen, er hat Klink mit aller verbalen und schriftlichen Rhetorik unterstützt. Statt sich weiter mit dem Mief der politischen Linken auseinanderzusetzen, schrieb Droste bald immer häufiger über kulinarische Themen. Ein neuer Ton zog ein in die Welt der Küchenkritik. Dem gastrosophischen Pathos, das leider nach wie vor und viel zu oft gepflegt wird, setzte Droste den unterhaltsamen Angriff auf Gourmetklischees gegenüber. Und das prägte auch den befreundeten Koch. »Ich habe«, sagt Vincent Klink, »von Wiglaf gelernt, schärfer zu beobachten, was um mich herum geschieht. Und das ist sicherlich die Basis unserer Freundschaft: Wiglaf Droste ist nicht käuflich und Vincent Klink ist auch nicht käuflich. In meinem Beruf, mit all der Töpfe-, Besteck- und sonstigen Industrie, ist man extremen Verlockungen ausgesetzt. Ich könnte durch Werbeeinnahmen sicherlich viel Geld verdienen, und habe aber nie, auch als ich es bitter nötig hatte, Werbung gemacht für irgendeine Eiscreme oder weiß der Teufel etwas. Und das mache ich auch bis heute nicht. Andererseits sage ich öffentlich, wenn ich etwas gut finde, ich mache für viele Dinge Werbung, und will dafür einfach kein Geld: Wenn ich etwas Gutes entdecke, sage ich es weiter. Möglichst laut und auch im Fernsehen. Aber da bin ich nicht steuerbar und nicht verführbar. Und ja, ich habe die Bestätigung durch Wiglaf bekommen, dass dieser Weg, den ich eingeschlagen habe, der richtige ist: Auch wenn ich ordentlich Geld verdiene, es wird nicht geprotzt.«

Mit Wiglaf Droste verbindet mich ein wunderbares, kulinarisch vollkommen zweifelhaftes Ritual, dem wir in den neunziger Jahren nachgegangen sind. Wir haben bis zur Besinnungslosigkeit

Whisk(e)y getrunken und dazu Gummibärchen gegessen. Einmal traf ich ihn in seiner damaligen Wohnung in Berlin-Kreuzberg. Da waren wir beide nüchtern. Und es ging gleich zur Sache. Wir sprachen übers Feuilleton und die Frage, welchen Ton man anschlägt im journalistischen Meinungsgeschäft: »Es gibt im Feuilleton«, sagte Wiglaf, »die Florettlüge. Ich meine, das Florett? Wenn dich einer zu einer Schießerei einlädt, dann nimmt man doch kein Florett mit, sondern ein Schießeisen, ist doch ganz klar. Im Boxring nimmt man auch kein Florett mit, und dann heißt es immer: Tucholsky, das Florett. Von wegen! Wenn sich die Leute mal auskennten, dann wüssten sie, dass Tucholsky unglaublich grob werden konnte, und er hat das sogar mal explizit gesagt, 1930 oder 31, da ging's um Deutschnationale. Da hat er gesagt: Gegen diese Leute ziehe niemals das Florett, nimm den Hammer, und zwar den dicksten, den du finden kannst. Es ist natürlich unsinnig, wenn man auf Kleinstzumutungen des öffentlichen Lebens wie gestochen draufprügelt, also mit Kanonen auf Spatzen eben, das bringt's nicht, und das merkt dann auch ganz schnell jeder. Es ist ja ein Teil der Arbeit: Ich nenn das, den Müll runterbringen. Die Zumutungen des Lebens parieren. Bei diesem Teil der Arbeit – der ein Drittel ausmacht und auf keinen Fall mehr ausmachen sollte, sonst wird man wirklich Müllabfuhr – geht's in erster Linie um Angemessenheit. Das heißt, man kann auf Leute, die ihre pestkranken Köter übers Trottoir schleifen, doch nicht genauso reagieren wie auf einen Brandenburger Lynchmob, der einen Schwarzen umbringt. Es geht um die Wahl der Waffen. Das heißt, man muss ein sehr schön sortiertes Arsenal sprachlicher Waffen haben. Das muss man sich auch erst einmal erarbeiten. Dazu gehört ein wirklich detaillierter Wortschatz und die Fähigkeit, dann auch in die richtige Kiste zu greifen. Mit John Wayne gesagt: Ziehen und Schießen muss eins sein.«

Droste und Klink haben schöne und kluge Bücher zusammen herausgegeben, sind irgendwann gemeinsam auf Tour gegangen, mal mit musikalischer Begleitung, mal ohne. Im Publikum saßen

Leute, die sonst sehr unterschiedliche Abendveranstaltungen besuchen. Wobei Droste weiß: »Man sollte Vincents Fernsehzuschauer nicht unterschätzen. Die haben auch mit meinen Texten unglaublichen Spaß. Ja, und manchmal sind auch Leute dabei, denen vor Entsetzen die Klappe offensteht.« Ich habe einige Veranstaltungen der beiden besucht, und bald schon waren die Unterschiede im Publikum kaum noch auszumachen. Wer sich ernsthaft mit regionaler Küche beschäftigt, ohne daraus ein Dogma zu machen, wird sich auch an den sprachlichen Waffen des Satirikers erfreuen.

Vielleicht würde sich Droste, wären sich die beiden nie begegnet, nicht so leidenschaftlich mit dem Kochen beschäftigen. Vielleicht hätte sich der Hobbykoch Droste aber einen anderen Freund in der Gastronomie gesucht. Das größte Geschenk, was er sich und seinen schreibenden Freunden geben konnte, war die anfängliche Honorarregelung beim *Häuptling*: Die Autoren bekamen für ihre Gedichte und Geschichten keinen Cent überwiesen. Stattdessen pilgerten alle einmal im Jahr in die *Wielandshöhe*, um gemeinsam zu essen. Mitherausgeber Droste saß, wenn die Speisen serviert wurden, schweigend (was sonst gar nicht seine Art ist) und glücklich am Tisch. Wenn man den Begriff der Sexualität vom Bett in den Alltag überführt, wenn Sexualität nicht als eindimensionale Bedürfnisbefriedigung, sondern als ein sehr weit gefasstes, leibliches Glück verstanden wird, dann ist Droste ein großer Gastrosexueller: »Seit ich Vincent kenne, bin ich dicker geworden, glücklicher geworden, zufriedener geworden und ich bin fröhlicher geworden. Vincent ist ein großer Künstler des Glücks. Früher habe ich immer gesagt: Glück, ach, das ist für die Doofen. Mit 20 oder 25. Meine damalige Freundin war schon den Tränen nahe, weil ich immer das Glück verspottet habe. Im wirklichen Sinne ist es natürlich viel besser, ein glücklicher Mensch zu sein als ein unglücklicher. Und Vincent kann das, er kann auf nicht-statusverseuchte Art die schönen Dinge des Lebens sehen, genießen oder herstellen, herbeizaubern. Von mir aus können wir zusammen alt werden. Wenn wir die Lust nicht verlieren, uns viel Arbeit zu machen. Vincent hat mal scherzeshalber gesagt: Schön wär's, wenn die *Wielandshöhe* pleiteginge und ich könnte mal drei Monate auf Tour gehen. Eine solche Tour, ist, wenn sie gelingt, wie ein prima Urlaub, an den man noch fünf Jahre später denkt. Ein Idealzustand des Lebens eigentlich.«

Droste hat wieder abgenommen, auf Tour ist er ständig, in der Regel ohne seinen Freund Vincent. Denn der steht die meiste Zeit am Herd. Gastrosexuelle müssen ihre befreundeten Köche besuchen, wenn das Tagesgeschäft vorbei ist. Bei Klink ist für jeden, der es mit dem Kochen und Schreiben ernst meint, ein Plätzchen frei in seinem Kabuff neben der Küche. Von dieser kleinen kulinarischen Kommandozentrale aus verfasst er auch seinen Blog, erzählt von seinen Glücksmomenten beim Lesen, Schreiben, Rühren und Schmecken. Als ich ihm neulich schrieb, ich würde demnächst in die Welt der Gastrosexualität abtauchen, postete er gewohnt hintersinnig: »Diese Entwicklung des Küchenwahnsinns sehe ich positiv, dass nämlich Männer ihren Selbsthass, ihre Minderwertigkeitskomplexe, ihren Masochismus, Privatfaschismus und sonstige Verwundungen in der Küche heilen wollen.«

Über die sonstigen Verwundungen habe ich noch lange nachdenken müssen.

DESSERTZEIT

Ganz schwieriges Thema. Meistens ist es spät am Abend, man hat das eine oder andere Glas Wein getrunken, und dann soll ein gutes Dessert serviert werden. In der gehobenen Profiküche steht in der Regel ein vollkommen nüchterner Patissier bereit, der nur darauf gewartet hat, endlich sein Können zu demonstrieren. Was aber macht der Gastrosexuelle, der mehrere Gänge auf dem ganz persönlichen Sterneniveau gekocht hat und nun nicht auf die üblichen Klassiker wie Mousse au Chocolat oder Crème brûlée zurückgreifen möchte? Nichts gegen Mousse und Crème, aber die bekannten Ausführungen dieser Desserts passen dann doch nicht, wenn zuvor eher filigrane Speisen serviert wurden.

Die Lösung ist so simpel wie einleuchtend: Am Ende eines Menüs sollte sich selbst der gastrosexuelle Perfektionist etwas locker machen. Kann er auch guten Gewissens, wenn er sich vor dem Essen gut vorbereitet hat. Eine Schokoladenvariation funktioniert immer, zum Beispiel mit einer mehlfreien, feinherben Tarte, die am Abend vor dem Essen gebacken wird. Mit Pralinen, die ohnehin rechtzeitig angefertigt werden müssen. Selbst wenn eine Mousse dabei sein soll, wird sie am Tag zuvor aufgeschlagen, um die Nocken am nächsten Morgen ausstechen und sie mit einer Glasur überziehen zu können. Bei der Vorbereitung dieses Dessertelements darf experimentiert werden, etwa mit Kräuterextrakten und Wurzelabrieben. Die Mousse aus weißer Schokolade ließe sich zum Beispiel gut mit ein paar Tropfen frisch gepresstem Rosmarinsaft »würzen«. Wenn der hellgrüne Schokoschaum schließlich mit einem Karottengelee bedeckt wird, präsentieren wir nicht nur ein Farbenspiel, sondern eine Kombination, die sich von der Süße üblicher Nachspeisen elegant distanziert.

Wer Eis ins Dessert einbaut, hat ebenfalls gut vorbereitet zu sein. Die Grundmassen müssen hergestellt und vorgekühlt, manchmal auch über einen längeren Zeitraum gefroren werden. Glücklich ist, wer im Besitz der schon erwähnten Kopffräse ist. Dann braucht man am Abend nur noch ein paar Mal auf denselben Knopf zu drücken, und in wenigen Minuten können drei verschiedene Eissorten serviert werden. Eine Pacojet-Sorbet-Variation wird wohl das Dessert der Wahl sein, wenn der Hobbykoch nach intensivem Alkoholkonsum nicht einmal mehr in der Lage ist, ein durchschnittlich anspruchsvolles Rezept etwa für einen lauwarmen Schokokuchen mit flüssigem Kern umzusetzen.

Wenn die Feinmotorik noch funktioniert, die Nachspeise aber trotzdem vollständig vorbereitet ist, können Gastrosexuelle auch schnell sehr unzufrieden werden. Pacojet hin oder her: Drei Kugeln Eis kommen mir in solchen Fällen ziemlich banal vor, und so beginne ich, irgendwann nach Mitternacht, mich doch noch einmal zu verausgaben. Wie wäre es mit einer kleinen Knusperstange mit Honiggranulat? Doch noch ein Fruchtsüppchen mit Tapiokaperlen anrühren? Warum nicht eine Banyuls-Zabaglione schlagen und mit Peta Zeta mischen, auf dass der Eierschaum im Mund zu knallen beginnt? Wenn ich meine Tochter bekoche und die Knallbrause kommt beim Dessert nicht zum Einsatz, kann man die Nachspeise sowieso vergessen. Kinder und ihre kochenden Väter lieben dieses Explosionspülverchen, das auch in der Sternegastronomie sehr beliebt war und zuweilen noch ist.

Bevor ich mich aber in weitere Details der Dessertshow vertiefe, möchte ich noch einmal auf die – so könnte man das wohl nennen – gastrosophische Geschlechterdebatte eingehen: Während das Kochen und Grillen, das Braten und Schmoren als Männerdisziplin anerkannt ist, gilt die Dessertküche noch immer als Frauendomäne. Vor allem wenn es ums Backen geht. Es lässt sich nicht bestreiten, dass die Kuchen für Kindergartenfeste und Kindergeburtstagsfeiern meistens von den Müttern gebacken werden, aber ein Dessert ist kein Kinderkuchen, und so lehne ich alle freundlichen Angebote meiner Frau ab, beim nächsten Menü vielleicht doch das Dessert zu übernehmen. Auch wenn Gäste meinen, sie müssten mich mit Süßkram überraschen, versuche ich, sie davon abzuhalten, irgendwelche Lieblingsquarkspeisen in Riesenschüsseln mitzubringen. Was aber unterscheidet einen Kinderkuchen und eine Schokoladenmousse (die kochtechnisch beide auf demselben Niveau sind) von dem Dessert eines Gastrosexuellen? Beim Kinderkuchen werden rezeptgetreu Zutaten zusammengerührt, dann kommt der Teig in den Ofen, fertig ist das Backwerk. Bei der Mousse läuft das ähnlich simpel, nur dass man keinen Ofen, sondern einen funktionierenden Kühlschrank braucht.

Das Dessert jedoch bietet dem Hobbykoch noch einmal die Gelegenheit, ganz tief in die Trickkiste der modernistischen Küche zu greifen: Nehmen wir einen süß-sauren Apfel und stechen daraus kleine Kügelchen, vakuumieren und garen diese bei 80 Grad im Wasserbad, und zwar mindestens eine halbe Stunde. Kein großer Aufwand, aber ein großes Vergnügen, da die Kügelchen durch die Sous-vide-Behandlung eine schaumartige Konsistenz erhalten. Diese Kügelchen kombiniert man mit Apfelleder-Cannelloni: Mindestens fünf Äpfel schälen, entkernen, in Stücke schneiden und langsam mit etwas Apfelsaft einkochen. Dann pürieren und passieren. Auf 100 Gramm Apfelpüree vier Gramm Sonnenblumenöl, zwei Gramm Honig und 0,2 Gramm Xanthan mischen. Die Masse auf Backpapier hauchdünn mit einem Spatel ausstreichen. Bei 65 Grad gut zwei Stunden trocknen (Dörrapparat oder bei niedriger Stufe im Ofen). Das Apfelfruchtleder abziehen, in Rechtecke schneiden und Röllchen drehen. Die Fruchtleder-Cannelloni werden wiederum mit einer Apfelcreme gefüllt. Dabei hilft ein Sahnesiphon mit dem passenden Spritzaufsatz.

Wer will, kann sich noch an einem geschäumten Apfelkuchen aus der Mikrowelle versuchen: Im Grunde stellt man einen Rührteig her, der mit frischem Apfelpüree und Apfelpulver (Äpfel mit Schale trocknen, dann im Mixer zu Staub mahlen) aromatisiert wird, fügt erneut ein wenig Xanthan hinzu (um die schaumige Konsistenz zu stabilisieren) und füllt die Masse in den Sahnesiphon. Der Teig wird nun in unbeschichtete Muffinförmchen aus Papier gespritzt und in der Mikrowelle eine knappe Minute »gebacken«. Aus dem Teigschaum entsteht dabei eine grobe, schwammartige Kuchensubstanz, die man übrigens gut mit einem Löffel Apfelbrand beträufeln kann. Die Grundidee für dieses Rezept hatte übrigens der legendäre Kücheninnovator Ferran Adrià. In *Modernist Cuisine at Home* werden verschiedene Varianten sowohl des Fruchtleders und des Mikrowellenkuchens vorgestellt (Schoko, Erdnuss, Sesam, Macadamia-Himbeer), und wenn man den Clou dieser Rezepte einmal begriffen hat, lassen sie sich leicht variieren. Denn darauf kommt es ja an, dass man die technischen Ideen weiterentwickelt, um ein geschmackliches Gespür zu bekommen: Ist es interessant, die Sous-vide-Apfelkügelchen mit Zimt oder mit einer milden Currymischung zu würzen? Was geschieht mit dem Fruchtleder, wenn ich getrocknete Blüten oder Sesam zur Grundmasse hinzufüge? Die Idee, das Fruchtleder zu einer kleinen Röhre zu formen, steht in keinem Kochbuch, auch wenn sie naheliegt. Wie aber sollte die Creme beschaffen sein, mit der ich die Apfel-Cannelloni fülle?

Das Dessert ist kein schwieriges Thema, wenn man sich in die Materie eingearbeitet hat, wenn man alle tradierten Vorstellungen von einem gelungenen Nachtisch für einen Moment vergisst und sich, was die Kombinationsmöglichkeiten, Kochmethoden und Gewürzvarianten angeht, eher an den Vorspeisen und Zwischengängen orientiert. Warum nicht auch im Dessert Gemüse und Kräuter einsetzen? Sieht man vom Karottenkuchen ab, spielt Gemüse bei der klassischen Dessertzubereitung leider kaum eine Rolle. Dabei ließe sich selbst aus der allseits beliebten und doch ziemlich langweiligen Crème brûlée ein eher ungewöhnliches Dessert entwickeln, wenn die Basis nicht nur aus Sahne, Milch, Vanille, Ei und Zucker, sondern auch aus Erbsenpüree, weniger Zucker und gar keiner Vanille besteht. Statt der üblichen Karamellkruste könnte man Bonitoflocken über die gestockte Creme streuen. Warum nicht eine leichte Fischnote im Dessert? Und ja, mit Schokolade überzogene Riesenameisen bieten nicht nur einen Showeffekt, sondern ergänzen die Nachspeise um eine kross-knackige Textur.

Umami, bitter, salzig, sauer und süß – so werden bekanntlich die allgemeinen Geschmackswahrnehmungen des Menschen beschrieben. Aber warum geben wir uns am Ende eines Essens nur mit wenigen Grundaromen zufrieden? Süß soll das Dessert sein, vielleicht darf es eine saure Komponente geben. Dabei entwickelt sich ein Dessert erst, wenn man mit Kontrasten arbeitet, wenn der süß-saure Rhabarber zum Beispiel mit umami-salzigen Parmesankeksen kombiniert wird. Wenn es um das Dessert geht, werden viele sonst durchaus verspielte Hobbyköche nervös und halten sich plötzlich sklavisch an die bekannten Rezepte. Obwohl dann nichts anderes herauskommen kann als ein Kinderkuchen, der auch immer gleich schmecken soll. Der Nachwuchs ist konservativ und mag keine geschmacklichen Spielereien. Und wir Erwachsenen?

Wer bei der sogenannten Süßspeise etwas wagen möchte, allerdings meint, ihm fehle auf diesem Gebiet das Know-how, dem empfehle ich, sich ein umfangreiches Dessertbuch zuzulegen, zum Beispiel das Standardwerk aus der Teubner-Reihe. Der lernwillige Amateur geht am besten wie beim erwähnten Kochbuchtest vor, der wiederum die beste Hobbykochschule ist: alle zwei, drei Tage aus dem Dessertbuch ein Rezept ausprobieren, und zwar am besten der Reihe nach von vorne bis hinten. Mit dem sturen Vorgehen wird nichts vergessen, und wer ein Überblickswerk auf diese Weise durchgearbeitet hat (ich habe mir so vor Jahren das Dessertbuch der Time-Life-Reihe systematisch angeeignet), kennt alle wesentlichen Techniken. Falls er sich noch immer nicht sicher fühlt, kann er das Buch erneut abarbeiten, diesmal von hinten nach vorne, um sich dann endlich wie ein Dessert-DJ zu fühlen, der sich mit dem Grundmaterial auskennt, es variantenreich zusammenfügt und die allzu süße Harmonik mit gekonntem Scratching zu unterlaufen weiß. Mit der Nachspeise betreten Gastrosexuelle das Reich der kulinarischen Freiheit.

DARF ES NOCH EIN DIGESTIF SEIN?

Alles gegessen, alles getrunken. Können wir Ihnen noch einen Digestif anbieten? Dieses Ritual ist für mich genauso wichtig wie die Eingangsfrage nach dem Aperitif. Nur dass jetzt wirklich nichts mehr zum Knabbern gereicht werden muss. Freunde des guten Tabaks werden sich vielleicht in die Raucherlounge zurückziehen, und das sei ihnen am Ende des Menüs auch gestattet. Wer zwischen den Gängen pafft, ist für mich ein Ignorant, weil er mit Nikotin und Rauch alle Geschmacksnerven betäubt. Aber ich sage trotzdem nichts, wenn Freunde sich vor der Hauptspeise mal schnell auf den Balkon verziehen, um der Sucht nachzugehen.

Beim Digestif ist nun Zeit, das Menü noch einmal Revue passieren zu lassen, über die einzelnen Komponenten, über Einfälle und Wiederholungen zu reden, sich auch zu fragen, welche Weine zu welchem Gang gut und welche gar nicht gepasst haben. Vielleicht kommt der Sommelier vorbei, und wir beginnen ein Gespräch über die neue deutsche Getränkekultur.

Tatsächlich sind die Zeiten vorbei, in denen grundsätzlich nur Wein zum Essen ausgeschenkt wird. Schon aus Gründen der Abwechselung bevorzuge ich, wenn es passt, Tees und Fruchtessenzen. Sternekoch Juan Amador reicht schon mal eine leichte Rindbrühe – wohlgemerkt anstelle des Weines!

Das Verhältnis des Deutschen zum Wein hat sich ohnehin auf

besondere Weise entspannt. Vor fünfzig Jahren gab es noch die Fuselgermanen, die ihren sauren Billigriesling oder die schauderhaft pappsüße Liebfrauenmilch getrunken und dann im Italienurlaub angegeben haben, der beste Wein komme aus Deutschland. Tatsächlich hat sich viel getan auf deutschen Weinbergen und in deutschen Kellereien, sowohl bei den Weißen als auch bei den Roten. Ich könnte zahlreiche Weingüter nennen, die im internationalen Wettbewerb mithalten können, aber dann würde man mir vorwerfen, Zeilen schinden zu wollen, so lang würde die Liste werden. Eine Reihe von Spitzenweingütern an der Mosel, im Rheintal, in Baden und Württemberg sind in ihrem Spezialgebiet sogar einsame Spitze. Das gilt etwa im edelsüßen Bereich, der von vielen Gourmets inzwischen ignoriert wird.

Vor fünfzehn Jahren habe ich eine kleine Rheingau-Rundreise gemacht, zum Zweck, alle großen Weingüter zu besuchen und deren Weine zu kosten. Das war meine erste etwas längere Arbeit für den Rundfunk, und seitdem genieße ich unter den Kollegen einen leicht zweifelhaften Ruf: Wenn ich auf Reportagereise gehe, heißt es dann: Welche Weingüter sind es denn dieses Mal? Ist doch schön, auf Kosten des Senders Wein zu trinken! Ist das überhaupt Arbeit? Ja, ist es. Manchmal sogar Schwerstarbeit.

Im Rheingau lernte ich nicht nur sensationelle Rieslinge kennen, die ich zuvor noch nicht gekostet hatte, ich traf auch Winzer, die ein durchaus erotisches Verhältnis zum Wein hatten. Zum Beispiel August Kesseler, der neben seinem eigenen Weingut in Rüdesheim damals auch die Geschäfte von Schloss Reinhartshausen führte. Das schöne Anwesen am Rhein erreichten wir an einem späten Sommernachmittag, nachdem meine Frau und ich schon drei Weingüter besucht hatten. Die Liebste war nüchtern, denn sie saß am Steuer, aber ich war im Grunde kaum in der Lage, noch einen geraden Satz zu formulieren. Musste ich aber. August Kesseler hatte zwölf Weine auf einen Tisch gestellt, die alle zu kosten waren. So viel zum Thema Schwerstarbeit. Ich trank einen Liter Wasser, dann ging es los.

Die Weine reihten sich ein in die hohe Qualität der Rheingauwinzer, vor allem das erste Gewächs vom Erbacher Marcobrunn und die frischen und floralen Inselweine von der Mariannenaue beeindruckten mich. Als ich dachte, nach den ebenfalls sensationellen edelsüßen Raritäten hätte ich auch diesen Termin geschafft, lachte Kesseler, der die Weine nicht nur probiert, sondern immer auch ein gutes Glas getrunken hatte, und sagte zu meiner Frau: »Jetzt trinken wir beide mal einen richtig erotischen Wein!« Er führte sie in sein Büro, das er in einen Lagerraum für teure Zigarren und noch teurere Weine umfunktioniert hatte. Der Winzer schaute in diese und jene Kiste, schließlich zog er eine Flasche *Chateau Le Pin* aus dem Jahre 1979 hervor. Und lachte wieder diabolisch. Damals kannte ich den Wein nicht. Kesseler erklärte, *Le Pin* sei ein Nachbargut von *Chateau Petrus*, aber geschmacklich noch viel besser. Jetzt wusste ich Bescheid. Er stellte drei Rotweingläser auf den Tisch und meinte, dieser Pomerolwein müsse zügig getrunken werden, er würde ansonsten im Glas zerbrechen. Wieder lachte er. Ich glaubte ihm kein Wort und fragte mich, was den Kerl antrieb. Wollte er meiner Frau imponieren?

Kesseler gab den weinseligen Erotomanen – und überraschte mich, kaum hatte er die Flasche geöffnet, schon wieder: Denn statt den großen Connaisseur raushängen zu lassen und von Bukett, Nase und Abgang zu schwadronieren, versenkte er sich einfach in den Rotwein. So viel er während des Interviews und auch danach geredet hatte, jetzt war er ein stiller Genießer. Für Kesseler war *Le Pin* wirklich ein erotischer Wein, und er führte auch nichts im Schilde, er schien uns lediglich zu mögen und wollte mit uns jungen Leuten dieses große orale Vergnügen teilen. Nicht mehr und nicht weniger. August Kesseler war wohl der erste Gastrosexuelle, den ich getroffen habe. Damals wusste ich noch nicht, dass ich auch mal zu diesem Typus gehören würde.

Der 79er *Le Pin* hat mich schwer beeindruckt. Wenn ein Wein erotisch ist, dann war es dieser. Die Fülle, die Frucht, zugleich der feine Holzton … bevor ich aber einer Sommeliersprache verfalle, möchte ich nicht unerwähnt lassen, dass es inzwischen auch in Deutschland Winzer gibt, die »erotische Weine« produzieren können, auch und vor allem im Rotweinbereich – was vor zwanzig Jahren kaum jemand gedacht hätte. Vor allem die Rotweincuvées aus der Pfalz, etwa Knipsers *Cuvée X* oder Philipp Kuhns *Cuvée Luitmar* erinnern in keinster Weise an die dünnen deutschen Rotweine vergangener Tage. Ebenfalls im Stile eines großen Bordeaux ist das Rotweincuvée *In senio* des Ökoweingutes der Fürsten zu Hohenlohe-Oehringen in Verrenberg ausgebaut. Die Trauben der Sorten Cabernet Franc, Cabernet Sauvignon und Merlot reifen 24 Monate im Barrique. *In senio* darf seinem Namen entsprechend in Würde altern. Nach fünf bis acht Jahren schmecken die Weine dann nach dunkler Schokolade und Heidelbeeren. Unglaublich. Immer wenn ich diesen Wein trinke, denke ich: Und der soll öko sein? Kaum ist die Frage in meinem Kopf, ärgere ich mich auch schon über meine altdeutschen Ressentiments. Ja, dieser Wein ist öko – gerade deshalb ist er so gut.

Aber nicht nur die deutschen Cuvées haben Qualitätssprünge hinter sich. Selbst wer wie meine Frau keine sortenreinen (deutschen) Rotweine mag, Spätburgunder, Lemberger oder Zweigelt schon gar nicht, sollte sie trotzdem regelmäßig probieren, denn sie werden von Jahr zu Jahr besser. Der Remstäler Jürgen Ellwanger aus Winterbach bekommt nicht nur Preise für seine Rotweine, er hat sie auch verdient. Wer etwas tiefer in die Tasche greift und sich einen Spätburgunder vom Weingut Huber aus Malterdingen leistet, beispielsweise einen Wildensteiner *Reserve*, wird erstaunt sein, wie komplex ein Spätburgunder schmecken kann. Auch Hubers weiße Burgunder aus dem Malterdinger Bienenberg sind sensationell; sein Chardonnay aus dem Barrique ist besser als die meisten Konkurrenten aus Frankreich.

Gastrosexuelle sind neugierige Weintrinker. Sie haben wahrscheinlich auch dafür gesorgt, dass in Deutschland die Nachfrage nach schweren Weinen aus Südafrika und Übersee, aus Spanien, Italien und Frankreich eine Zeitlang sehr hoch war. Längst hat sich das Interesse verschoben. Wenn ich zu einem Krustentiergericht nicht die vollaromatischen Weine von Dr. Heger oder Franz Keller auf den Tisch stelle, bin ich selber schuld. Warum einen Weißwein aus Neuseeland trinken, wenn die besten Vertreter nahezu aller Sorten aus hiesigen Weinanbaugebieten kommen? Das ist kein vinologischer Nationalismus, sondern Einsicht sowohl in die geschmackliche Qualität als auch in die ökologische Kalkulation. Die Produktionskosten in Übersee können noch so niedrig sein, die Produktionsbedingungen noch so biologisch-korrekt, ein Wein, der zigtausend Kilometer nach Deutschland zurückgelegt hat, wird niemals so gut schmecken, niemals so nachhaltig sein wie ein ähnlich teurer Tropfen, der im Kaiserstuhl oder an der Nahe gekeltert wurde.

Zur neuen deutschen Getränkekultur gehört übrigens auch, dass es immer mehr regionale Softdrinkhersteller gibt, die der Bionade Konkurrenz machen. Und wenn Spitzenrestaurants endlich aufhörten, in einem immer noch vielfältigen Mineralwasserland die üblichen (oft viel zu salzigen) Wässerchen der Großhersteller anzubieten, wäre wiederum viel gewonnen. Aber ich möchte hier nicht ins Wasserthema einsteigen, sondern lieber zum Ausgangspunkt des Kapitels zurückkehren: zu großartigen Schnäpsen und Bränden. *Digestio* ist lateinisch und heißt auf Deutsch ganz einfach »Verdauung«. Der Digestif ist also das Getränk, das die Verdauung fördern soll. Die Schweizer nennen den Schnaps nach dem Essen daher auch »Verdauerli«. Je nach Region wird aus dem Verdauungsschnaps auch ein »Verrisserle« oder ein »Absacker«. Für einen Gastrosexuellen ist der Digestif ein ganz besonderes Getränk. Nach getaner Kocharbeit rollt er den Wagen mit dem Hochprozentigen herbei und lehnt sich zurück. Vielleicht stellt er zwei, drei Flaschen auf den Tisch, wenn sich die Gäste nicht entscheiden können. Einen Williamsbrand aus dem Badischen oder der Bodenseeregion. Vielleicht einen Whisky aus dem Bayerischen Wald. Einen Wodka aus Hamburg.

Es gab schon immer gute Obstbrände in Deutschland, und so schwärme ich dann gegenüber meinen Gästen von den *Edelbränden Rudolphi* aus der Ortenau, die einen vorzüglichen Williamsbirnenbrand im Angebot haben, weil sie Stiel und Kerngehäuse der Früchte nicht mitbrennen und damit noch intensivere Birnenaromen in den Schnaps zaubern. Ich beschreibe die kleine, leicht bizarre und doch so sympathische Probierstube der Rudolphis, die sich im Keller eines unscheinbaren Einfamilienhauses befindet und die mit so vielen unterschiedlichen Bränden vollgestellt ist, dass man leicht den Überblick verliert. Ich behaupte, dass es in keiner deutschen Brennerei ein besseres Preis-Leistungs-Verhältnis gibt (ohne dass ich meine Behauptung beweisen könnte), und ich erwähne die absoluten Spitzenbrände, etwa von Heiner Renn, bei dem man allerdings für einen halben Liter Tresterdestillat schon mal 100 Euro auf den Tisch legen muss. Wer einmal das Vergnügen hatte, mit Renn über seine Brennkunst zu sprechen, wird sich der Leidenschaft dieses Genussbotschafters allerdings nicht entziehen können und bei nächster Gelegenheit tatsächlich eines seiner Destillate probieren. Und dann feststellen, dass dieser Brand gar nicht in der Kehle brennt, so mild und weich und fein ist er.

Es gibt einen Brenner am Bodensee, dessen Schnäpse ich auf Empfehlung eines Kochs erst kürzlich kennengelernt habe und die ich seitdem weiterempfehle, und zwar die Geschmacksbomben von Robert Gierer aus Bodolz bei Lindau. Wir besuchten die weitläufige, von Obstplantagen umgebene Anlage und wurden von Frau Gierer empfangen. Ich fragte sie nach ihren Lieblingsbränden, woraufhin sie mir die Wildkirsche, einen Elvados (Brand aus Elstaräpfeln, der über Jahre im französischen Limousin-Eichenfass gereift ist) und den verwegenen Haselnussgeist auf den Tisch stellte. Wenn Alkoholismus kein so ernstes Thema wäre, würde ich sagen, mit diesen Bränden ließe sich ein fröhliches Leben im Delirium beginnen.

Vielleicht bin ich aber auch nur ein Kind der achtziger Jahre und von einem langen Nutellakonsum verdorben. Denn der Haselnussgeist ist für mich eine Droge, der ich nicht widerstehen kann: Dieser Brand ist in gewisser Weise ein alkoholisches Nutella-Substrat ohne Zucker, ohne Emulgatoren und sonstigen Zusatzstoffe. Robert Gierer würde den Vergleich mit Nutella bestimmt weit von sich weisen, und auch ich schäme mich für diese unqualifizierte Beschreibung des Geschmacks, der alle Nuss-Nougat-Cremes der Welt weit übertrifft. Kein Wunder, es wurden ja auch nur Haselnüsse der Extraklasse für diesen Geist verwendet, der mich um meinen Verstand bringt.

Was neue wie traditionsreiche Brenner und Schnapshersteller in Deutschland vereint, ist ihr persönlicher Einsatz, den wir Gastrosexuellen bewundern: Der 25-jährige Münchener Korbinian Achternbusch ist gelernter Textilreiniger und arbeitet eigentlich als Juniorchef im Familienbetrieb seiner Eltern. Eigentlich. Denn seine Passion ist die eigene Ginproduktion, und er hat sogar sein BMW Cabrio verkauft, um 40000 Euro in einen Brennkessel investieren zu können. Gerne erzählt Achternbusch die Geschichte, wie er sich fünfzig Wacholderschnäpse aus aller Welt gekauft und angefangen hat, mit Kaffirlimettenblättern und Zitronenmelisse zu experimentieren. Herausgekommen ist nach der Testphase ein Gin, der sich etwas neumünchnerisch *Feel!* nennt und der auch im Geschmack verwundert, weil er viel fruchtiger ist als die Konkurrenten aus England.

Achternbusch ist nicht der erste Ginbrenner auf dem deutschen Markt. Ebenfalls aus München kommt *The Duke*, ein Bayern-Gin, der mit Hopfen- und Malznoten spielt. In Berlin werden gleich drei Wacholderschnäpse hergestellt: der *Adler Dry Gin*, *Greenfield & Harter* und *Lebensstern*. Im Schwarzwald entsteht der würzige *Monkey 47*. Die Brennerei Hubertus Vallendar aus Kail in Rheinland-Pfalz vertreibt einen *Pure Gin* und gewann damit sogar die Goldmedaille bei den »World Spirits Awards 2013«. Aus dem westfälischen Oelde kommt gewissermaßen der deutsche Traditionsgin, nämlich der *Steinhäger Schlichte Urbrand*.

Für mich ist ein Gin Tonic das einzige Getränk, das ich nach einem Digestif noch zu mir nehmen kann – vor allem wenn ich nach dem Essen noch ausgehen möchte. Denn dieser Longdrink macht wieder munter, auch und gerade nach einem langen Menü. Der Fortgang eines genussreichen Abends hängt freilich stark davon ab, ob ich mich im Restaurant habe verwöhnen lassen oder ob ich selbst am Herd stand. Denn es gehört zur Gastrosexualität, dass man auch die verwüstete Hobbyküche nach dem Essen wieder in einen topsauberen Ort verwandelt – wie es die Profis tun. Daher ist der nächtliche Küchenputz für mich auch keine Mühsal. Zumal ich mich dabei immer auf meine Frau verlassen kann. Auch sie möchte am nächsten Morgen nicht in die Küche kommen und die angetrockneten Saucenreste von den Tellern abkratzen, bevor sie in die Spülmaschine gestellt werden. Nachdem alles verräumt und gereinigt ist, darf ich ihr nur nicht erzählen, dass ich mich freue, am nächsten Tag in der sauberen Küche gleich wieder loszukochen. Dafür hätte sie wenig Verständnis.

DIE RECHNUNG, BITTE!

Eine Situation, die ich immer häufiger beobachte: Ein Paar sitzt in einem guten Restaurant. Es wird gegessen und getrunken, die Stimmung ist ausgelassen. Nach dem Digestif sagt der Mann zum Kellner: »Wir würden gerne zahlen.« Die Rechnung wird ausgedruckt, gefaltet, auf einen Silberteller gelegt und zum Tisch gebracht. Der Kellner stellt den Teller auf die Seite des Mannes, der plötzlich beginnt, unruhig auf dem Stuhl herumzurutschen. Die Frau lächelt dem Mann zu, und er scheint nicht genau zu verstehen, wie dieses Lächeln gemeint ist. Die Frau zieht den Silberteller zu sich, nimmt das weiße Zettelchen, lächelt wieder und legt ihre Kreditkarte zusammen mit der Rechnung auf das Tellerchen. Der Kellner sieht die Kreditkarte, bedankt sich und sagt, er komme gleich wieder. Dann wird sich zeigen, ob er mitdenkt. Wird er den Kreditkartenbeleg wieder dem Mann vor die Nase legen, obwohl der Name der Frau auf der Karte steht? Passiert regelmäßig und treibt dem Gast, der gerade unruhig auf dem Stuhl herumgerutscht ist, endgültig die Schamesröte ins Gesicht – vor allem wenn die Frau zum Kreditkartenbeleg schaut und, von der Verlegenheit des Mannes verwirrt, mehr oder weniger zu sich selbst sagt: »Ich werde das jetzt mal unterschreiben.«

Warum ist die Situation dem Mann überhaupt unangenehm? Er könnte aus den unterschiedlichsten Gründen von der Frau eingeladen worden sein: Der Restaurantbesuch ist ein Geburtstagsgeschenk. Peinlich? Die Frau zahlt, weil ansonsten immer der Mann zahlt. Wen interessiert schon, ob ein Paar getrennte Konten führt? Die Frau übernimmt die Rechnung, weil sie mehr Geld verdient als er und er sich den Restaurantbesuch gar nicht leisten könnte. Auch kein Problem. Eigentlich. Wir leben im 21. Jahrhundert. Es gibt immer mehr Frauen, die mehr Geld zur Verfügung haben als ihre Männer: Weil er Lehrer ist und in diesem Beruf kurioserweise ein deutlich schlechteres Gehalt einstreicht als seine Frau, die als Fondsmanagerin arbeitet. Es gibt zunehmend auch Familienmodelle mit vertauschten Rollen, und es bleibt zu hoffen, dass man irgendwann gar nicht mehr von vertauschten Rollen spricht, weil es dann auch zur gesellschaftlichen Realität gehört, dass sie Karriere macht und er sich um den Haushalt kümmert. Ich möchte auch Verhältnisse erwähnen, über die man nur ungern in aller Öffentlichkeit sprechen wird: Er ist arbeitslos, erwerbsunfähig oder prekär beschäftigt, sie hat aber genug Geld auf dem Konto und möchte mit ihrem Mann trotz allem ein wenig feiern. Peinlich? Von wegen. Und dann noch dieser Klassiker des Patchworklebens: Sie zahlt im Restaurant, weil er drei Kinder aus erster Ehe finanziert und einen alten Bausparvertrag bedient, sie aber keine weiteren finanziellen Verpflichtungen hat. Und so weiter und so fort.

Es ist also nicht ungewöhnlich, wenn die Frau im Restaurant zahlt, dennoch fühlen sich viele Männer dabei unbehaglich. Vor allem wenn ein Paar mit Freunden unterwegs ist. In diesem Fall kommt es zwar darauf an, wie es um die Freundschaft bestellt ist und ob am Tisch sowieso alle wissen, wie die finanziellen Möglichkeiten verteilt sind. Trotzdem: Das im Restaurant ausgegebene Geld bietet immer wieder Anlass zur Spekulation. In Deutschland waren und sind die Einkommens- und Vermögensverhältnisse ein Tabu. Auch das ist wohl ein Grund, warum der Kochevent in der eigenen Küche hierzulande so beliebt ist. Hier legen die Gastgeber fest, wie viel Geld für die Speisen und Getränke ausgegeben wird, und die Gäste erfahren auch nicht, wer die Kosten übernommen hat. Der Mann kann sich in der Küche austoben und ist, selbst wenn die Frau dafür gesorgt hat, dass es Austern und frischen Trüffel gibt, der Star des Abends.

Die Autorin Ingrid Müller-Münch beschreibt in ihrem Buch *Sprengsatz unterm Küchentisch*, wie sich Ehen und Partnerschaften verändern, wenn der Mann nicht mehr die Rolle des finanziellen Zampanos übernehmen kann. Obwohl in Deutschland mittlerweile in jeder vierten Familie die Frau die Hauptverdienerin ist, leiden viele Männer darunter, weil sie immer noch mit Identitätsmustern aus der Vorvergangenheit herumlaufen. Statt die überholten Rollenbilder abzulegen, scheint sich die von Walter Hollstein erstmals beschriebene *Krise des starken Geschlechts* zu verschärfen: »Im deutschsprachigen Raum werden inzwischen proportional mehr Männer arbeitslos als Frauen. (…) Zunehmend werden Männer auch von der Rechtsprechung und deren Folgen benachteiligt. So weisen subtile Untersuchungen aus, das Frauen häufig bei denselben Delikten, für die Männer bestraft werden, straffrei ausgehen, dass sie milder bestraft oder rascher begnadigt werden. (…) Der Schulerfolg von Mädchen ist inzwischen signifikant höher als der von Jungen, die das Gros von Problemkindern, notorischen Schulschwänzern, Schulversagern, Ausbildungsabbrechern und Frühkriminellen ausmachen (…) Auch dort, wo die Situation für Jungen und Männer lebensbedrohlich ist, werden die Nöte des männlichen Geschlechts gesellschaftspolitisch ignoriert. So bringen sich zum Beispiel in deutschsprachigen Ländern Männer circa viermal häufiger um als Frauen. (…) Seit geraumer Zeit wissen wir, dass das angeblich starke Geschlecht in den Industrienationen circa sechs Jahre früher stirbt als das vermeintlich schwache.«

Interessant ist übrigens die publizistische Rezeptionsgeschichte dieses Themas, denn während die Studien von Walter Hollstein in zahlreichen Medien zunächst heftig kritisiert und – vor allem von Männern – verhöhnt wurden, sind Berichte über das »geschwächte

Geschlecht« inzwischen zum Modethema geworden. Die Autorinnen Elisabeth Raether und Tanja Stelzer brachten es unlängst in der *Zeit* auf den Punkt: »Männer sind häufiger krank als Frauen, trinken mehr Alkohol, werden eher arbeitslos – oder arbeiten sich zu Tode. Sie halten mit dem gesellschaftlichen Wandel nicht mehr Schritt.« Die Krise des Mannes sei am unteren wie am oberen Ende der Gesellschaft zu besichtigen. Selbst wenn derzeit noch vor allem Männer an der Spitze der Gesellschaft stünden, sei der soziale Abstieg vorprogrammiert, weil Jungen in Kindergärten und Schulen systematisch vernachlässigt würden.

In allen Blättern und auf allen Kanälen werden derzeit sensationelle Abstiegsgeschichten von Männern erzählt. Es scheint reichlich davon zu geben: Da ist ein bekannter Fußballmanager, der sein spekulatives Machtspiel auch an der Börse betrieb, dabei den Steuerverpflichtungen nicht mehr nachkam und sein Leben ruinierte. Da ist ein ehemaliger Bundespräsident, der seinen fremdfinanzierten Lebensstil nicht mit den ungeschriebenen Gesetzen seines Amtes in Einklang bringen konnte – und ebenfalls ziemlich viel verlor: Job, Ansehen, Frau und Haus. Immerhin darf er den Ehrensold behalten, und so wird er nach den Erfahrungen in der Vergangenheit die Restaurantrechnungen zukünftig wohl selber begleichen. Dann gibt es die vielen Geschichten von Männern, die an einen Restaurantbesuch nicht einmal denken können, nachdem erst der Arbeitgeber die Kündigung auf den Tisch gelegt, die Mutter der gemeinsamen Kinder die Scheidung eingereicht und schließlich ein Gericht auch noch die Forderung nach einem gleichberechtigten Sorgerecht abgeschmettert hat.

So wahr und real die einzelnen Geschichten sind, zeigen sie wiederum nur einen Ausschnitt männlicher Selbstbehauptung, und der mediale Fokus wird sich irgendwann auch wieder verschieben – unabhängig davon, wie es um die Männer im Lande bestellt ist. Wer will auch ständig die immergleichen Krisengeschichten lesen? Die Sehnsucht des Publikums nach Abwechslung hat tatsächlich einen

Vorteil, denn sie verhindert, dass die Berichterstattung über den Niedergang des männlichen Geschlechts zum ausweglosen Identitätsmuster wird. Es ist so banal: Wenn Männer ständig hören, sehen und lesen, dass ihre physische Überlegenheit in der zivilen Gesellschaft grundsätzlich ein Problem darstellt und dass sie, allein aus statistischen Gründen, schlechtere Chancen in allen Lebensbereichen haben, werden sie tendenziell nicht gegen diesen sozialen und medialen Imperativ rebellieren, sondern saufen, schlagen und ihr Leben mit destruktiven Mackerallüren beschädigen. Im schlimmsten Fall also kriminell werden, denn auf der Straße herrscht noch das Gesetz des Stärkeren. Wobei die archaischen Bedürfnisse offenbar auch im Fußball, in der Politik und an der Börse ausgelebt werden können (mit den erwähnten Folgeschäden).

Mir geht es darum, dem herrschenden Negativdiskurs mit Geschichten von Männern zu begegnen, die sich weder an einem klassischen Sozialranking abarbeiten noch den Wert ihrer Arbeit an der Höhe eines Gehaltes bemessen. Wenn meine Frau im Restaurant die Kreditkarte zückt, kümmere ich mich gerne um das Trinkgeld. Das ist mir nicht peinlich. Ich habe dabei nicht das Gefühl, kein richtiger Mann zu sein. Meine Frau ist Drehbuchautorin, und wenn sie die Kreditkarte zückt, ist gerade ein Film, den sie geschrieben hat, im Fernsehen wiederholt worden. Oder ihr wurde die letzte Rate für ein Projekt überwiesen, an das niemand mehr geglaubt hat. Um die Summen zu verdienen, die im Filmgeschäft gezahlt werden, müsste ich beim Radio das Gehalt für zwei Redaktionsstellen abgreifen und jedes Jahr mindestens ein Buch veröffentlichen. Die Summen sind höher, weil das unternehmerische Risiko größer ist und weil es Zeiten gibt, wie etwa in den Jahren der Werbekrise nach den Anschlägen vom 11. September 2001, als selbst die Stars der Branche kaum Aufträge bekamen. Selbstverständlich habe ich damals die Kreditkarte gezückt, wenn es darum ging, die Restaurantrechnung oder den Einkauf im Feinkosthandel zu bezahlen, und auf kostenintensive Ausflüge in die Sterneküche haben wir verzichtet. Was einem Gastrosexuellen, der auf vieles, nur nicht auf Geschmackserlebnisse verzichten möchte, naturgemäß ziemlich schwerfällt.

Warum schlage ich am Ende noch einmal meine Familienkonten auf? Weil ich glaube, dass die neue Rollenaufteilung in deutschen Privatküchen viele Chancen für unsere Gesellschaft bietet, die weit über die Freude an der Zubereitung und dem Genuss eines vielschichtigen Menüs hinausgehen: Wenn Männer die Küche erobern, können sie der Familie und den Freunden etwas schenken, was nicht mit Geld zu bezahlen ist. Wenn der Mann gut kocht, macht er Frau, Kinder, Freunde und schließlich sich selbst glücklich. Am Herd wird der Mann wieder zu einem gesellschaftlichen Wesen. Viele Krisenphänomene des männlichen Geschlechts werden in der Küche zermahlen, weggekocht, zu Schaum geschlagen. Statt abends im Keller herumzuwerkeln oder in der Kneipe zu saufen, statt am Wochenende das Auto zu waschen oder an der Harley zu schrauben, statt vor der Glotze zu hocken und nach der *Sportschau* mürrisch durch die Wohnung zu trotten, weil der Lieblingsverein wieder verloren hat, genießt der Mann, der die Freizeit in der Küche verbringt, die Anerkennung aller, die er verwöhnt. Dem gastrosexuellen Mann finanziert die Partnerin oder der Partner nicht nur die besten Zutaten, sondern gerne auch ein teures Küchengerät, und durch diese Bestätigung seiner neuen Rolle entsteht ein Selbstbewusstsein, das sich vom alten Machogebaren vollkommen unterscheidet: Gastrosexuelle Männer lassen sich gerne von ihren Partnern einladen. Jeder Restaurantbesuch dient der lukullischen Feldforschung und kommt damit dem Handwerk am heimischen Herd zugute. Die kulinarische Erziehung kann nicht früh genug ansetzen. Im Grunde müsste man schon im Kindergarten damit beginnen und sie in der Schule kontinuierlich fortführen. Und sie sollte nicht auf die Zubereitung läppischer Eintöpfe oder frischer Salate beschränken. Nichts gegen Suppen und Salat, aber der Nachwuchs braucht größere Herausforderungen: Gerade den Jungs könnte im

Unterrichtsfach Kochen eine Möglichkeit geboten werden, die stürmischen Sehnsüchte der Pubertät sowohl zu sublimieren als auch zu realisieren. Sterneköche mit TV-Präsenz sind längst Helden der Popkultur, und kochende Mitschüler würden von diesem Leitbild der Mediengesellschaft profitieren. Dann hätten die Kochshows im Fernsehen endlich einen pädagogischen Effekt!

Nicht nur das angebetete Mädchen aus der Nachbarklasse wäre beeindruckt, wenn der Junge sich traute, sie auf einen Teller selbstgezogener Nudeln einzuladen, auch die Eltern eines kochenden Kindes könnten stolz sein und sich freuen, wenn der Nachwuchs sie mit neuen Erkenntnissen aus der schulischen Versuchsküche überraschen würde. Gäbe es einen Koch-Leistungskurs in der gymnasialen Oberstufe, hätten die Schüler tatsächlich etwas fürs Leben gelernt, zumal in einem solchen Kurs wirklich fächerübergreifend gearbeitet werden müsste: Kenntnisse aus Biologie, Physik und Chemie wären erforderlich, um gute Ergebnisse zu erzielen, aber nicht nur das instrumentelle Wissen würde vermehrt, gleichzeitig könnten auch die Sinne ausgebildet werden. Jugendliche, die in einer frühen Geschmacksschule sich mit der Systematik der Aromen, Temperaturen und Texturen beschäftigt haben, werden eines Tages mit diesen Kenntnissen zu spielen beginnen. Aber selbst wenn sie sich nicht für die Profiküche oder ambitionierte Hobbyküche entscheiden sollten, die kulinarische Sensibilisierung wäre nicht zuletzt aus gesundheitlichen Gründen ein großer Schulerfolg.

Auch ohne es beweisen zu können, würde ich behaupten: Gastrosexuelle Männer leben länger. Sie arbeiten sich auf jeden Fall nicht zu Tode, sondern verlassen rechtzeitig das Büro, um noch einkaufen zu können und alle nötigen Vorbereitungen zu erledigen, die nicht von Frau oder Freund übernommen werden können. Wenn dann die Geräte hochgefahren werden, wenn der Dörrautomat surrt, der Thermomix püriert und der Pacojet fräst, wenn die Luft aus dem Plastikbeutel gezogen und das vakuumierte Fleisch ins Wasserbad gelegt wird, wenn die Saucen eingekocht, ein seltenes Gemüse frittiert oder gedämpft wird, wenn aus den Schränken fermentierte oder geräucherte Zutaten geholt, wenn schließlich die Teller angerichtet werden, mit Pinzette und Pipette, wenn das Gericht serviert ist, dann ist von der Krise des Mannes nur noch selten die Rede. Wo mit großer Leidenschaft gekocht und gegessen wird, geht es um das gemeinsame Glück des guten Geschmacks.

LITERATUR

Grundlagen

Time-Life-Reihe:

Brot und Hefegebäck, Die Kunst des Kochens, Amsterdam 1988

Desserts, Die Kunst des Kochens, Amsterdam 1984

Eier und Käse, Die Kunst des Kochens, Amsterdam 1988

Fisch und Schalentiere, Die Kunst des Kochens, Amsterdam 1980

Geflügel, Die Kunst des Kochens, Amsterdam 1987

Gemüse, Die Kunst des Kochens, Amsterdam 1984

Getränke, Die Kunst des Kochens, Amsterdam 1988

Innereien, Die Kunst des Kochens, Amsterdam 1987

Kleingebäck, Die Kunst des Kochens, Amsterdam 1984

Konfekt, Die Kunst des Kochens, Amsterdam 1988

Konservieren, Die Kunst des Kochens, Amsterdam 1987

Kuchen und Torten, Die Kunst des Kochens, Amsterdam 1988

Lamm, Die Kunst des Kochens, Amsterdam 1983

Nährmittel und Hülsenfrüchte, Die Kunst des Kochens, Amsterdam 1988

Rind und Kalb, Die Kunst des Kochens, Amsterdam 1987

Salate und kalte Vorspeisen, Die Kunst des Kochens, Amsterdam 1985

Schwein, Die Kunst des Kochens, Amsterdam 1991

Snacks und Sandwiches, Die Kunst des Kochens, Amsterdam 1987

Suppen, Die Kunst des Kochens, Amsterdam 1985

Terrinen, Pasteten und Gelees, Amsterdam 1985

Warme Vorspeisen, Die Kunst des Kochens, Amsterdam 1986

Wein, Die Kunst des Kochens, Amsterdam 1985
Wild, Die Kunst des Kochens, Amsterdam 1985

Teubner Edition:
Das große Buch vom Backen, München 2012
Das große Buch vom Fisch, München 2005
Das große Buch der Desserts, München 2010
Das große Buch vom Fleisch, München 2006
Das große Buch der Kräuter und Gewürze, München 2008
Das große Buch der Pasteten, München 2013
Das große Buch der Saucen, München 2009
Das große Buch vom Wild, München 2007

Klassiker bei Gräfe und Unzer:
Reinhardt Hess und Sabine Sälzer, *Die echte italienische Küche*, München 2007
Susi Piroué, *Die echte französische Küche*, München 1994
Sabine Sälzer und Gudrun Ruschitzka, *Die echte deutsche Küche*, München 1993
Liu Zihua und Uli Franz, *Die echte chinesische Küche*, München 1992

Helden

Ferran Adrià, *Ein Tag im elBulli*, Berlin 2009
Tom Aikens, *Fisch und Meeresfrüchte*, München 2009
Heinz Beck, *Heinz Beck*, Lodi 2001
Paul Bocuse, *Die Neue Küche*, Düsseldorf und Wien 1977
Heston Blumenthal, *The Fat Duck Cookbook*, London 2009
Alain Ducasse, *Grand Livre de Cuisine: Kulinarische Enzyklopädie*, Stuttgart 2006
Yann Duytsche, *Sweet Diversions*, Barcelona 2007
Auguste Escoffier, *Kochkunstführer*, Haan-Gruiten 1998
Pierre Gagnaire, *Reinventing French Cuisine*, New York 2007
Paul und Jean-Pierre Haeberlin, *Die Auberge de l'Ill: Meisterküche aus dem Elsaß*, Düsseldorf und Wien 1982
Thomas Keller, *Under Pressure: Cooking Sous Vide*, New York 2008
A. J. Liebling, *Zwischen den Gängen*, Berlin 2007

Thuri Maag, *Espumas! Mousses und Schäume*, Lenzburg 2008
Angelo Menta, *Die letzten Heldentaten am Herd*, Hilden 2012
Nathan Myhrvold, *Modernist Cuisine: Die Revolution der Kochkunst*, Köln 2011
Nathan Myhrvold, Maxime Billet, *Modernist Cuisine at Home*, Köln 2013
Richard Olney, *Simple French Food*, London 2003
Stuart Pigott, *Die großen Weißweine Deutschlands: Meine Weinheimat*, München 2001
René Redzepi, *Noma: Time and Place in Nordic Cuisine*, Berlin 2010
Joël Robuchon, *Die Klassiker: Grand Livre de Cuisine*, Stuttgart 2011
Hans Stucki, *Die besten Rezepte*, Basel 1998
Pierre Wynants, *Comme chez soi: Creative Belgian Cuisine*, Brüssel 1985

Theorie und Praxis

Wolfgang Abel, *Freiburg, Breisgau, Markgräflerland: Gastronomie und Heimatkunde*, Badenweiler 2013
Wolfgang Abel, *Badische Küchenkunde*, Badenweiler 2005
Eva Barlösius, *Soziologie des Essens*, Weinheim und München 1999
Rolf Caviezel, *Molekulare Küche: Do it yourself*, Lenzburg 2008
Rolf Caviezel und Thomas Vilgis, *Das moderne Küchenhandwerk*, Wiesbaden 2012
Jürgen Dollase, *Geschmacksschule*, Wiesbaden 2005
Jürgen Dollase, *Kulinarische Intelligenz*, Wiesbaden 2006
Wiglaf Droste, Nikolaus Heidelbach, Vincent Klink, *Wein*, Köln 2008
Wiglaf Droste, Nikolaus Heidelbach, Vincent Klink, *Wurst*, Köln 2006
Sabine Hans, *Extra Dry: Die neue Lust am Trocknen und Dörren*, Stuttgart 2008
Sandor Ellix Katz, *The Art of Fermentation*, Vermont 2012
Ernst Kornmayer (Hg.), *Sous-vide Grundkochbuch: Wissen und Rezepte von Spitzenköchen und Experten*, Dreieich 2010
Stevan Paul, *Schlaraffenland*, Hamburg 2013
Peter Peter, *Kulturgeschichte der deutschen Küche*, München 2008
Karl-Heinz Plattig, *Spürnasen und Feinschmecker: Die chemischen Sinne des Menschen*, Berlin und Heidelberg 1995

Michael Pollan, *Das Omnivoren-Dilemma: Wie sich die Industrie der Lebensmittel bemächtigte und warum Essen so kompliziert wurde*, München 2011

Michael Pollan, *Lebens-Mittel: Eine Verteidigung gegen die industrielle Nahrung und den Diätenwahn*, München 2009

Hanni Rützler, *Food Report 2014*, Kelkheim 2013

Gerhard Schulze, *Die Sünde: Das schöne Leben und seine Feinde*, 2008

Georg Schweisfurth, *Die Bio-Revolution: Die erfolgreichsten Bio-Pioniere Europas*, Wien 2014

Tom Standage, *Der Mensch ist, was er isst: Wie unser Essen die Welt veränderte*, Berlin 2010

Jeffrey Steingarten, *Der Mann, der alles isst: Aufzeichnungen eines Gourmets*, Berlin 2004

Martin Suter, *Der Koch*, Zürich 2010

Hervé This-Benckhard, *Rätsel der Kochkunst*, Berlin und Paris 1993

Svenja Trierscheid, *I love real food: Unkomplizierte Paleo/Primal Rezepte*, Norderstedt 2012

Thomas Vierich und Thomas Vilgis, *Aroma: Die Kunst des Würzens*, Berlin 2013

Clemens Wilmenrod, *Es liegt mir auf der Zunge*, Hamburg 1954

Tim Wilson und Fran Warde, *Ginger Pig Meat Book*, London 2011

Robert L. Wolke, *Drei Sterne für Einstein & Co: Neues aus der Küchenwissenschaft. Mit Rezepten von Marlene Parrish*, München und Zürich 2007

Harald Zoschke, *Das Chili Pepper Buch: Anbau, Rezepte, Wissenswertes*, Schönberg 1997

Gar nicht gastrosexuell

Walter Hollstein, *Was vom Manne übrig blieb: Krise und Zukunft des starken Geschlechts*, Berlin 2008

Max Horkheimer, *Notizen 1950–1969 und Dämmerung. Notizen in Deutschland*, Frankfurt 1974

Ines Kappert, *Der Mann in der Krise, oder: Kapitalismuskritik in der Mainstreamkultur*, Bielefeld 2008

Ingrid Müller-Münch, *Sprengsatz unterm Küchentisch: Wenn die Frau das Geld verdient*, Stuttgart 2013

Friederike Schmitz (Hg), *Tierethik: Grundlagentexte*, Berlin 2014

Hilal Sezgin, *Artgerecht ist nur die Freiheit: Eine Ethik für Tiere oder Warum wir umdenken müssen*, München 2014

Zeitschriften

Beef. Für Männer mit Geschmack, Hamburg

Culinaire Saisonnier. Le magazine pour les professionnels de la gastronomie, Schilde

Effilee. Magazin für Essen und Leben, Hamburg

Falstaff. Internationale Zeitschrift für Essen, Trinken und Reisen, Wien

Feinschmecker. Das Internationale Gourmet-Journal, Hamburg

Four. The World's Best Food Magazine, London

Häuptling eigener Herd, Stuttgart

Port Culinaire: Kulinarische Sammelbände, Köln

Einzelne Artikel

Hannes Alpen, »Da steckt der Wurm drin. Insekten zum Essen«, in: *Frankfurter Allgemeine Zeitung* vom 3. Juli 2013

Katharina Dippold, »Steinzeiternährung im 21. Jahrhundert«, in: *Cicero Online* vom 18. November 2013

Jürgen Dollase, »Die Fernsehköche sollten den Löffel beiseite legen«, in: *Frankfurter Allgemeine Zeitung* vom 15. November 2013

Jürgen Dollase, »Kochsendungen. Ist das zum Essen oder Austreiben?«, in: *Frankfurter Allgemeine Zeitung* vom 14. Mai 2005

Jürgen Dollase, »Koch-Shows im Fernsehen. Verheerende Herdaktivitäten«, in: *Frankfurter Allgemeine Zeitung* vom 30. August 2009

Jürgen Dollase, »Was steckt hinter der Flucht in den Salat?«, in: *Frankfurter Allgemeine Zeitung* vom 21. März 2014

Wiglaf Droste, »Die Brei-Verderber«, in: *Tagesspiegel* vom 13. Mai 2007

Ansgar Haase, »Ein bisschen nussig, ein bisschen würzig. Unternehmer züchtet Insekten für den menschlichen Verzehr«, in: *Badisches Tagblatt* vom 31. Dezember 2013

Anja Haegele, »Körner für alle«, in: *Der Feinschmecker*, Ausgabe März 2014

Katrin Hummel, »Was bleibt von mir als Mann?«, in: *Frankfurter Allgemeine Sonntagszeitung* vom 24. Januar 2014

Violet Kiani, »Schwanz oder gar nicht«, in: *Süddeutsche Zeitung* vom 1./2. Februar 2014

Eva Kohlrusch, »Männer am Herd. War ich gut?«, in: *Emma*, Januar 2011

Judith Lembke, »Fernsehköche sind selbst eine Marke«, in: *Frankfurter Allgemeine Zeitung* vom 31. Dezember 2008

Steffen Pletl und Maren Wittge, »Koch verliert eine Hand bei Küchen-Experiment«, in: *Berliner Morgenpost* vom 14. Juli 2009

Elisabeth Raether und Tanja Stelzer, »Das geschwächte Geschlecht«, in: *Die Zeit* vom 2. Januar 2014

Andreas Richter, »G wie Gastrosexuell«, in: *Cosmopolitan.de*

Marten Rolf, »Die Schlacht der Edelküchen«, in: *Süddeutsche Zeitung* vom 30. April 2014

Hanni Rützler und Thomas Huber, »Wie wir morgen essen werden«, in: *trend update,* Ausgabe Februar 2014

Boris Schramm, »Meine Küche & ich«, in: *Der Feinschmecker*, Ausgabe April 2014

Wolfram Siebeck, »Siebecks Seitenhiebe: Gute alte Schwarten«, in: *Der Feinschmecker*, Ausgabe März 2014

Christian Sobiella, »Heute back ich, morgen brau ich …«, in: *Mobil,* Ausgabe Juli 2013

Miriam Stein, »Noch ein Amuse Bouche, Alter? Die Foodie-Bewegung«, in: *Süddeutsche.de* vom 29. August 2010

Alexander Ströhle und Andreas Hahn, »Ernährung à la Altsteinzeit – Ultima Ratio der Prävention?«, in: *Deutsche Apotheker Zeitung* vom 15. Dezember 2011

Brenda Strohmaier, »Huch, mein Mann ist gastrosexuell!«, in: *Die Welt* vom 28. Mai 2012

Christoph Teuner, »Alete reloaded«, in: *Frankfurter Rundschau* vom 14. Oktober 2008

Philipp Woldin, »Die pürierten Vitaminbomben«, in: *Frankfurter Allgemeine Sonntagszeitung* vom 2. März 2014

Nachschlagewerke

Colette Guillemard, *Les mots de la cuisine et de la table*, Paris 1990

Larousse Gastronomique, Paris 1938

www.

anonymekoeche.net
culinarymisfits.de
dermusshabensiebensachen.blogspot.de
gaultmillau.de
itsjohnbirdsall.tumblr.com
kochmonster.de
maennerkochschule.de
paleo-foodporn.blogspot.de
restaurant.michelin.de
nutriculinary.com
sternefresser.de
trendforscher.eu
troisetoiles.de
youtube.de
wikipedia.de
zukunftessen.de

Eigenes

Carsten Otte, »Beef statt Busen«, SWR2 am Samstagnachmittag vom 13. April 2013

Carsten Otte, »Das ganze Schwein in den Topf«, SWR2 Meinung vom 12. Februar 2014

Carsten Otte, »Ein Koch, ein Dichter und seine Spardosen«, in: SWR2 vor Mitternacht vom 21. Oktober 2000

Carsten Otte, *Goodbye Auto*, München 2009

Carsten Otte, »Im Gespräch mit Vincent Klink«, SWR2 Zeitgenossen vom 19. März 2011

Carsten Otte, »Lob der Cholesterinaufnahme«, in: *Konkret*, Ausgabe April 2008

Carsten Otte, *Sanfte Illusionen*, Roman, Frankfurt a. M. 2007

Carsten Otte, »Über der Glut: Wie heiß darf es beim Grillen werden? Ein Gespräch mit Barbecuemeister Sven Dörge«, SWR2 Matinee vom 21. Juli 2013

Carsten Otte, *Warum wir*, Roman, Tübingen 2014

Carsten Otte, »Wir Gastrosexuellen«, Radiofeature, produziert von Walter Filz (SWR/WDR), Ursendung: SWR2 Feature vom 14. April 2013

DANK

Großer und kleiner Dank geht an: Regine Bielefeldt, Ralf Bos, Wiglaf Droste, Robert Eymann, Walter Filz, Matthias Gfrörer, Gourmet Connection Frankfurt, Axel Herrmann, Udo Jendroschek, Vincent Klink, Mirko Mößle, Wolfgang Otto, Christian Romanowski, Thomas Ruhl, Jan Spielhagen, Marita Stösser, Brenda Strohmaier, Thomas Vilgis, Peter Wagner.